孤独症谱系障碍儿童问题行为干预与实例

肖艳林　著

重庆大学出版社

图书在版编目（CIP）数据

孤独症谱系障碍儿童问题行为干预与实例/肖艳林
著. -- 重庆：重庆大学出版社, 2025. 1. -- ISBN 978-
7-5689-5035-0

Ⅰ.①G766

中国国家版本馆CIP数据核字第2025EA9534号

孤独症谱系障碍儿童问题行为干预与实例

GUDUZHENG PUXI ZHANG'AI ERTONG WENTI XINGWEI GANYU YU SHILI

肖艳林　著

策划编辑：陈　曦

责任编辑：傅珏铭　　版式设计：陈　曦

责任校对：邹　忌　　责任印刷：张　策

＊

重庆大学出版社出版发行

出版人：陈晓阳

社址：重庆市沙坪坝区大学城西路21号

邮编：401331

电话：（023）88617190　88617185（中小学）

传真：（023）88617186　88617166

网址：http://www.cqup.com.cn

邮箱：fxk@cqup.com.cn（营销中心）

全国新华书店经销

重庆升光电力印务有限公司印刷

＊

开本：787mm×1092mm　1/16　印张：12　字数：256千

2025年1月第1版　2025年1月第1次印刷

ISBN 978-7-5689-5035-0　定价：48.00元

前　言

　　孤独症谱系障碍简称孤独症，一般起病于婴幼儿期，是一种神经发育性障碍，主要的核心症状有社交困难、重复刻板行为、兴趣狭窄。由于自身障碍的影响，大多孤独症谱系障碍儿童都会存在不同程度或种类的问题行为，这些问题行为不仅严重影响他们自身的学习和发展，也会干扰到课堂教学和其他人的学习，同时影响他们与周围人的交际。《"十四五"特殊教育发展提升行动计划》要求各地加快推进特殊教育高质量发展。为了保障孤独症谱系障碍教育教学质量的提升，关键是需要重视和干预他们的问题行为。本书的第一部分在介绍孤独症谱系障碍、问题行为、积极行为支持和功能性行为评估的相关的理论知识的基础上，对前事控制策略、行为教导策略与后果处理策略进行了详细的介绍；第二部分通过问题行为的具体干预实例来介绍不同的干预策略及其应用。

　　本书的编写和出版，得到了东莞市康复实验学校领导的悉心指导和大力支持，在此表示衷心的感谢。同时感谢吴琼芳、左少平、文娜、陈燕玲、杜文海等老师对此书所作的付出。本书是 2015 年广东省教育科学规划课题"自闭症儿童问题行为积极干预研究"（项目编号2015YQJK124）的研究成果之一，也是东莞市康复实验学校十年来孤独症谱系障碍教育教学经验的提炼和总结。

　　本书在编写过程中参考借鉴了大量文献资料，我们虽然尽量做到明确标注出处，但是难免会有遗漏之处，在此对没有列出的注释和参考文献作者，深表歉意。由于分析孤独症谱系障碍的成因目前仍是一个世界性的难题，有关孤独症谱系障碍的教育干预非常复杂，加之笔者专业水平所限，书中难免会有不少疏忽或错误之处，恳请读者批评指正，以便我们不断改进和完善。

肖艳林

于东莞市康复实验学校

2024 年 10 月 21 日

目　录

第一部分　基础篇

第二部分 实例篇

第一部分
基础篇

第一章 孤独症谱系障碍概述

第一节 孤独症谱系障碍的概念

老师们，你们对孤独症谱系障碍熟悉吗？当看到或听到孤独症谱系障碍这个词时，你是否会简单地认为他们只是性格孤僻，不爱与人交往呢？事实远非如此，我们要想了解孤独症谱系障碍儿童，分析他们的问题行为，首先就要了解什么是孤独症谱系障碍。

一、孤独症谱系障碍的发生率

孤独症谱系障碍（Autism Spectrum Disorders，）是一种发展性障碍，它严重影响儿童的言语沟通、非言语沟通和社会性发展。"孤独症"（Autism）的概念1943年由美国儿童精神病学家肯纳首次提出，几乎同时，奥地利儿科专家阿斯伯格用"阿斯伯格综合征"（Asperger's syndrome）命名他发现的个案[1]。肯纳和阿斯伯格被认为是世界上最早发现和诊断孤独症的精神病学家[2]。1982年，我国儿童精神医学教授陶国泰首次报告4例婴儿孤独症[3]，我国孤独症研究的序幕被拉开。随着对孤独症认识的极大提升，孤独症被作为一种广泛性发育障碍，纳入儿童精神疾病诊断指南。至今孤独症谱系障碍的病因未明，其发生率一直居高不下，2023年3月，美国疾病预防与控制中心孤独症和发育障碍检测网络发布：截至2020年，美国8岁儿童中孤独症谱系障碍的患病率高达1/36，比2018年增加近22%[4]。《中国自闭症教育康复行业发展状况报告Ⅲ》显示，中国孤独症谱系障碍发生率约为0.7%，孤独症谱系障碍人群已超过1000万，其中0～12岁的儿童数量达200万[5]。总体来看，全世界孤独症谱系障碍的患病率在1.0%～1.5%之间[6]。

---

[1] 苏雪云，朱霖丽. 我的孩子得了自闭症：自闭谱系障碍儿童融合教育支持手册 [M]. 北京：上海社会科学院出版社，2021:1.

[2] 易春丽，周婷. 重建依恋：自闭症的家庭治疗 [M]. 北京：世界图书出版公司，2018:1.

[3] 杨广学，王芳. 自闭症整合干预 [M]. 上海：复旦大学出版社，2015:15.

[4] 静进. 孤独症谱系障碍的治疗干预现状与建议 [J]. 中国儿童保健杂志，2023,31（9）:939-944.

[5] 温谋富. 福建省困境儿童公益项目案例汇编 [M]. 北京：中国社会出版社，2022:74.

[6] 杨莉，刘靖，邹小兵，陆林. 孤独症脑科学研究进展2022综述 [J]. 中国心理卫生杂志，2023,37（4）:293-298.

二、孤独症谱系障碍的界定

美国精神疾病协会于 1952 年、1968 年出版的《精神疾病诊断与统计手册》第一版和第二版均未将孤独症作为单独的一种障碍诊断类别，1980 年出版的《精神疾病诊断与统计手册》第三版第一次将儿童期孤独症作为一种诊断类别独立存在，但尚未将阿斯伯格综合征列入诊断系统。1994 年出版的《精神疾病诊断与统计手册》第四版将雷特综合征、儿童期瓦解性障碍和阿斯伯格综合征从待分类的广泛性发展障碍中分离出来，与孤独症一起统称为广泛性发展障碍[1]。修订的《精神疾病诊断与统计手册》第三版和第四版将孤独症的三大核心症状归纳为言语与非言语发展障碍、社会交往障碍及重复刻板行为与兴趣爱好狭隘，同时提出发病时间为 3 岁前。2013 年出版的《精神疾病诊断与统计手册》第五版调整了孤独症等障碍类别，用孤独症谱系障碍总称这一类别取代广泛性发展障碍，将孤独症、童年瓦解性障碍、阿斯伯格综合征及待分类的广泛性发育障碍并入孤独症谱系障碍。将 3 岁前发病改为整个儿童期。"谱系"一词强调各亚型具有统一性、连续性，仅有障碍程度轻重的区别[2]。

综上，孤独症谱系障碍是一种起源于儿童早期，以沟通障碍或社会交往障碍、兴趣范围狭隘以及重复刻板行为为主要表现特征的发育障碍。它的核心障碍主要表现为缺乏社会沟通和人际互动能力，同时伴有重复性行为及刻板的兴趣[3]。《精神疾病诊断与统计手册》第五版基于行为观察和临床经验进行定义，目前暂未有孤独症谱系障碍病因学上的界定。

第二节　孤独症谱系障碍的主要临床表现

普通儿童在社会化的过程中，会逐渐掌握行为规范，正确地处理与他人之间的关系，学会自己管理自己，从而能够适应社会生活。孤独症谱系障碍儿童由于受核心症状的影响，与人交往和交流的能力缺乏，他们的行为比较刻板，兴趣范围狭窄，有部分儿童还伴有不同程度的智力损伤。我们只有了解孤独症谱系障碍的主要临床表现，才能更好地接纳孤独症谱系障碍儿童，更好地分析他们的行为。

一、社会交往障碍

孤独症谱系障碍儿童在社会交往方面存在障碍，主要表现在：

首先他们在用非言语行为调控与他人之间的交互行为方面存在困难。他们与人目光对视的能力很弱，很难用眼神交流，当别人看到他时，目光会躲闪回避。他们对人、对人的

[1] 美国儿科学会环境健康委员会主编 . 环境与儿童健康（第三版）[M] . 北京：世界图书出版公司，2017:786-787.

[2] 苏雪云，朱霖丽 . 自闭谱系障碍儿童融合教育支持手册：我的孩子得了自闭症 [M] . 北京：上海社会科学院出版社，2021:1.

[3] Association A P.Diagnostic and statistical manual of mental disorders（DSM-5）[M] . Washington,DC:American Psychiatric Publishing,2013:46-55.

面孔和眼睛以及社交情境都缺乏兴趣，缺少目光对视和交流，他们对周围的非生命物体更加关注[1]。有些孤独症谱系障碍儿童当需要他人帮忙拿想要的东西时，也会偶尔看人，但这种目光接触多是机械性和工具性的，他们很少出现用目光接触表达情绪的情况。孤独症谱系障碍儿童很难像普通儿童那样运用社交手势和他人交往[2]，他们很难理解他人社交手势的含义，更别谈主动利用社交手势交流。

其次孤独症谱系障碍儿童在社交情境与情感链接方面也存在缺陷，他们常常表现出与情境不相符合的情绪。当大家都处于伤心的情绪状态时，他可能哈哈大笑；当大家都开心地庆祝生日时，他可能嚎啕大哭，体验不到别人的快乐。在他人伤心或者痛苦时，他们不会表现出关心或同情，也不会主动安慰，只沉迷于自己的世界，对自己感兴趣的点表示关注。这种表现经常令人莫名其妙，也影响他们与同伴之间的互动。孤独症谱系障碍儿童无法从对方的角度理解对方的需要与感受，因此很难建立情感交流，很难根据情境调节行为以适应情境的变化。他们不会"察言观色"，不会揣摩他人的想法，也不会恰当地表达情绪，无法根据环境的变化调整感情。这既和孤独症谱系障碍儿童的情绪体验异于普通儿童有关，又和他们的语言能力有限有关，使得他们的情绪很难被别人理解，他们也很难理解他人的情绪，从而使他们和普通儿童之间缺乏情感分享与共鸣。

由于存在这些社会交往方面的障碍，孤独症谱系障碍儿童的社会适应能力普遍较弱，他们很难理解社会规则，很难与普通儿童之间建立良好的同伴关系。

二、重复刻板的行为、兴趣活动狭窄

较多的孤独症谱系障碍儿童都会表现出不同的重复刻板行为、单调的兴趣和强烈固执的个人化规则。

（一）重复刻板的动作和语言

刻板行为具有以下三个特征：一是行为高频率重复发生；二是行为主体的行为或运动方式不变；三是行为表现让他人觉得不恰当、怪异，且对行为主体的学习生活造成很大的影响[3]。较多的孤独症谱系障碍儿童表现出刻板行为，当他们的行为被中断时，会表现出强烈的情感冲突。孤独症谱系障碍儿童的刻板行为形式多样，小到重复无意义的动作，大到困扰他人的行为，令老师、家长们头疼不已。

孤独症谱系障碍儿童有的沉浸于毫无意义的动作，例如，喜欢抓凳子，越抓越兴奋；不停地甩手，似乎感觉不到累；喜欢拍手，不管在何种场合下；一看到开关就不断地重复开、关的动作，乐此不疲。他们有的饮食非常极端，例如，只吃鸡蛋，其他什么也不吃；只吃

[1] 五彩鹿孤独症研究院. 中国孤独症教育康复行业发展状况报告（Ⅳ）[M]. 北京：光明日报出版社，2022:5.

[2] 周会爽. 实用精神疾病诊治与护理 [M]. 石家庄：河北科学技术出版社，2011:209.

[3]Langen M., Kas M.J., Staal W.G., et al.The neurobiology of repetitive behavior:of mice [J].Neuroscience& Biobehavioral Reviews,2011,35（3）:345-355.

酱油拌饭，其他什么也不要；只吃某种牌子的酱菜，其他什么也不尝；甚至有的只吃白米饭，而且要吃好几碗。他们有的着迷于不同大小、形状的汽车；有的听歌不断地重复听某个部分；有的每天都在设计不同的出版物；有的每天都在日复一日地播报同一个广告；有的每天都喜欢用同样的语言和别人打招呼；有的每天都和智能音箱聊一模一样的天……

　　孤独症谱系障碍儿童的刻板行为比较多是感官方面的自我刺激，但有些刻板行为是他们表达焦虑的一种方式，是认知功能障碍和神经抑制受损的表现。刻板行为的出现可能是孤独症谱系障碍儿童对"应该做什么"和"应该说什么"还不能完全理解，刻板行为是它们对外部环境和内部状态做出的反应。刻板行为的严重程度，在一定程度上反映了孤独症谱系障碍儿童在出现这些行为时对环境的理解程度以及自身的舒适程度。刻板行为的潜在诱因有可能是无聊、焦虑、紧张和兴奋的心理状态，这些行为的出现可能会让它们缓解焦虑紧张，变得愉悦。但是有些刻板行为具有破坏性，可能会爆发严重的情绪问题，反之，严重的情绪问题又会引发更加严重的刻板行为[1]。所以我们要理解孤独症谱系障碍儿童的重复刻板行为，这些行为对于他们来说是有意义的，虽然对于我们来说是毫无意义的。

（二）同一性与重复性的坚持

　　孤独症谱系障碍儿童常常排斥变化，他们希望生活中的事物每天都是稳定不变，不断重复的。他们喜欢每天的学习、生活流程都是固定的，周围的环境也是不变的。比如，教室里的桌椅摆放、环境设计一发生变化，他们可能会变得很紧张、焦虑，有的甚至会出现严重的情绪问题[2]。他们有的每天都要穿菠萝图案的衣服去上学，如果穿了其他衣服绝对不会去上学，这是把菠萝衣服和上学联结在一起。有的吃饭必须先吃左边，再吃右边，绝对不能弄错。有的去上学必须走同一条路线，如果哪天出现问题，不能走同一条路线，他们就会异常焦虑，紧张不安，甚至大发脾气。如果某天需要更换老师上课或者上课的地点需要更换，要不断地提前告知，否则有可能出现情绪行为问题。

　　如果孤独症谱系障碍儿童的生活习惯和行为方式被改变，他们就会出现明显的消极情绪，并伴有自我刺激，或者自伤行为。对于他们来说，如果周围的环境和事物发生变化，他们就觉得外部世界变得非常的混乱和复杂，到处充满着不可控性。孤独症谱系障碍儿童希望生活在稳定不变、有规可循的环境中，周围的一切都是可控的。这可能和他们的认知存在障碍有关，很多时候他们把事物的属性和本质混淆在一起。例如，有的孤独症谱系障碍儿童，把他的杯子换一个地方，他就觉得那不是他的杯子。他们固执地认为放在那个地方的才是他的杯子，如果换了地方，那就不是他的杯子了。所以经常会出现有的时候老师把放水杯的地方调整了，有些孤独症谱系障碍儿童就找不到水杯喝水了。有时候更换了座位，他们还要坚持坐在以前的地方。

---

[1] 凯思琳·安·奎尔，林恩·斯坦斯伯利·布拉斯纳. 做·看·听·说：孤独症谱系障碍人士社交和沟通能力干预指南（第2版）[M]. 北京：华夏出版社，2021:159.

[2] 肖端，闫凤侠，卢建亮. 常见功能障碍康复技术 [M]. 武汉：湖北科学技术出版社，2022:238-239.

（三）狭隘、固定的兴趣活动

孤独症谱系障碍儿童和普通儿童一样，也有感兴趣和喜欢的事物，可是他们的兴趣、爱好与普通儿童的不同，他们的兴趣活动比较狭窄且对非生命的事物和活动异常喜欢[1]。有的孤独症谱系障碍儿童会痴迷一些毫无价值的东西，例如超市的广告纸、饮料瓶的盖子、不要的碎纸等，每天都翻来覆去地看、来来回回地摆弄，甚至睡觉都握在手里。如果不见了，就会非常生气。有的孤独症谱系障碍儿童，特别喜欢看车轮子，一到马路上，就会被不断奔跑的车轮吸引。有的喜欢看动画片《托马斯火车》，他们最喜欢看托马斯的样子，对动画片的内容很多时候并不理解。有的喜欢看不同的广告，每天都背诵广告词。孤独症谱系障碍儿童对于事物的整体较少关注，他们对事物的非功能性特征非常感兴趣。例如，有的喜欢扔拼图，听它们发出的声音；有的喜欢把水彩笔排成一排，乐此不疲，而对用水彩笔画画并不感兴趣。

三、语言发育迟缓

除了两大核心障碍之外，相当大部分孤独症谱系障碍儿童语言发展方面存在缺陷。他们中很多是因为语言发展出现问题就诊从而被确诊。相关研究表明，有一半以上的孤独症谱系障碍儿童会出现语言方面的障碍，但障碍程度存在差异，有的会简单地模仿，有的会说重复的语言，有的发音不清晰、存在构音方面的障碍，有的语音语调异常，有的无语言。

（一）语言使用方面

语言发展迟缓和异常在孤独症谱系障碍儿童中非常常见，大约有20%～25%的孤独症谱系障碍儿童没有语言，终生不会说话。其他的孩子虽然开始说话的时间比普通儿童要晚，但也会发展语言。他们一般从鹦鹉学舌式的仿说开始，有的会发展出"延迟性仿说"，在某些场合会比较恰当地运用仿说习得的短语。有的永远停留在仿说阶段，有的会进入下一阶段，能使用一些自发的短语，虽然会出现语法和词义上的错误。一些孤独症谱系障碍儿童和他人交谈时，言语内容重复，不顾对方的反应，反复地询问同一个问题或者只是对自己感兴趣的内容独白。

（二）语言理解方面

和语言使用水平存在极大差异一样，语言理解水平也差异显著。有的孤独症谱系障碍儿童根本不理解口头语言，和他说话时，很少能看到他做出反应。但是他们可能会通过视觉提示来获取情境中的信息，这在某种程度上能弥补一些语言理解方面的不足。比较多的孤独症谱系障碍儿童能理解一些语言，例如熟悉的物品名称，简单的指令等。但是他们在词义的理解方面缺乏灵活性，存在一词多义理解的困难。即使语言能力相对较好的孤独症谱系障碍儿童，他们也较多从字面上对句子进行解释，他们很难理解反话，也很难理解口

---

[1] 五彩鹿孤独症研究院 . 中国孤独症教育康复行业发展状况报告（IV）［M］. 北京：光明日报出版社，2022:5.

语中模棱两可的笑话。

（三）语音、语调控制方面

由于脑部发育过程中受到损坏，比较多的孤独症谱系障碍儿童语调古怪，他们不能恰当地控制声音的抑扬顿挫和音量的大小[1]。有的可能音量太高，有的可能音量太低，有的音质较尖锐、声音嘶哑，有的说话常带有呼吸声、发音鼻音过重或缺乏鼻音，有的声音比较古怪，如同机器人般。这些问题在自发语言中更加明显，随着年龄的增长，语音、语调控制困难的问题会有所改善。孤独症谱系障碍儿童在语音方面存在声音障碍、声调障碍、构音障碍、语畅异常、言语声调节奏障碍等症状，90% 的孤独症谱系障碍儿童都存在语音上的障碍。

（四）使用非口语方面

除了语言，还可以使用多种方式进行沟通，例如手势、肢体动作和面部表情等，有的孤独症谱系障碍儿童存在运用这些非口语沟通方式交流的困难[2]。

在语言发展前，孤独症谱系障碍儿童可能会通过拉人的方式表达他们的需求，寻求大人的帮助。在此基础上，他们会逐渐发展出用手指东西的能力。用点头、摇头的方式表达是、不是，要、不要等。有的孤独症谱系障碍儿童还会运用习得的手势与他人沟通交流。孤独症谱系障碍儿童存在理解和使用非口语沟通的困难，随着他们对手势语运用的增多，他们对简单手势语和表情的理解能力逐渐提升，他们能够运用视觉方面的提示从沟通背景中获取信息，帮助理解他人说话的内容。

四、运动发展障碍

孤独症谱系障碍儿童存在运动发展方面的障碍，与普通儿童相比，他们较多存在动作不协调，粗大运动和精细运动发展落后等[3]。他们有的喜欢踮着脚尖走路，有的难以完成扔球、拼图等活动。相关研究表明，孤独症谱系障碍儿童运动发展缺陷和他们的社交功能障碍密切相关。他们在社交沟通方面的观察和模仿能力存在缺陷，影响其运动方面的学习，造成运动发展也存在障碍。

感觉统合训练能改善孤独症谱系障碍儿童的运动能力，观察模仿能力的发展，也有利于促进他们模仿他人运动，从而习得不同的运动技能，这对促进粗大运动和精细运动的发展也非常有帮助。

---

[1] 宋珊珊，静进，万国斌. 孤独症谱系障碍儿童语言能力特点及早期影响因素 [J]. 中国儿童保健杂志，2015，23（3）：278-280.

[2] 高丽梅，汪凯，李丹丹. 社交机器人在孤独症谱系障碍儿童中的应用 [J]. 心理科学进展，2024，32（5）：834-844.

[3] 陈嘉洁，曹牧青，静进. 孤独症谱系障碍儿童运动功能缺陷研究 [J]. 中国学校卫生，2020，41（10）：1590-1594.

五、智力方面的问题

传统观念认为，孤独症谱系障碍儿童存在认知功能缺陷，智力受损。Charman et al. 研究发现，大约有 55% 的孤独症谱系障碍儿童存在智力缺陷（IQ < 70），有 28% 的孤独症谱系障碍儿童智商在正常范围之内（85 < IQ < 115），另外，还有 3% 的孤独症谱系障碍儿童智商高于正常标准（IQ > 115）。孤独症谱系障碍并不意味着智力发育迟缓，他们在某些认知领域甚至有独特的优势，表现出明显的"学者型能力"，例如，机械记忆、数学计算、节奏能力等方面有独特的天赋[1]。

孤独症谱系障碍儿童表现出来的智力缺陷可能与其社交功能障碍有关，由于模仿学习能力弱，他们在社交情境中会遗失重要的社交信息，缺乏良好的信息输入能力，自己很难完成认知加工并内化成自己的认知结构，从而影响其认知能力的发展。不管是智力正常的孤独症谱系障碍儿童，还是智力落后的孤独症谱系障碍儿童，都可能存在严重的适应问题。因此，孤独症谱系障碍儿童的核心问题，在于其社交功能缺陷。

---

[1] 易春丽，周婷. 重建依恋：自闭症的家庭治疗 [M]. 北京：世界图书出版公司，2018:11.

第二章　孤独症谱系障碍发展的相关理论

　　研究孤独症谱系障碍儿童的理论主要有两个方面：一是有关孤独症谱系障碍儿童加工非社会性刺激的特点，以"执行功能障碍"说、"中央统合功能"理论为代表。二是有关他们人际互动的信息加工特征，以"心理理论"和"碎镜理论"为核心。接下来对这两方面的理论进行简单的介绍。

第一节　"执行功能"理论

　　Rumsey 提出"执行功能"理论解释孤独症谱系障碍儿童动作模仿能力弱，出现刻板重复行为的原因。

一、"执行功能"理论

　　"执行功能"被称作"额叶功能"，是指个体在完成比较复杂的认知任务时，对思想与行动采取有意识地控制与调节的过程，例如制定计划、给出判断、作出决定、控制注意和完成任务等，是中枢神经系统的高级认知功能[1]。当前一般认为"执行功能"包含抑制、工作记忆和认知灵活性等三大特征。大脑的前额皮质受损会对计划、决策、抑制、监控和工作记忆等执行功能造成影响[2]。

二、"执行功能障碍"

　　Damasio& Mauren 将执行功能理论应用于孤独症谱系障碍儿童的研究中，并提出孤独症谱系障碍儿童执行功能障碍说。前额叶皮层损伤会造成一系列神经心理缺陷。"执行功能障碍"指的是个体在执行某一认知任务时遇到的障碍。执行功能障碍说从执行功能的视角来阐述认知障碍形成的原因。执行功能障碍表现形式多样，常见表现为情感淡漠、反应

[1]Sally Robinson A,Lorna Goddard B, Barbara Dritschel C,Mary Wisley C,Pat Howlin.Executive functions in children with Autism Spectrum Disorders [J].Brain and Cognition,2009,71:362－368.

[2]连翔.自闭症儿童心理发展与教育 [M].上海：复旦大学出版社，2018:16.

迟钝、冲动和动机缺失，并且社交能力很弱，不能与他人建立并保持良好的社会关系。孤独症谱系障碍儿童的核心障碍与之有相似的地方，有相当一部分孤独症谱系障碍儿童存在执行功能缺陷，严重影响其社会参与和日常生活。

三、"执行功能障碍"理论对孤独症谱系障碍儿童行为的解释

尽管孤独症谱系障碍的病因尚未明确，但认知功能障碍的病因学理论受到较多研究者的认可，其中最具影响力的是执行功能障碍理论。越来越多的包括神经生理学在内的研究，支持了孤独症谱系障碍儿童"执行功能障碍"的理论，其临床症状表现与执行功能缺陷有着紧密联系，相关研究认为孤独症谱系障碍儿童的重复刻板行为、狭隘的兴趣及装扮能力的缺陷都与执行能力有关。

（一）在抑制控制能力方面

Sally 和 Ozonoff 等人用停止信号任务、负启动效应和 Go/No-Go 范式研究孤独症谱系障碍儿童的抑制控制能力。结果显示，孤独症谱系障碍儿童在抑制优势反应的控制能力方面存在缺陷[1][2]。Russell 和 Hughes 采用窗口任务研究孤独症谱系障碍儿童、中度学习困难儿童与普通儿童，并运用迂回取物测验比较孤独症谱系障碍儿童、中度学习困难儿童与普通儿童的表现。结果显示，孤独症谱系障碍儿童的测验成绩相对较差，其在抑制控制能力方面存在缺陷，因抑制控制上的缺陷，才导致其不能控制行为，进而引起重复刻板及攻击行为的出现[3][4]。

（二）在认知灵活性方面

孤独症谱系障碍儿童存在认知灵活性方面的缺陷，这和他们的重复、刻板、僵化行为与狭窄的兴趣相关。在"执行功能"中认知灵活性得分较低的儿童，表现出拘泥于形式，行为固执，不能适应环境和活动的改变。相关研究表明，在"执行功能"中认知灵活性得分较低的儿童，在学习方面会存在一定的困难，特别是数学学习，他们吸收新知识较难，很难突破旧有的知识框架，泛化知识的能力较弱，当知识环境稍微变化就不会解决问题，而且会反复犯同样的错误。

Ozonof 等的研究发现，孤独症谱系障碍儿童在威斯康星卡片分类任务（WCST）中比

[1]Sally Robinson A,Lorna Goddard B, Barbara Dritschel C,Mary Wisley C,Pat Howlin.Executive functions in children with Autism Spectrum Disorders [J].Brain and Cognition,2009,71:362-368.

[2]Ozonoff S,Strayer D L. Inhibitory function in nonretarded children with autism [J].Journal of Autism and Developmental Disorders,1997,27（1）:59-77.

[3]Russell J,Mauthner N,Sharpe S. The "windows task" as a measure of strategic deception in preschoolers and autistic subjects [J].British Journal of Developmental Psychology,1991,9（2）:331-349.

[4]Hughes C,Russell J.Autistic children's difficulty with mental disengagement from an object:Its implications for theories of autism [J].Developmental Psychology,1993,29（3）:498.

普通儿童表现出更加明显的固着错误和相对较弱的认知灵活性[1]。Van EL 等对高功能孤独症谱系障碍儿童和妥瑞氏综合征儿童与普通儿童的对比研究结果与 Ozonof 等的一致[2]。李咏梅等人的 WCST 针对高功能孤独症谱系障碍儿童、阿斯伯格症与普通儿童的认知灵活性的对比研究，结果表明前两者的认知灵活性明显弱于普通儿童[3]。杨娟等人的相关研究表明，孤独症谱系障碍儿童在认知灵活性维度的注意转换与反应转换方面落后于普通儿童和智力障碍儿童[4]。

（三）在工作记忆能力方面

孤独症谱系障碍儿童的工作记忆能力较弱，致使其存储加工信息困难，从而导致其言语与社会交流出现障碍。相关研究表明孤独症谱系障碍儿童存在不同程度的工作记忆损伤。在言语工作记忆研究方面 Boucher 的孤独症谱系障碍儿童和普通儿童的对比研究，让两组被试回忆新近记忆的一系列动作，结果发现孤独症谱系障碍儿童明显低于普通儿童[5]。Hermelin 和 O'Connor 等人让孤独症谱系障碍儿童和普通儿童回忆顺序出现的不规则句中的单词时，发现孤独症谱系障碍儿童的正确率明显低于普通儿童。

在空间工作记忆方面，Ozonoff 等人的河内塔实验研究结果表明孤独症谱系障碍儿童明显低于普通儿童[6]。Russell 等人的研究发现孤独症谱系障碍儿童的工作记忆容量明显少于普通儿童，并存在一定程度的损伤[7]。

近年来，研究者采用直接评估的方式对孤独症谱系障碍儿童的工作记忆进行研究，结果和以往的研究有些差异。Russell 通过电脑呈现言语短时记忆测试对孤独症谱系障碍儿童、中度智力障碍儿童和普通儿童进行研究，结果显示，当言语较简单时，孤独症谱系障碍儿童并不存在工作记忆障碍；当呈现的言语复杂时，孤独症谱系障碍儿童的工作记忆出现缺陷。Williams 等人对孤独症谱系障碍儿童的言语与空间工作记忆进行研究，结果显示，孤独症谱系障碍儿童的简单言语工作记忆不存在障碍，复杂言语工作记忆和空间记忆存在缺陷[8]。

[1]Ozonoff S,Strayer D L.Inhibitory function in nonretarded children with autism [J].Journal of Autism and Developmental Disorders,1997,27（1）:59-77.

[2]Van EL,Boets B,Steyaert J,Evers K, Wagemans J.Cognitive flexibility in autism spectrum disorder:Explaining the inconsistencies [J].Research in Autism Spectrum Disorders,2011,5（4）:1390-1401.

[3] 李咏梅，邹小兵，李建英. 高功能孤独症和 Asperger 综合征儿童的执行功能 [J]. 中国心理卫生杂志，2005:168-170.

[4] 杨娟，周世杰. 自闭症儿童执行功能研究 [J]. 中国临床心理学杂志，2006,14（2）:142-145.

[5]Boucher J.Echoic memory capacity in autistic children [J].Journal of Child Psychology and Pshchiatry,1978,19（2）:161-166.

[6]Ozonoff S,Strayer D L.Further evidence of intact working memory in autism [J].Journal of Autism and Developmental Disorder,2001,31（3）:257-263.

[7]Russell J,Jarrold C,Henry L.Working memory in children with autism and with moderate learning difficulties [J].Journal of Child Psychology and Psychiatry,1996,37（6）:673-686.

[8]Williams D G,Carpenter P,Minshew N.Verbal and spatial working memory in autism [J].Journal of Autism and Developmental Disorders,2005,35（6）:747-756.

第二节 "中央统合功能"理论

1989年，弗雷斯等人提出"中央统合功能理论"，该理论根据孤独症谱系障碍儿童的认知特点及风格，聚焦中心信息处理系统。孤独症谱系障碍儿童关注细节，对事物整体轮廓的把握很弱，是由于他们的中心信息处理系统薄弱所致。

一、"中央统合功能"理论

"中央统合功能"指在认知系统中，存在一种对尽可能广泛的刺激形成统合，对尽可能广泛的背景进行概括的固有的倾向[1]。这种内隐的、自动化的统合加工，能够促进信息的快速解释，它通过建立格式塔、语境等途径完成，是人类信息加工的一种固有倾向。弱中央统合功能理论是有关孤独症谱系障碍儿童"中央统合功能"研究中最具影响力的一个理论假设。

二、"弱中央统合功能"理论

"弱中央统合功能"是指边缘资料处理过程比中枢资料处理过程相对较强，形成局部领域优先运作，偏好细节部分多于全盘思考的特点，对细节的观察很强，对整体的感知却存在缺失。"弱中央统合功能"理论是针对孤独症谱系障碍儿童兴趣狭窄、过分关注细节，对环境觉知过度敏感的特点提出来的。孤独症谱系障碍儿童从细节部分对事物进行加工，把部分整合起来的能力相对较弱。例如，楚楚最近一段时间对印刷物非常着迷，她阅读了数十遍《红色棒棒糖》。她甚至已经记住了整本书的文字，但她还是反反复复地阅读绘本的每一页内容。她的文字阅读能力远远超过对绘本的理解能力。

三、"弱中央统合功能"理论对孤独症谱系障碍儿童行为特点的解释

孤独症谱系障碍儿童信息加工过程中注意细节加工，对细节的观察力很强，局部领域优先运作，常常忽略整体意义或情境意义，这是孤独症谱系障碍儿童比较弱的"中央统合功能"，主管信息资源整合的中央系统处于失能状态。他们在认知加工方面倾向于关注微小细节忽略一般特点。

Navon根据普通儿童等级结构的视觉模式研究提出"整体优先"假设。"整体优先"是指个体对整体的注意比对局部细节的注意多，从而形成优先知觉整体的倾向。例如，我们对视觉刺激的加工就是从整体到部分，先加工物体的整体特征，再分析它的局部特征。整体加工方式被看作是"整体—局部"加工范式中心统合的指标[2]。Jollife和Baron-Cohen提出了孤独症谱系障碍儿童缺乏"整体优先"的观点，他们梳理研究结果发现，高

---

[1] 方俊明. 特殊教育学 [M]. 北京：人民教育出版社，2005, 287-300.

[2] V., Nordin, C., GillbergThe long-term course of autistic disorders: update on follow-up studies [J]. Acta Psychiatr Scand, 1998, 97:99-108.

功能孤独症谱系障碍儿童即使表现出和普通儿童一样的加工格式塔的能力，却仍然缺乏整合视觉信息的能力，仍然是先关注局部[1]。

Frith 和 Happe 认为"弱中央统合功能"理论不仅能够解释孤独症谱系障碍儿童认知与社会交往两个方面潜在的障碍，也能解释他们的优势领域[2][3]。孤独症谱系障碍儿童在信息整合和概念形成两个方面存在障碍，导致他们未能关注物体的整体，只能关注局部；导致孤独症谱系障碍儿童注意力涣散，深层次的含义不能理解，社交联系未能建立，未能发展心理理论，影响语言和社交能力的发展；孤独症谱系障碍儿童负责保持经验信息整合的"中央统合系统"失能，不能抑制重复行为的产生。但是由于孤独症谱系障碍儿童擅长局部信息的关注，对细节有很强的观察力，有关注片段与细节而忽视情境主题的明显倾向，使他们存在知觉和注意力方面的优势，这可能也是他们形成某一方面特殊的孤岛能力和狭窄兴趣的原因。例如，他们有很强的视觉空间能力，有的具有音乐、数学和美术方面的特殊天赋，在智力拼图和其他空间技能方面有出色的表现。

但是后续的相关研究表明，"弱中央统合功能"理论并不能较好地解释孤独症谱系障碍儿童的各种缺陷，例如孤独症谱系障碍儿童的社会性障碍不能用"弱中央统合功能"理论做出合理的解释。对于孤独症谱系障碍儿童的重复刻板行为、狭隘的兴趣、特殊的注意和知觉及超常技能等方面，它能做出比较全面的解释。

第三节 "心理"理论

从首次提出"心理"理论的概念到现在，该领域一直都是认知科学研究的核心，包括比较心理学、发展心理学、认知神经科学和儿童精神病学等。对孤独症谱系障碍儿童"心理"理论的研究，将有可能促进这一障碍类型儿童社交能力的提升。

一、"心理"理论

"心理"理论，又称心智解读，是指个体对自己和他人的心理状态（例如想法、意图、情绪、信念等）的认知，并对个体相应的行为做出预测以及解释的能力[4]。它是个体理解他人的概念能力，也是个体独特的社会理解和互动形成的基础，对个体的社会交往和交流至关重要。

相关研究表明，4 岁至 5 岁以后的普通儿童，基本上具备"心理"理论的能力，他们

[1]Jolliffe T,Baron-Cohen S.Are people with autism and Asperger Syndrome faster than normal on the embedded Figures Test? [J] .Journal of Child Psychology and Psychiatry,1997,38:527-534.

[2]Frith,U.Autism:explaining the enigma [M] .Oxford:Blackwell,1989:100.

[3]Happé,F.G.E.Central coherence and theory of mind in autism:Reading homographs in context [J] .British Journal of Developmental Psychology,1997,15:1-12.

[4] Premack D,Woodruff G.Does the chimpanzee have a theory of mind? [J] . Cognition Psychology,1978,1 (4) :515-560.

能够理解自己和他人的错误信念。并且，还能够意识到在同一种情境之下人的信念的不同，也能够区分自己和他人的信念的不同。

二、"心理薄弱"理论

Baron-Cohen 等人从认知神经心理学的视角研究孤独症谱系障碍的核心障碍，提出心智理论的缺陷导致孤独症谱系障碍儿童社会互动与沟通障碍的假设。虽然此假设还存在争论，但众多相关研究都表明：孤独症谱系障碍儿童存在心智解读能力的缺陷，对信念、知识、情绪和假装的了解都存在困难[1]。

1985 年，最早研究孤独症谱系障碍"心理"理论的 Baron-Cohen 等人，利用"莎莉和安妮"的故事情节，对孤独症谱系障碍儿童进行实验。研究结果显示，孤独症谱系障碍儿童不具备基本的"心理"理论，被称作"心理薄弱理论"，也称"心智缺陷理论"[2]。主要说明孤独症谱系障碍儿童在理解他人的心理方面存在缺陷，他们并不具备像普通儿童一样的、自然而渐进地获得"心理"理论的能力。

三、"心理薄弱"理论对孤独症谱系障碍儿童行为特点的解释

1993 年，Baron-Cohen 与 Howlin 通过研究，发现孤独症谱系障碍的"心理薄弱"理论具有下列特征[3]。

（1）对他人的感觉不敏感。例如，孤独症谱系障碍儿童会直接评价老师脸上的斑点，不顾及老师的个人感受。

（2）无法了解自己的经验可能与他人的不同。例如，孤独症谱系障碍儿童在讲述事情发生的经过时，只讲述部分内容。因为孤独症谱系障碍儿童会认为他人知道他没有讲的部分。

（3）不能解读他人的意图。例如，当遭到同伴捉弄或者嘲笑时，孤独症谱系障碍儿童无法理解同伴的行为是在嘲笑自己。

（4）无法了解他人对自己的言论是否感兴趣。例如，孤独症谱系障碍儿童每次谈话时，只限于自己感兴趣的话题，无法意识到别人对该话题不感兴趣。

（5）不能预计自己的行为可能会引起他人的想法。例如，孤独症谱系障碍儿童无法理解，不断地询问他人的隐私，会被认为在恶意骚扰。

（6）无法了解每个人都可能会犯错。例如，不能原谅他人的无心过错，认为他人是故意与自己作对而攻击他人。

[1]Spek, Annelies A. Theory of Mind in Adults with HFA and Asperger Syndrome [J]. J AUTISM DEV DISORD, 2010 (40): 280-289.

[2]Baron-Cohen S, Leslie A M, Frith U. Does the autistic child have a "theory of mind"? [J]. Cognition Psychology, 1991, 9 (2): 331-349.

[3]Baron-Cohen, H. Tager-Flusberg&D. J. Cohen. Understanding other minds: Perspectives orom autism [M]. New York: Oxford University Press. 1993: 466-480.

（7）无法欺骗他人或理解欺骗行为。例如，不能区别好人与坏人，坏人询问自己时，也会如实回答，使自己的物品被盗。

（8）无法理解他人行为背后的动机。例如，亲戚好意帮助孤独症谱系障碍成年人找到一份轻松的工作。他们却认为亲戚是故意嫌弃他，无法体会他人的好意。

总之，"心理薄弱"理论认为孤独症谱系障碍儿童的社会性缺陷是因为他们无法根据潜在的心理状态，解释复杂的社会行为而引起的。交流障碍是因为孤独症谱系障碍儿童不能意识到他人的心理状态和自己不同，从而缺乏交流动机。

第四节 "碎镜"理论

"碎镜"理论，即"镜状神经系统功能障碍"理论，是一种从神经生理学的视角解释动物与人模仿能力不足的假设。20世纪90年代初，Rizzolatti等人提出"镜状神经系统假设"与"镜状神经元理论"，认为"镜状神经系统"是动作模仿的神经基础。有些学者基于孤独症谱系障碍儿童存在明显的重复刻板行为，动作和语言模仿能力较低，也着手研究孤独症谱系障碍儿童的模仿能力与神经基础，并用"碎镜"理论阐述孤独症谱系障碍儿童动作与语言模仿能力较低的现象[1]。

一、"碎镜"理论

镜像神经元不仅参与认知过程，还参与社会功能的活动。认知过程包括有目的的、视觉引导的动作。此外，还包括语言理解与共情等高级认知过程，社会功能的活动包括模仿、动作观察与识别及动作意图理解等。

"碎镜"是镜像神经系统功能异常的一种形象化表述，所谓"碎镜"理论是指镜像神经元出现了功能性障碍，从而导致模仿能力不佳、观察能力薄弱、社会认知受损，以及心理理论缺乏等。"碎镜"理论是从社会认知的直觉成分受损层面解释孤独症谱系障碍症状机制的理论假说。镜像神经系统功能异常导致孤独症谱系障碍儿童的社会认知缺陷。他们在社会认知功能，例如模仿、共情以及动作理解等方面表现不一致继而引起孤独症谱系障碍儿童之间症状的多样性。镜像神经系统的研究发现它与模仿、共情和动作理解有很大的关联。

二、"碎镜"理论对孤独症谱系障碍儿童行为特点的解释

"碎镜"理论指出孤独症谱系障碍儿童在模仿和目的、意图推测任务中镜像神经元激活较弱，表明孤独症谱系障碍儿童的模仿能力和高级认知活动与社会功能存在缺陷，源于镜像神经元出现了功能性障碍。

---

[1]潘威，陈巍，汪寅，单春雷．自闭症碎镜理论之迷思：缘起、问题与前景［J］．心理科学进展，2016，24（6）：958-973．

相关研究发现，孤独症谱系障碍儿童在模仿部分简单的肢体动作和一些有象征意义的动作时存在困难。因为孤独症谱系障碍儿童在观察动作的过程中，对动作进行低水平视觉处理的脑区保留完好，而对动作进行高水平认知分析的脑区则存在相对的缺陷。所以，孤独症谱系障碍儿童在动作模仿方面存在一定的障碍。虽然，孤独症谱系障碍儿童的感觉和运动能力正常，但是脑区无法建立信息，无法处理自我与他人在社会行为上的表征联系，从而无法处理对他人动作的识别、理解和模仿。

相关社会化的认知能力研究发现，孤独症谱系障碍儿童在对他人的愿望、信念、意图和情感的理解方面存在缺陷，这和"碎镜"理论可能相关。这说明孤独症谱系障碍儿童的镜像神经元在参与社会化的认知活动时，镜像神经元的激活环节有缺陷，从而无法表现与普通儿童同样的社会化的认知能力[1]。

语言缺陷方面的研究发现，孤独症谱系障碍儿童保留一些基本的语言学功能，例如，正常描述事物，但在日常社会交流方面存在障碍，无法完成日常社会交流任务。与普通儿童相比，孤独症谱系障碍儿童在词汇、语音、语义和语法方面都存在很大的局限。低功能孤独症谱系障碍儿童一般有言语模仿症，高功能孤独症谱系障碍儿童则有新语症。"碎镜"理论认为，个体通过大脑运动系统来完成对语言的理解，语言功能缺陷是大脑运动信息处理存在障碍。言语过程中个体通过口腔、唇、齿、舌头、喉，以及其他器官的配合，并且利用大脑对动作指令的表征才完成，整个过程脑区与镜像神经元所在的顶下叶和额下回区域联系密切。但是，孤独症谱系障碍儿童在运用语言时，顶下叶和额下回区域出现异常，表明孤独症谱系障碍儿童的镜像神经元存在功能障碍，从而导致孤独症谱系障碍儿童存在语言障碍。

总之，镜像神经元的功能性障碍更好地解释了，孤独症谱系障碍儿童在模仿、社会认知能力和语言发展方面存在的障碍和不足，为进一步研究孤独症谱系障碍儿童的行为奠定了基础。但是关于人类镜像神经元系统的研究还存在不足，镜像神经元系统只是社会认知的附带原因，它的功能障碍不是孤独症谱系障碍儿童社会认知障碍的必要条件。未来，伴随孤独症谱系障碍研究对象的变化，计算精神病学的兴起，孤独症谱系障碍与镜像神经元的真正关系将有望得以阐明。

[1] 张静，陈巍，丁峻．自闭症谱系障碍的"碎镜假说"述评［J］．中国特殊教育，2008（11）:26-30.

第三章 问题行为概述

问题行为又称作行为异常，由于特殊儿童自身障碍的影响，他们比较容易出现问题行为，严重的问题行为会影响特殊儿童的发展，因此问题行为是特殊教育非常重要的一个研究领域。

第一节 行为

行为的概念十分复杂和宽泛，我们在工作、学习和生活中的各种表现都是行为。从心理学的定义来看，行为是心理学中最重要，也是最难界定的一个名词。根据不同的观点，行为的含义可以归纳为四个方面[1]：

一、传统行为论者的观点

以 J.B.Watson 与 B.F.Skinner 为代表。他们认为行为是可以观察和测量的外显反应与活动，心理学研究的行为不包括内隐性的心理结构意识过程、记忆和心象等。

传统行为论者认为，虽然行为的形式多样，内容不同，但是它们都是外显的、可观察的、不同于内隐的意识。有机体的行为是在环境的影响下发生，没有环境刺激就没有行为的产生。J.B.Watson 提出心理学就是研究行为的科学，他把行为局限于有机体的肌肉或腺体对环境刺激做出的反应。他的观点忽视内部过程对行为的影响，强调行为的产生离不开环境刺激，这一点值得肯定。

二、新行为论者的观点

以 K.Leiwen 和 R.S Woodworth 为代表。新行为论者认为行为不仅包括可观察和测量的外显行为，还包括内隐性的意识过程，且还应考虑中间变项、中介过程、假设构想等概念[2]。行为的产生，不仅受环境的影响，有机体在环境刺激下发生的内部生理和心理变化

---

[1] 王辉．特殊儿童行为管理［M］．南京：南京师范大学出版社，2015:1.

[2] 叶浩生．行为主义的演变与新的新行为主义［J］．心理学动态，1992,2:19-24.

也发挥了制约作用。K.Leiwen 对行为的产生有深刻的理解，他强调行为是人和环境的函数，行为可以用公式 B=f（P.E）来表示，B 代表行为，P 代表人，E 代表环境。他的观点把个体可以观察到的所有的反应、动作、活动或行动看成是其与环境相互作用的结果，充分体现了个体与环境相互制约的辩证关系。R.S Woodworth 认为，人的活动有两个方面：一是驱力，二是机制，如口渴是驱力，见水去喝是机制。驱力发动机制，经多次发动，机制也可变成驱力，如由习惯而养成兴趣。R.S Woodworth 还十分强调行为内驱力，认为行为不仅包括有机体内部的一切生理状态的变化，还包含一切心理活动，如认知、动机、情绪或能力等。R.S Woodworth 对行为的理解更加深入，他既肯定环境的影响，又重视有机体的内部过程，即生理和心理的变化对行为产生的影响。当环境确定之后，行为是否发生还有赖有机体的内部变化。以强化物紫菜为例，尽管紫菜是孤独症谱系障碍儿童喜欢的食物，但是当老师给予儿童强化物之前他刚吃了很多紫菜，不管他有多么喜欢吃紫菜，此时他也不会再吃紫菜了。只有当儿童处于正常心态，且有强烈的求食欲望与进食动机时，喜欢的紫菜才能成为有吸引力的刺激物，吃紫菜的行为才能产生，强化物才能发挥作用。由此可以看出，行为是有机体内部变化的一种外部表现而已。

三、认知论者的观点

以 E.C.Tolman 为代表。认知论者认为行为是心理表征的过程，不太重视外显并可以观察测量的行为，他们的研究集中于注意、概念、记忆、问题索解、信息处理、语言获得等复杂的心理过程。新行为主义的典型代表、认知学派的鼻祖 E.C.Tolman 受行为主义与格式塔心理学派的影响，组合各方观点，提出目的性行为主义观点和中介变量的概念，注重行为的目的性和整体性。Benjamin Samuel Bloom 基于行为主义立场编制了教育目标分类，提出行为主义学派和认知学派都忽略的问题—情感与态度。Albert Bandura 提出的社会学习理论不仅研究外显行为，行为结果对行为的影响和强化所起的作用，还非常重视观察学习、认知过程以及自我调节的作用，形成了认知行为主义的模式。

四、心理学中的界定

心理学中的"行为"一词广义的用法包括内在的、外显的、意识的与潜意识的一切活动。心理学对行为的界定为，它是指有机体在主客观因素的影响下产生的外部活动，即有机体任何外显的和可观察的动作、反应、运动或行动以及人的头脑里所进行的各种内在的心理活动，是人与环境相互作用的结果，人类的行为大都通过学习获得。[1]

---

[1] 麦进昭 . 行为矫正基础 [M] . 北京：人民教育出版社，2000:3.

第二节　行为的特点

人类的行为虽然千差万别，但是都具有以下几个方面的基本特征。

一、行为的基本特征

（一）行为的可塑性

相关心理学研究表明，人类行为的形成虽然受遗传与成熟的作用，但是教育与环境对行为的影响更大。个体的行为不是天生的，而是大都通过学习获得的，是后天塑造而成的，是可以改变的。例如，孤独症谱系障碍儿童通过教育康复，才学会说话和与人交往，掌握各种生活技能，才能走入社会、融入社会。遗传和成熟是人类行为产生的基础，但是教育和环境可以改变人类的行为。正是因为行为具有较强的可塑性，所以要重视孤独症谱系障碍儿童的早期干预，抓住早期康复的关键期。

（二）行为的公开性和隐蔽性

公开行为一般指狭义的行为或外显的行为，是可以被行为主体以外的人观察并记录的行动、动作、反应与活动。研究者通常采用行为改变技术了解和改变公开行为。但是，不是所有的行为都是公开行为，有些行为是隐蔽的。隐蔽行为属于意识或潜意识历程，是指无法被外界观察的，人的内在心理活动。例如，个体的决策活动就是一种隐蔽行为，其他个体无法观察和记录这种行为，只有思考的个体才能观测和记录自己的思考行为。

（三）行为的相对稳定性

个体的行为会随着情境的变化而改变，例如孤独症谱系障碍儿童在唱游与律动课上可能会因为喜欢节奏感强的音乐而参与度很高，在生活数学课上可能会因为听不懂，无法参与课堂而产生情绪行为问题。但是，个体的行为并不是瞬息万变、不可预测的，行为一旦形成就相对稳定和完整。例如，孤独症谱系障碍儿童兴趣狭窄，其行为比较刻板体现在学习与生活的许多方面。正是因为刻板行为具有相对稳定性，所以行为干预要建立在对其进行观察、记录，分析其功能的基础上，干预要经历很长一段时间，而且不一定能达到预期的效果。

（四）行为测量具有一种或多种标准

行为具备可测量的特征，每一种行为都发生在一段时间内或是跨时间发生的，它们一般具有重复性（行为发生的次数）、时间范围（行为持续的时间）和时间轨迹（行为发生的特定时间点）三个基本特征[1]。可以采用行为发生的频率来测量行为，即计算时间段内行为发生的次数；也可以采用行为发生时持续的时间来测量，即行为从发生到结束持续的

---

[1]John O.Cooper,Timothy E.Heron,William L.Heward.应用行为分析 [M] . 凤华，钮文英，译 . 台北：学富文化事业有限公司，2015:81.

时间；还可以采用行为的强度来测量行为，即行为发生时的强度。例如，孤独症谱系障碍儿童西西的自伤行为，可以采用频率、时长和强度来测量：西西每节课发生咬手的自伤行为 4 次，每次持续 5 分钟，每次咬到手背上出现深深的牙齿印。

（五）行为受自然规律支配

一般来说，行为的产生是环境事件系统性影响的结果。基本行为原理是行为干预的基础，它描述了行为与环境事件之间的功能性关系，环境事件如何影响人类的行为，以及行为如何作为环境事件的结果而出现。当通过观察了解了诱发行为发生的环境事件时，就可以采取改变环境中的事件的方式来改变行为。例如，孤独症谱系障碍儿童东东一听到有人哭就会爆发严重的情绪问题，用手掐周围同学的胳膊。老师在了解了东东的情绪行为与环境之间的关系后，采取了避免他听到哭声的措施，从而避免了情绪行为的发生。

同时，行为也能影响外部环境，对自然环境和社会环境都能造成影响。因为行为是一种包含时间和空间运动的行动、动作、反应或活动，所以行为的发生会影响到它周围的环境。例如，孤独症谱系障碍儿童明明，总是喜欢往楼下扔纸巾（对自然环境的作用）；被明明扔下去的纸巾飘落到二楼的平台上，二楼的邻居非常生气（对他人的作用）；妈妈和明明约定，只要明明一天不往楼下扔纸巾就奖励两个代币，明明把不乱扔纸巾的提示粘贴在窗户边，不断地提醒自己（对自己的作用）。有的时候某些行为对环境的作用并不明显，它只对行为主体发生作用。但不论是否意识到，所有的人类行为都会对自然或社会环境产生某些影响。

二、行为的分类

人类的行为可分为正常行为和异常行为两大类，异常行为又可以划分为行为不足、行为过度和行为不适当三种类型[1]。

（一）正常行为

正常行为是指与个人的性别、年龄和所处的社会文化背景基本相适应，并与社会规范、法律法规和道德标准的要求基本相符合的行为，正常行为一般指普通人能做到的行为。

（二）异常行为

异常行为也称不正常行为、问题行为或不良行为，通常指和普通人的行为相比，在质和量两方面都明显处于许可范围之外的那些行为，例如攻击、发脾气、自伤等。采用行为改变技术进行引导，可以进一步维持与加强正常行为，有效减弱或消除不良行为。

正常行为与异常行为是相对的，行为从正常向异常变化具有一定的连续性，两者很难划定一条明确的分界线。因此，较难区分或识别行为的正常与否，当异常行为与正常行为的差别比较明显时，则比较容易区分；当轻微的行为问题与正常行为差别不明显时，则比

---

[1] 胡金萍.特殊儿童问题行为干预与管理研究［M］.石家庄：河北人民出版社，2019:5.

较难识别。

当能够准确把握异常行为的本质时，就能够区分正常行为与异常行为。从行为改变的角度辨别，当和普通人的行为相比，明显表现出质和量方面的不足、过度或不适当，且行为后果已使个体的社会适应功能受到损害或丧失，就是异常行为；反之属于正常行为。例如，有些孤独症谱系障碍儿童每天按时睡觉，这是正常行为。相反，有些孤独症谱系障碍儿童晚上精力旺盛不睡觉；白天精神状态很不好，总是趴在桌子上睡觉，被吵醒就发脾气，出现了睡眠障碍，影响其生活学习，甚至发脾气还干扰影响了周围同学，这就是异常行为。

三、异常行为的分类

美国心理学家 G.Martin 和 J.Pear 提出，儿童的异常行为主要有以下三种表现：

（一）行为不适当

行为不适当是指所期望的行为在适宜的条件下没有发生，却在不适宜的情境下产生，个体表现出的行为不符合自己的身份或者不适合当时的场景。例如，有的孤独症谱系障碍儿童喜欢某个老师，但却通过打老师来表达他的喜爱之情。有些孤独症谱系障碍儿童，同学们都在高兴地庆祝班级赢得了篮球比赛，他却独自坐在座位上画画，让同学们觉得他对班集体的事情一点都不关心，没有集体荣誉感。

（二）行为不足

行为不足是指所期望的且应该发生的行为从不发生或很少发生，即与普通人相比，个体的某种行为表现得太少。如有的孤独症谱系障碍儿童成长的每个阶段都滞后普通儿童的发展：有的到了会跑会跳的年龄还不会走路，有的到了能说会道的年龄，还不会说话或很少说话；有的到了七八岁还不会自己穿衣、洗脸等，这些都是行为不足的表现。

（三）行为过度

行为过度是指个体的某一类行为发生太多或太激烈，即与普通人相比，个体的某种行为表现得太多[1]。如上课总是往窗户外吐口水；总是把自己的腿抠得满是伤疤；几乎每天都在课堂上爆发严重的情绪行为；下课总是喜欢搂抱女同学或女老师等，这些都是行为过度的表现。还有些行为因为发生的次数太多或太过频繁也成为不正常行为，如喜欢坐电梯，每天早上必须来回乘坐五次电梯才会去上学。

第三节　问题行为

儿童问题行为，特别是孤独症谱系障碍儿童的问题行为对他们的发展造成很大的影响，不仅阻碍其与他人的社会交往，甚至还会威胁其自身及周围人的安全。因此我们要重视孤

---

[1] 王辉. 特殊儿童行为管理 [M]. 南京：南京师范大学出版社，2015:3-10.

独症谱系障碍儿童问题行为的研究，了解其问题行为的特点及影响因素，以期为后续的干预研究做好准备。

一、问题行为的界定

问题行为的概念既明确又难以把握，个体的行为发生异常，老师和家长都能明确判断，但是问题行为非常复杂，很难进行明确的界定。至今对于问题行为还没有明确的界定，没有一个能被大家普遍接受的统一分类标准。朴永馨在 2015 年出版的《特殊教育辞典》中将问题行为定义为，是指无效的或影响自己与他人正常学习和生活的行为[1]。

李梅将问题行为理解为：1.儿童的行为与同年龄段的儿童的一般状态相比较存在显著差异，则该行为为问题行为。2.如果儿童的行为存在持续性退步，则儿童有可能产生了问题行为。3.如果儿童的行为与家庭、学校和社会等提出的期望要求不符合，且偏离行为规范标准，则说明其行为属于问题行为。4.行为是否对他人造成困扰，发生的频率是多少，是否持续稳定地发生[2]。

《特殊教育辞典》引用美国 G.Martin 和 J.Pear 的观点，将问题行为分成行为不足、行为过度和行为不当三种类型，孤独症谱系障碍儿童同样存在这三类问题行为。行为不足或缺陷表现为指令的理解程度有限，缺乏眼神对视和言语沟通等；行为过度或过多表现为哭闹、尖叫、长时间原地转圈等；行为不当表现为自言自语、自伤、攻击他人等。

问题行为还有多种名称，例如偏差行为、不良行为、变态行为以及异常行为等，这些术语表明使用者对这些行为的负面、歧视看法或态度。许多研究者喜欢在积极行为支持领域，用"挑战性行为"这一术语来指代问题行为。

二、孤独症谱系障碍儿童的问题行为

从 DSM-V 和 ICD-10 对孤独症谱系障碍的鉴定中可以看出孤独症谱系障碍儿童存在问题行为，例如 DSM-V 中的第二个鉴定标准"局限、重复的行为、兴趣及活动"指的是孤独症谱系障碍儿童的固执行为、自我刺激行为以及不适当的行为。Edelson 认为孤独症谱系障碍儿童具有认知相关问题、偏异的行为和沟通困难等三种特征。钮文英认为偏异的行为中固执行为和自我伤害行为常见于不适当行为。

由此我们可以得知，问题行为是孤独症谱系障碍儿童的基本特征之一。相关研究显示，孤独症谱系障碍和智力障碍的个体更容易产生问题行为，智力障碍群体中约有 5%～15% 的个体会出现问题行为，孤独症谱系障碍群体问题行为的出现率更高，主要有自我伤害、攻击以及刻板等问题行为[3]。目前以孤独症谱系障碍儿童为干预对象的行为干预中，自我

---

[1] 朴永馨. 特殊教育辞典（第三版）[M]. 北京：华夏出版社，2015:401.

[2] 李梅. 近十年来我国儿童问题行为研究现状评述 [J]. 徐州师范大学学报（哲学社会科学版），2002（2）:130-133.

[3] 昝飞. 积极行为支持：基于功能评估的问题行为干预 [M]. 北京：中国轻工业出版社，2013:24.

伤害、攻击、刻板、发脾气、破坏、进食问题和反刍行为等是最常被处理的问题行为。

　　孤独症谱系障碍儿童的问题行为是造成家庭压力的一个重要因素，孤独症谱系障碍儿童的情绪行为问题不但造成家长在教养上的压力，也同时影响了家庭的气氛和关系，是影响家庭和谐的关键性因素。国外的研究显示，情绪行为问题不但会直接影响家庭的关系，增加父母亲的心理负担，减少婚姻满意度以及降低自我肯定、增加负面情绪的机会，同时也会间接地影响家长的效能和减少家长的乐观态度。

三、问题行为产生的原因

　　Chandler 和 Dahlquist 认为，在分析问题行为产生的原因时，要辨别引发或维持问题行为的直接原因和问题行为相关的间接因素之间的不同[1]。在干预问题行为时，既要考虑行为产生的直接原因，又要重视间接因素，要认识到它们所起的不同作用。

（一）发生问题行为的直接原因

　　行为功能的观点认为，行为的功能是引起问题行为的直接原因。也就是说，环境中的某些因素和变量是维持问题行为在特定环境中持续存在的原因。因此，只有通过改变或者调整环境中维持问题行为的因素或变量才能改变问题行为。例如，伴随注意力缺陷多动障碍的孤独症谱系障碍儿童，虽然其大脑功能的失调使其存在注意力缺陷，但是这些儿童并不是所有的课程或者活动都出现注意力缺陷的症状。在不同的环境中，他们的表现会有所不同，在有些老师组织的课堂教学中，他们的注意力分散行为更少出现。由此可见，他们所处的环境中的某些变量是影响其注意力分散行为的直接原因。

　　通常来说，引发或维持问题行为持续存在的环境因素主要有：一是前提事件，即发生在问题行为之前的事件；二是行为结果，即出现在问题行为之后的结果。一般来说前提事件是引发个体问题行为的直接原因。例如，有些孤独症谱系障碍儿童出现自伤行为或者发脾气行为，是因为之前老师对他发出了指令，要求其完成某项任务。他完成任务有困难或者不愿意完成任务，就出现了问题行为以逃避任务。前提事件经常直接诱发了个体问题行为的发生。

　　行为结果是指出现在行为之后的环境事件。Skinner 提出人类行为主要受行为结果的影响，可以通过加强或减弱行为的结果，对原有行为进行直接操纵，以达到改变行为的目的。来源于应用行为分析的行为功能评估的方法得到的结果是，在分析行为发生的原因时，应重点分析维持或强化行为的强化规律，即分析操作性行为规律。行为的结果是导致行为持续存在的原因，改变行为结果能促进个体对前提事件反应的改变。丽丽不喜欢吃青菜，每次午餐老师让其吃青菜她都会发脾气。老师改变了策略，对丽丽提出，如果吃完碗里的青菜就可以得到一块她喜欢的紫菜，丽丽很快就吃完了青菜。丽丽没有出现发脾气行为，

---

[1]Chandler L k,Dahlquist C M.Functional assessment:strategies to prevent and remediate challenging behavior in school settings [M] .Merrill Prentice Hall,2002.

和老师给予紫菜强化有直接关系。

（二）孤独症谱系障碍的障碍特性与问题行为

（1）与社会性沟通相关联的障碍。很多问题行为都具有沟通功能，当孤独症谱系障碍儿童不能用语言表达需求，不会用语言拒绝不想做或者很困难的任务时，就可能会出现攻击他人的行为或发脾气的行为。因为沟通技能的缺乏而产生的问题行为比较多，应该帮助其获得沟通的手段，从而改善问题行为。

（2）偏执与同一性。同一性偏执是指，孤独症谱系障碍儿童对与平常相同的情境抱有强烈的欲望[1]。当环境没有发生改变时，孤独症谱系障碍儿童情绪稳定，容易参与活动。但一旦环境发生改变，与以前出现的情境不一致时，他们就容易出现混乱。木木是一名一年级的孤独症谱系障碍儿童，每天只要教室的门被她发现打开，就一定要想方设法把它关上。如果不关上，她就会发脾气，大哭大闹。年幼的孤独症谱系障碍儿童经常出现同一性偏执的行为。

（3）对特定感觉刺激反应过剩或反应迟钝。有些孤独症谱系障碍儿童听觉比较敏感，有时因为听觉过于敏感而产生问题行为。孤独症谱系障碍儿童听觉敏感主要有以下几种情况：

①感觉听到的所有声音都很重，不能取舍选择听特定的声音。

②讨厌听婴幼儿的哭声，有时甚至还会去攻击哭闹的婴幼儿。

③讨厌运动会使用的发令枪的声音而不愿意参加运动会。

④觉得烟火的声音可怕而拒绝去看烟火。

⑤讨厌吸尘器的声音，阻止他人使用吸尘器。

相关研究发现感觉的敏感性是引起较多孤独症谱系障碍儿童偏食的重要原因，除食物的味道以外，舌头对外观、温度、触觉等具有敏感性，也会导致他们不喜欢摄取特定的食物，从而引起偏食。

（4）认知曲解。孤独症谱系障碍儿童在认知上的局限性，使得他们存在推测他人的想法、感情、意图的困难。他们在正确地理解周围发生的事情方面存在困难，容易出现自我专断的错误理解，这些都是问题行为出现的原因。"认知曲解"，即自我专断的错误理解，是指"对现实世界出现的事情不合理的、非现实的、歪曲的看法与解释以及想法"。错误地理解已发生的事情之间的关联性，因为解释不恰当，使得情绪下沉，向悲观的方向考虑事情，增加了问题行为出现的可能性[2]。认知曲解有可能是高功能孤独症谱系障碍与阿斯伯格障碍人群出现问题行为的主要原因。如果问题行为的原因中有认知曲解，就要对认知进行纠正。

---

[1] 园山繁树，裴虹. 自闭症问题行为干预 [M]. 上海：复旦大学出版社，2016:8.

[2] 园山繁树，裴虹. 自闭症问题行为干预 [M]. 上海：复旦大学出版社，2016:9.

（三）环境因素与问题行为

沟通能力的限制、偏执、感觉敏感以及认知曲解等是引起问题行为的主要原因，但是问题行为只会在特定的环境中才会出现，并不是所有条件下都会出现。

1. 与问题行为出现有关的自然环境因素

①噪音和特定的声音：不喜欢特定声音的情况下容易出现问题行为。

②高温多湿：温度过高或湿度过大容易产生急躁情绪，从而出现问题行为。

③任务和活动较难，不喜欢某项任务也容易出现问题行为。

2. 与问题行为出现有关的人为环境因素

①孤独症谱系障碍儿童理解指令存在困难：老师或家长的指令不清晰，不易于孤独症谱系障碍儿童理解，可能会使他们烦躁、情绪高涨。采用简洁的指令，并结合视觉化的图片能帮助孤独症谱系障碍儿童理解指令，从而更好地遵守指令。

②任务或者活动不是孤独症谱系障碍儿童所喜欢的，且对于他们来说比较困难，而且持续的时间较长，这种情况下很容易引发他们的问题行为。

③突然改变活动、学习的内容或者形式等，容易使孤独症谱系障碍儿童产生问题行为。在对内容进行改变前，可以使用视觉提示或视觉支持的行为导图对他们进行提前预告，从而接纳改变[1]。

3. 与问题行为出现有关的内在环境因素

①生病。牙疼、中耳炎、口腔炎等疾病的疼痛引发的烦恼情绪会诱发问题行为。当个体的语言能力很弱，无法向他人表达疼痛时，就会诱发问题行为的发生。

②睡眠不足和空腹。睡眠不足与饥饿感会使注意力容易转移，从而难以出现适当行为。

综上所述，很多问题行为既包含障碍特性的相互关系，个体的人为因素和环境因素等。如果将引起问题行为的环境因素消除，就不会产生问题行为了。也就是说，将特定的环境因素所具有的功能，从"引发问题行为"变成"不引发问题行为"或者"形成适当行为"的功能，以此为目标进行干预就能很好地避免问题行为的发生。

第四节　孤独症谱系障碍儿童问题行为的理解

孤独症谱系障碍儿童与其他障碍类型儿童相比，问题行为出现的频率最高。可以借助"冰山模型"进行说明。海面以下看不见的冰山部分比看得见的海面以上部分要大得多，90% 的冰山都在海面以下看不见的部分。问题行为浮在海面上很容易被发现，可是问题行为产生的因素在海面以下，很难被发现。如果海面以下引发问题行为的因素没有被充分

---

[1] 于丹. 结构化教学的应用 [M]. 北京：华夏出版社，2021:25-27.

理解，就很难找到改善问题行为的方法。孤独症谱系障碍儿童的问题行为干预要基于问题行为功能分析，根据孤独症谱系障碍儿童的实际能力，整合各方资源，利用他们的优势能力带动弱势能力的发展，采用整合策略干预他们的问题行为，从而减少或避免问题行为的发生。

根据 Skinner 的行为分析框架，行为被看作是个体与环境之间的相互关系。个体的内外在环境之间的相互关系是行为产生的原因。对孤独症谱系障碍儿童的问题行为进行干预时，不要一味地强调将问题行为变成适当的行为。要明确他们与环境之间的相互作用的模式（如图 3-1 所示），当孤独症谱系障碍儿童各方面的能力都较弱，生活非常贫乏时，就会出现个体与环境因素的不协调，从而出现问题行为。孤独症谱系障碍儿童的问题行为不仅危害他们自己，而且对周围其他人都会造成不同程度的困扰。当他们的能力逐步提升，生活相对以前比较丰富时，他们与环境就会出现协调，从而产生合适行为，避免了问题行为的发生，同时也不再对他们自身和其他人带来危害[1]。

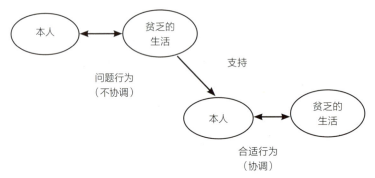

图 3-1　孤独症谱系障碍儿童问题行为的理解

由此可知，干预孤独症谱系障碍儿童的问题行为时，不要仅仅着眼于对问题行为进行改善，要基于多元整合的视角，尽可能地提升他们的能力，丰富他们的生活，从而培育更多的适宜行为来代替问题行为。例如，峰峰以前上课很喜欢尖叫，老师们想尽了办法都没有制止他的尖叫行为。后来老师发现他的节奏感非常强，就让他去参加器乐社团，他不仅学会了弹电子琴，还学会了吹口风琴，同时还是醒狮队的骨干成员。现在的他上课也不叫了，在课堂上也能积极参与了。作为教育者，要为孤独症谱系障碍儿童创设容易形成恰当行为的环境，丰富他们的生活，提升他们的生活质量，将问题行为防患于未然。

[1] 园山繁树，裴虹．自闭症问题行为干预［M］．上海：复旦大学出版社，2016:12-13.

第四章　孤独症谱系障碍儿童常见的问题行为

对孤独症谱系障碍儿童的常见问题行为的了解有助于老师们理解这些问题行为的特点及产生的原因，为接下来对问题行为进行系统的功能性评估奠定基础。

第一节　自伤行为

自伤行为是特殊儿童中经常出现的一种问题行为，不仅对特殊儿童的身体造成伤害，还妨碍和限制他们的社会生活和学习环境。虽然普通儿童中也会出现自伤行为，但是特殊儿童中更容易出现，特别是孤独症谱系障碍儿童。请看下列案例。

喜欢用手打头的曦曦

案例十一

曦曦今年 8 岁，是一名孤独症谱系障碍儿童。个训课上，文老师都会给她设计一些手部精细训练，例如拣珠子游戏、描红练习等。当描红的字稍微难一点时，曦曦就会用手连续打头。文老师担心曦曦会伤到自己，就让她停止描红或者换一个容易的汉字给她描红。可是过了一段时间后，曦曦在玩捡珠子的游戏时，也出现了打头的行为。文老师很是苦恼。

一、自伤行为的界定及主要形式

自伤行为一般指没有他人帮助，故意对自己的身体进行伤害的行为。严重的自伤行为甚至会伤害到个体的身体组织，但须排除有明确自杀意图及与性兴奋有关的这一类自伤行为[1]。

自伤行为是孤独症谱系障碍儿童中经常出现的一种严重的问题行为。2003 年，Baghdadli 等人对 7 岁以下被确诊为孤独症谱系障碍的儿童进行调查发现，有自伤行为的个体占 53%[2]。2006 年，焦公凯、鞠红珍对 96 例孤独症谱系障碍儿童进行研究发现，自伤行

---

[1] 孙立双，韦小满. 国外关于特殊儿童自伤行为的研究综述 [J]. 中国特殊教育，2008，94（4）：41-45.

[2]A. Baghdadli, C. Pascal, S. Grisi, et al. Risk factors for self-injurious behaviours among 222 young children with autistic disorders [J]. Journal of Intellectual Disability Research, 2003, 47:622-627.

为的个体占 33.33%[1]。

孤独症谱系障碍儿童的自伤行为最常见的有：用手打头或脸，用头撞墙或其他较硬的物体，用嘴咬自己的手或其他部位，用手指戳自己的眼睛、拉自己的头发和掐自己的皮肤与吞咽异物等。有些孤独症谱系障碍儿童身上经常青一块、紫一块，还有些孤独症谱系障碍儿童的头发和眉毛稀稀拉拉的，也有些孤独症谱系障碍儿童的指甲被咬得光秃秃的，有时甚至咬到出血。Duerden 等人的调查研究发现，孤独症谱系障碍儿童中"用身体部位击打自己"的自伤行为占 34%、"用物体击打自己"的自伤行为占 30%、"拽头发"的自伤行为占 19%、"撞头或用手指抠皮肤"的自伤行为各占 18%，有大约 64.9% 的孤独症谱系障碍儿童存在至少一种形式的自伤行为[2]。

二、自伤行为的功能

1977 年，Carr 在综述关于自伤行为动机的文献的基础上，总结提出了自伤行为动机的五种假设，即正强化假设、负强化假设、自我刺激假设、器质性假设和心理动力学假设。这个研究结果给自伤行为的研究带来了新的活力，使关于自伤行为原因的研究转折性地跳出了行为本身的限制，开辟了"环境—行为"这一新的研究领域。随后的研究日益丰富起来，关于自伤行为功能假设的研究也在不断丰富和发展。目前，该理论主要包括以下几个方面的假设：

（一）社会性正强化

这一假设认为自伤行为的持续和随之产生的社会性结果有关，主要有接近喜爱的事物、获得社会性注意等。以社会性注意为例：因为自伤行为存在危险性，当老师发现个体表现出自伤行为时，就会把注意力转移到他身上，给予他关注和安抚，而这恰恰强化了个体的自伤行为，使他错误地认识到只要表现出自伤行为就能获得老师的关注，从而形成在想要获得关注的时候，再次以自伤行为达到目的。这一假设认为自伤行为与社会性注意关系密切，会伴随着社会性注意的变化而增减。

在这一假设中，社会性注意和自伤行为似乎呈现出矛盾的关系，由于自伤行为是一种危险性行为，当这一行为出现时，人们自然地会给予注意，但这正强化了该行为，增加了其再次出现的概率。

（二）社会性负强化

这一假设认为个体表现出自伤行为的目的是逃避他不喜欢的事物或情境，例如"老师的要求""很难完成的任务"等。当遇到的事物是个体不喜欢的或被要求完成的任务是他

[1] 焦公凯，鞠红珍. 儿童孤独症自伤行为的临床分析 [J]. 临床精神医学杂志，1999（1）:15-17.

[2]Duerden E G,Oatley H K,Mak-Fan K M,et al.Risk factors associated with self-injurious behaviors in children and adolescents with autism spectrum disorders [J] .Journal of autism and developmental disorders,2012,42（11）:2460-2470.

不喜欢的或者难以完成的时，就会表现出自伤行为，而一旦危险的自伤行为发生，老师一般会采取措施中止当前的活动，而这一行为就成为了自伤行为的强化物，下次当个体遇到他未能完成的事物、或不喜欢的事物，或想要逃避的事物或要求时，便会再次表现出自伤行为以达到中止当前活动的目的。

（三）生理性正强化

这一假设认为，自伤行为是弥补感觉刺激缺失的一种途径，相对于较为丰富的环境刺激，个体在环境刺激较为贫乏的情况下，更容易发生自伤行为以弥补感觉刺激的缺失。

（四）生理性负强化

一些反应能直接终止或至少是弱化正在进行的刺激。比如说，抓皮肤可以暂时缓解由于蚊虫叮咬而带来的"痒"的感觉，揉太阳穴能缓解头痛等。由此推理，当头部或面部出现局部疼痛时，打击面部的行为可能会发生，由于它缓解了疼痛，就形成了负强化，当刺激再次来临，此行为会再次出现并持续下去。因此，某些个体的自伤行为可能与他身体的局部病变有关。比如撞头行为可能与中耳炎有关。

其他一些假设还包括：器质性假设，即认为自伤行为是异化了的生理机能进程的结果；心理动力学假设，即认为自伤行为可能由一些心理上的因素引起。

相关的实证性研究验证了Carr的假设，认为个体的自伤行为与社会性因素有关，可能由社会性因素维持的，正强化或负强化可能都能加强自伤行为。基于这一视角建构的理论提出自伤行为是一种习得性反应，个体在"学习"行为与环境事件之间的关系的过程中获得相关信息，并在一定时刻表现出自伤行为，满足自己的需要。

第二节　攻击行为

普通儿童也会出现攻击行为，但是特殊儿童特别是孤独症谱系障碍儿童攻击行为表现得更加普遍和严重。孤独症谱系障碍儿童表现出的攻击行为，有时与前提事件有关，有时与后果的处理有关。在现实生活中，孤独症谱系障碍儿童中比较常见的是以结果为目的的攻击行为。请看下列案例。

喜欢抢东西的菲菲

案例 4-2

菲菲是一年级的小朋友，今年7岁，3岁时被确诊为孤独症谱系障碍。菲菲的语言能力弱，不会用语言表达自己的需求。在家里，当她喜欢别人的东西时，就会抢过来占为己有。爸爸妈妈和哥哥都觉得没有办法，只能把东西给她，如果不然她就会躺到地上，大声嚎叫。后来逐渐发展为在学校也是这样，别的小朋友的东西，只要是她喜欢的，她就会抢过来，要不就嚎啕大哭，每天教室里都会出现她的哭声。

一、攻击行为的界定及主要形式

美国学者 Baron 和 Richardson，基于"违背他人意愿"的标准，提出攻击是以伤害某个想逃避此种伤害的个体为目的的任何形式的行为。攻击行为一般指违反社会行为规范，对他人构成伤害或损害的问题行为。最常见的攻击行为有：骂人、打人、咬人、破坏他人物品等。

林云强、张福娟认为孤独症谱系障碍儿童的攻击行为的表现可以分为这些类型：①身体攻击，主要指一些不恰当的身体接触行为，如：抓人、打人、咬人、拳打脚踢、推搡捏拧、向他人吐口水、用头撞人撞墙、拉扯他人头发等。②言语攻击，如：叫骂、讥讽、奚落、威胁、挑衅、抨击、取笑他人等。③恃强凌弱及破坏行为，如：抢夺他人玩具、破坏他人物品、扔砸东西、撞击东西等。④消极抵制和敌意反抗行为，指对他人情绪暴躁，无端愤怒及厌恶反抗等[1]。

Ando 和 Yoshimura 采用适应行为量表调查研究发现：在孤独症谱系障碍儿童中以"攻击他人为目的"的攻击行为占 43%，以"破坏物体为目的"的攻击行为占 34%，"无端愤怒及敌意行为"占 47%，孤独症谱系障碍儿童的攻击行为的发生率明显高于其他障碍类型儿童。美国俄亥俄州立大学的研究成果表明：男性孤独症谱系障碍儿童的攻击行为的发生率为 79.7%，明显高于其他障碍类型儿童。不同类型孤独症谱系障碍儿童的攻击行为的表现有所不同。其中，高功能孤独症谱系障碍儿童在言语攻击项目中的得分显著高于典型孤独症谱系障碍儿童。但是，不同性别和年龄组的孤独症谱系障碍儿童在攻击行为上的得分没有显著差异[2]。张正芬教授的研究指出，虽然攻击行为在孤独症谱系障碍儿童的问题行为中的频率、强度、出现率都最低，但攻击行为一旦出现，通常比较严重。张正芬的调查研究发现，攻击行为中占据前三位的分别是："推、抓或捏人"行为，接近一半的老师希望能优先改善此类行为；接着是"未经允许动用他人物品"行为，有三分之一以上的老师希望能优先改善此类行为[3]。可见攻击行为也是影响孤独症谱系障碍儿童发展的主要原因之一，这类问题行为也需要特殊教育工作者引起重视。

二、攻击行为的功能

孤独症谱系障碍儿童的攻击行为比较常见的是以特定结果为目的的，但是，有的孤独症谱系障碍儿童的攻击行为主要是以包括生理因素在内的各种前因为动力的。

（一）与社会性正强化相关的攻击行为

攻击行为的目的是想得到喜欢的玩具、食物、其他物品，或得到周围人的关注。孤独

---

[1] 林云强，张福娟. 自闭症儿童攻击行为功能评估及干预策略研究进展 [J]. 中国特殊教育，2012,149（11）:47-52.

[2]Ando H,Yoshimura I.Effects of age on communication skill levels and prevalence of maladaptive behaviors in autistic and mentally retarded children[J].Journal of Autism and Developmental Disorders,1979,9(1):83-93.

[3] 张正芬. 自闭症儿童问题行为之探讨 [J]. 特殊教育研究学刊，2000,（17）:253-273.

症谱系障碍儿童提出不合理的需求被拒绝，或者由于语言发展的障碍，无法表达自己的需求，而他们又很想得到实物或关注时，就会产生攻击行为。当他们表现了攻击行为后，老师或家长为了中断他们的攻击行为，会满足他们的需求，给予他们想要的实物，或批评他们的攻击行为。这样的做法无形中强化了他们的攻击行为，所以这一类型的攻击行为的主要原因，可能是社会性正强化在起作用。即攻击行为给行为者带来了实际的好处或者帮助使他成为周围人关注的对象。

（二）与社会性负强化相关的攻击行为

当老师或家长布置的任务太难，孤独症谱系障碍儿童想逃避任务，但是由于自身存在的沟通障碍又没有办法表达时，就可能产生抵触情绪进而发展成攻击行为。以逃避任务为目的的攻击行为，一般发生在儿童听到指令后，他们先会有抵触的情绪发生，接着产生攻击行为，如果停止对他们的要求，攻击行为也会随之停止。

（三）与生理痛苦相关的攻击行为

有些攻击行为与生理性病痛有关，例如牙痛、头痛、身体受伤等。这些孤独症谱系障碍儿童往往表现为先回避别人的接近或肢体接触，然后就会打人或咬人。当周围人想安慰他时，反而变得更加厉害。有时候他们会躲藏或逃避，有时他们会露出惊恐的表情，并歇斯底里地哭喊等。老师可以在医护人员的配合下给儿童服用止痛药物，或者用语言和肢体语言来增加儿童的安全感。

（四）与情绪障碍相关的攻击行为

许多孤独症谱系障碍儿童往往同时表现出强迫症的症状，当周围人干预他们的强迫行为时，他们通常会显得情绪激动和愤怒，这个时候就会产生攻击行为。这种攻击行为来得迅速有力，持续的时间短。儿童的表情和动作往往表现出非常的愤怒，眼睛往往盯住一个目标；有些儿童会表现出脸色异常的白。有语言的儿童会表现得非常固执地坚持自己的观点。有些孤独症谱系障碍儿童的强迫行为会表现出不合常理的刻板行为，当别人想阻止他的刻板行为时，他就会用攻击行为来排除别人的干预。老师或家长可以用控制前提事件的策略来避免这种攻击行为的发生。

第三节　刻板行为

Matson 等人的研究发现，孤独症谱系障碍儿童在婴幼儿早期表现出比较多的高水平的狭窄兴趣刻板行为，而年龄较大的儿童则表现出比较多的低水平的重复性刻板行为[1]。孤独症谱系障碍儿童的刻板行为并未随着年龄增长而从低水平转变成高水平重复刻板行为。

---

[1]Matson J L, Dempsey T, Fodstad J C.Stereotypies and repetitive/restrictive behaviors in infants with autism and pervasive developmental disorder [J] .Developmental Neurorehabilitation,2009,12（3）:122-127.

孤独症谱系障碍儿童的重复刻板行为比较常见，种类繁多。Barber等人的研究表明，孤独症谱系障碍儿童的重复刻板行为比普通儿童的刻板行为更不具社会适应功能，一般来说是为了实现自我刺激的目的，而不是为掌握行动计划等技能 [1]。请看下列案例。

不愿意换座位的丁丁

丁丁从一年级开始就坐在教室讲台的下面，现在三年级了，依然只愿意坐在教室讲台旁边的这个位置。每次换座位，无论老师怎么说，她都不愿意。如果强行将她的座位搬到其他地方，她就会将座位再搬回来，如果老师强行阻止她搬回来，她就会很焦虑，接着就会开始扯头发。

一、刻板行为的界定及主要形式

Turner提出刻板行为没有明确目的和功能，常常被认为是刻板的、重复的和不合适的行为，最早被作为一种精神病症状提出来 [2]。它是孤独症谱系障碍的核心缺陷之一，是指孤独症谱系障碍儿童表现出的一系列无明显目的和意义且频率较高的行为，同时还包括兴趣狭窄，很难接受事物的变化等。刻板行为是孤独症谱系障碍中很难克服的缺陷，严重影响他们社会技能的习得及各方面能力的发展，不利于他们的社会融合。刻板行为不仅给孤独症谱系障碍儿童自身，还给教育者和养育者都带来了严峻的挑战，它和孤独症谱系障碍儿童的日常生活息息相关，是其表现出的最令人头疼的问题。

2013年美国《精神疾病诊断和统计手册》第五版将刻板行为分为四类，包括：①刻板重复的机械动作（如使用物品或语言，机械化的重复排列玩具或旋转物品等）。②坚持千篇一律的呆板的历程或语言及非语言的仪式化模式（如很难接受细微的变化，很难转换，思维模式僵化，每天走相同的路线或吃相同的食物）。③执着、局限的兴趣（如过分的依恋和过分专注或坚持兴趣）。④感官刺激的异常反应，包括过度或过低反应；对感官刺激有不寻常的兴趣（如对特定声音和纹理反应异常；对疼痛或温度感觉不明显；过度触摸身体或闻气味；视觉对光过于沉迷等）。

二、刻板行为的功能

2009年李艳针对7名学生的刻板行为对35名老师进行了调查和访谈，结果发现：

（1）50%以上的老师认为刻板行为的主要原因是体验感官刺激（79.1%）和对学习任务没兴趣（55.6%），有54.%的老师认为刻板行为的原因是身体不舒服、寻找乐趣或是环境发生了变化，51.4%的老师认为是为了吸引他人注意。其中，最主要的原因是体验感官

---

[1]Barber A B.Brief report:Repetitive behaviors in young children with autism spectrum disorder and developmentally similar peers:A follow up to watt etal. (2008) [J].Journal of Autism and Development Disorde,2012,42（9）:2006-2012.

[2] 园山繁树，裴虹.自闭症问题行为干预 [M].上海：复旦大学出版社，2016:12-13.

刺激。而为了获得口头奖励和表扬以及遭到同伴嘲笑等原因则出现最少。

（2）就不同年级来看，各个年级刻板行为出现的主要原因都是感官刺激体验，其次为环境发生改变、乐趣寻求、对学习任务没兴趣、身体不舒服与吸引他人注意。

（3）不同功能水平孤独症谱系障碍儿童的刻板行为的原因存在差异：高功能独症谱系障碍儿童的刻板行为的主要原因是感官刺激、环境发生变化和寻找乐趣；中功能独症谱系障碍儿童的最主要原因是体验感官刺激和寻找乐趣，其次为身体不舒服、吸引他人注意、遭到老师批评，最后依次为对学习任务没兴趣、得到表扬和环境发生变化、遭到同伴嘲笑；而低功能孤独症谱系障碍儿童刻板行为的最主要原因是体验感官刺激，其次为对学习任务不感兴趣、环境发生变化、身体不舒服、吸引他人注意和寻找乐趣，最后依次为遭到老师批评和遭到同伴嘲笑。

（4）就访谈结果来看，老师认为刻板行为产生的原因主要是环境发生了变化、儿童自身的缺陷、获得自我刺激以及老师很难照顾到所有儿童等方面[1]。

左秋芳、胡晓毅在《国外自闭症谱系障碍儿童刻板行为的干预研究综述》一文中提到，17个有关孤独症谱系障碍儿童刻板行为的研究都是基于功能性行为评估的结果对刻板行为进行干预。16项研究中的刻板行为的主要功能都是自动强化，即刻板行为的出现与维持主要是为了获取感官方面的刺激[2]。Ruth等人的研究中刻板行为的主要功能是引起别人的注意[3]。Ahearn等研究中的四名被试者均表现出言语刻板行为，为了寻找这种言语刻板行为持续发生的原因，对行为进行了功能性分析，观察被试者在独处、给予关注与指令以及独自游戏四个不同的实验控制情境下刻板行为发生的情况，结果表明，三名被试者在独处情境下言语刻板行为出现率最高，另一名被试者则在独自游戏情境中出现率最高，研究者由此提出言语刻板行为所带来的感官刺激是该刻板行为持续发生的主要原因[4]。

第四节　干扰行为

文献研究发现，2018年以前的课堂干扰行为的研究中，针对智力障碍儿童的研究较多，随着孤独症谱系障碍儿童的增多，相对于其他障碍类型的儿童，孤独症谱系障碍儿童的课堂干扰行为更具有特殊性，干预的难度更大，因此针对孤独症谱系障碍儿童的课堂干扰行为研究非常有意义。请看下列案例。

[1] 李艳. 自闭症儿童刻板性行为的积极干预研究 [D]. 上海：华东师范大学，2009.

[2] 左秋芳，胡晓毅. 国外自闭症谱系障碍儿童刻板行为的干预研究综述 [J]. 中国特殊教育，2012 (8) :35-42.

[3]Ruth Anne Rehfeldt,et al.Functional analysis and treatment of verbal perseverations displayed by an adult with autism [J].Journal of applied behavior analysis,2003 (36) :259-261.

[4]William H.Ahearn,et al.Assessment and treating vocal stereotypy in children with autism [J].Journal of applied behavior analysis, 2007, (40) :263-275.

经常扔书本的华华

华华很喜欢上生活语文课，课堂上参与度很高，学习动机很强。老师一提问题，华华就会第一时间将手举起来。可是当他举手后，老师没有让他回答问题或完成课堂任务，他就会把书本到处乱扔，并且扔完自己的，还会扔其他同学的书。为了课堂不被干扰，老师只好让华华回答问题或参与完成课堂任务。

一、干扰行为的界定及主要形式

干扰行为指的是在某一情境中出现的，不适宜的、对正常活动秩序造成很大影响的行为。课堂干扰行为是指课堂上以肢体或口语的方式，违反课堂规则和教学要求，影响课堂教学秩序，且对老师的教学和学生的学习带来消极影响的课堂行为[1]。Janney 和 Snell 根据问题行为处理的顺序，把它们分为三类：破坏的、干扰的、分心的。干扰行为被列为第二个需要优先处理的问题行为[2]。干扰行为虽然不严重威胁儿童的安全，却妨碍了儿童的日常生活、正常的学习和人际交往，也影响了他们的社会化发展。

孤独症谱系障碍儿童的课堂干扰行为的表现一般分为两类：①外向型干扰行为，指对课堂秩序造成直接影响的问题行为。例如声音干扰行为、活动干扰行为、冲突行为和不服从行为等；②内向型干扰行为，指对课堂秩序不造成直接影响，但对教与学的效果造成直接影响的问题行为。例如不专注行为、退缩行为、抗拒行为、草率行为和依赖行为等。

二、干扰行为的功能

R.Matthew Reese 和 David M.Richman 等人对孤独症谱系障碍儿童与普通儿童的干扰行为的对比研究发现，干扰行为的功能一般是想要获得注意或实物，以及逃避要求等。并且孤独症谱系障碍男孩的干扰行为的功能更倾向于自我刺激、逃避要求和维持原有活动。这表明，不同性别的孤独症谱系障碍儿童课堂干扰行为功能不同，孤独症谱系障碍儿童与普通儿童的课堂干扰行为存在差异[3]。课堂干扰行为在一定的情境下产生，并且建立在不同目的的基础之上。在对这些行为进行干预前需要进行功能分析，并且基于功能分析的结果进行干预。

陈晖在《自闭症儿童课堂干扰行为的功能分析及干预策略》一文中提到，干扰行为的功能有三种[4]:

---

[1]陈郁菁，钮文英.行为支持计划对初中自闭症学生行为问题处理成效之研究 [J].特殊教育研究学刊，2004,27:183-205.

[2]Janney R,Snell M.E.Behavioral Support Baltimore [M].MD.Paul H Brookes Publishing CO,2000:106.

[3]R.Matthew Reese,David M.Richman,John M.Belmont,and Paige Morse.Functional Characteristics of Disruptive Behavior in Developmental Disabled Children with and without Autism [J].Journal of Autism and Developmental Disorders.2005,8:12-14.

[4]陈晖.自闭症儿童课堂干扰行为的功能分析及干预策略 [J].绥化学院学报，2012,32 (3):33-34.

（1）正强化的功能。孤独症谱系障碍儿童的许多课堂干扰行为都源于想获得正强化的功能，例如上课时发出怪声、活动中抢他人的物品，可能都在于其想获得老师的关注。老师只有明确其课堂干扰行为的功能，才能采取适当的处理策略，而不会盲目干预助长其不良行为。当儿童的课堂干扰行为是正强化的目的，老师没有察觉行为的真正功能就简单地以公开批评或给予其强化物等方式进行干预，则满足了儿童的正强化需求，对其问题行为的出现起了助长的作用。

（2）负强化的功能。孤独症谱系障碍儿童的干扰行为的功能是为了逃避或回避厌恶刺激，如完成任务、到特定的地方、面对特定的人以及接触特定的物品等。儿童对老师提出的学习和行为的要求，会有不同的反应。挫折与失败容易让人产生紧张情绪，课堂干扰行为对于在课堂上表现连遭挫折、面临失败威胁的儿童而言，有助于逃离厌恶的课堂任务等。孤独症谱系障碍儿童的课堂干扰行为的功能如果是逃避特定个体、学习任务或其他活动，以达到独处、缓解焦虑和逃避挫败的目的，这种课堂干扰行为的功能就是负强化。

（3）感觉刺激与感觉调整功能。即指孤独症谱系障碍儿童利用干扰行为调节环境中感觉输入的水平或类型，或者形成自我的感觉刺激。个体都有保持适度兴奋的倾向，以求达到生理上的愉悦及舒适感。

第五节　青春期问题行为

一般来说，女孩在 11 岁至 13 岁之间，男孩在 12 岁至 14 岁之间就逐步进入青春期，一些青春期特有的问题会随着他们身体的生长发育、成熟而出现。孤独症谱系障碍儿童的青春期问题行为非常难干预，对于这类问题行为需要进一步地探索和研究。请看下列案例。

喜欢抱人的阿来

案例 4-5

阿来今年 15 岁，是一名七年级的孤独症谱系障碍儿童。他长得高高的，非常可爱。老师们经常叫阿来帮忙拿教具，阿来也很愿意。可是这段时间，女老师们非常害怕阿来，去他们班上课都胆战心惊，不知道什么时候，阿来就会趁女老师不注意从背后紧紧地将其抱住，老师怎么使劲都挣不开，需要男老师帮忙才能将其拉开。

一、青春期问题行为的界定及主要形式

青春期是儿童发展过程中的必经阶段，他们从幼稚逐渐走向成熟，伴随性机能与第二性征的出现，他们的性器官开始发育，生殖系统逐渐成熟，出现一系列生理心理现象[1]。

---

[1]Scattone D,Tingstrom D.H.,and Wilczynski S.M.Increasing Appropriate Social Interactions of Children with Autism Spectrum Disorders Using Social Stories [J] .Focus on Autism and Other Developmental Disabilities, 2006,21 (4) :211-222.

青春期问题行为的界定还比较分散，因青春期的到来而发生的行为问题都称之为青春期问题行为。

青春期的孤独症谱系障碍儿童伴随着第二性征的发展，开始出现和童年期不同的问题行为，即不适当的性行为。同时，逆反心理、攻击行为和易波动的情绪也在这个时期出现。

（一）不适当的性行为

孤独症谱系障碍儿童迈入青春期后，表现最突出的是性意识的觉醒以及性行为的不适宜表现。进入青春期的孤独症谱系障碍儿童对异性或同性同伴表现出极大的兴趣，且尝试通过身体接触以期获得性方面的满足，有些孤独症谱系障碍儿童进入青春期后会在公开场合进行自慰或暴露生殖器，甚至偷看异性的生殖器[1]。孤独症谱系障碍儿童呈现的这些行为是他们进入青春期后性行为不适当的具体表现。

（二）明显的逆反心理

由于生理心理发展的不平衡，及来源于家庭、学校、同伴与社会环境方面的压力和不良影响，使进入青春期的儿童进入人生发展的第二次心理叛逆期。进入青春期的孤独症谱系障碍儿童逆反心理同样表现突出。由于他们无法清晰明确地向他人表达其意愿，当他们遇到与自己希望的事情相违背时，会采用怪异的刻板行为来表达不满或逃避[2]。青春期孤独症谱系障碍儿童的逆反心理表现各异，强弱不同。有的会立即采用拍手、摇头、不停走动等刻板行为假装未听到，来逃避老师给出的任务或指令。有的会采用不停地重复"不要""等一下"等刻板语言，且伴随不耐烦的情绪来拒绝，有时甚至会以攻击人或自残的方式表示"抗议"[3]。

（三）主动攻击行为

孤独症谱系障碍自身存在社会交往障碍，使得他们很难主动发起恰当的社交行为，难以对他人的肢体动作、语言与表情等做出适宜的情绪和行为反应。孤独症谱系障碍儿童在与他人互动交流时，通常采取攻击行为等常人未能理解或很难接受的方式。青春期的孤独症谱系障碍儿童由于身心的变化，他们对同伴产生了更多兴趣，渴望与同伴有更多互动。当没有掌握任何社交沟通技巧时，他们一般采用无故攻击人、骚扰人等方式以实现与外界沟通互动的目的。处于青春期的孤独症谱系障碍儿童，逐渐通过模仿习得同学间相互玩闹的不良行为，甚至在诱导下习得一些不良行为，这些行为将引起别人对其强烈的情绪与行为反应，从而引起他人的关注。孤独症谱系障碍儿童逐渐在攻击行为中学习了错误的与他人互动的模式。这种模式让他人更加排斥孤独症谱系障碍儿童，而这种排斥又加剧了孤独

---

[1] 郑群山，胡晓毅，范文静. 自闭症学生青春期性教育初探 [J]. 现代特殊教育，2015，8（16）：49-53.

[2] 李元功. 帮助自闭症学生安度青春期 [J]. 北京教育（普教版），2015（6）：35.

[3] 李红. 青春期轻度自闭症学生攻击行为矫正个案研究 [J]. 苏州教育学院学报，2012，29（2）：106-108.

症谱系障碍儿童的攻击行为的频率与强度[1]。

（四）易波动的情绪

青春期的儿童由于生理和社会环境的变化，容易出现不同的心理问题，青春期的孤独症谱系障碍儿童易出现焦虑、恐惧等负面情绪。孤独症谱系障碍儿童普遍存在焦虑情绪，他们会在青春期前一段时间相对稳定，和普通儿童一样，他们在进入青春期后，也会进入敏感波动期，甚至表现更加明显。他们经常用莫名其妙的哭泣、微笑与自残的方式表达情绪，情绪的管理与表达更加失控。有时，甚至因为环境的一点改变，要求未得到满足，或者遇到的一点挫折而出现剧烈的情绪波动，出现情绪爆发。

二、青春期问题行为出现的常见原因

（一）生理因素

进入青春期的孤独症谱系障碍儿童，生理发育方面出现急剧变化，性腺逐渐发育成熟，出现了明显的性冲动与性需求[2]。孤独症谱系障碍儿童自我控制能力弱，经常毫不掩饰地表达性冲动与性需求，有时为了满足生理需求，会在公开场所暴露生殖器，甚至自慰，以及对异性做出不恰当的性行为。

另外，生病、疲劳等生理方面的不适，也会引起孤独症谱系障碍儿童情绪不稳定，情绪不稳定又容易导致问题行为的出现，问题行为的出现反过来又加重情绪的不稳定。

（二）心理因素

孤独症谱系障碍儿童进入青春期以后，随着他们认知能力的加强和生活阅历的丰富，他们对情感的体验变得更加深刻，他们的情感也更加容易出现波动[3]。相关研究表明，孤独症谱系障碍儿童比普通儿童更容易出现较高的焦虑症状，特别是高功能孤独症谱系障碍儿童的焦虑症状更加明显。

当孤独症谱系障碍儿童不被同伴接纳，在生活中体验到较多失败，会更易出现焦虑情绪，从而引发问题行为。当然对于自身缺陷的认知，也是引发孤独症谱系障碍儿童焦虑的原因之一。进入青春期的孤独症谱系障碍儿童，他们会出现更加严重的焦虑。孤独症谱系障碍儿童的情绪认知和表达能力弱，羞耻感缺乏，他们不会因为裸露、玩弄性器官，甚至摸他人的性器官、窥视异性的性器官而感到羞耻。孤独症谱系障碍儿童缺乏羞耻感，他们的道德感薄弱，他们会毫不掩饰地表达性冲动，表现出不适宜的性行为。

随着青春期的到来，孤独症谱系障碍儿童希望与他人特别是同伴能有更多互动，获得他人更多关注，建立一定的人际关系。但是孤独症谱系障碍儿童不理解社会规范，社会意

---

[1] 毛芬. 青春期自闭症学生问题行为综合干预的个案研究 [D]. 武汉：华中师范大学，2016:10.

[2] 苏林雁，王长虹. 青春期的心理与行为问题 [J]. 中国实用儿科杂志，2006（7）:504-507.

[3] 冯雪. 浅谈自闭症儿童的情绪行为的原因 [J]. 教育教学论坛，2014（7）:95-96.

识淡薄及怪异刻板的刺激行为等，使得他们更加容易引发问题行为。例如故意打人，磨蹭异性身体，不恰当地搂抱异性等。

（三）环境因素

青春期阶段的孤独症谱系障碍儿童，特别是在普通学校融合的孤独症谱系障碍儿童，他们会面临更大的学习压力和相对比较复杂的人际关系。因为自身存在的障碍，他们很难获得他人的理解，有时还会缺乏他人的照顾，很难被周围人接纳。孤独症谱系障碍儿童进入青春期后，面临更加复杂的社会环境，他们在进行社会沟通与交往时，需要面对更大的困难，当困难无法克服，遭遇挫折后，他们就会出现非常严重的焦虑情绪。

当今社会，各种便捷、迅速的移动端电子产品对儿童产生了很大的影响，他们更容易获得各种各样良莠不齐的信息，加之媒体中各种暴力、色情信息泛滥，也对他们产生了非常不好的影响。孤独症谱系障碍儿童的自我控制能力与辨识能力都相对较弱，不良信息对他们的影响更加严重，暴力、色情的视频和图像，让他们不加辨识地模仿，引发了各种不同的青春期问题行为。

（四）教育因素

有些孤独症谱系障碍儿童的青春期问题行为是因为教育的失职与失误导致的。相对于发达国家来说，我国有关孤独症谱系障碍儿童的性教育方面的研究与实践还比较缺乏。由于学校和家庭性教育方面的不足，孤独症谱系障碍儿童没有得到适合的性教育。无论是家长，还是老师都要重视孤独症谱系障碍儿童的性教育，提升他们的性知识，提升他们的自我控制能力，与情绪的管理能力，使得他们能够较好地度过青春期，尽量避免青春期不同问题行为的出现。同时，对高年级段的孤独症谱系障碍儿童，老师和家长还要提供相应的学业方面的支持，适当降低他们学业方面的期待，减少他们因学业压力而产生焦虑情绪。

第五章　孤独症谱系障碍儿童问题行为的功能与评估

　　孤独症谱系障碍儿童的问题行为干预强调坚持积极行为支持理论技术，在分析问题行为功能的基础上对行为进行干预。这一章将介绍什么是积极行为支持？如何对行为的功能进行分析？

第一节　积极行为支持

　　霍纳及其同事在发表于 1990 年的《走向非厌恶性行为支持的技术》一文中，首次提出了"积极行为支持"一词 [1]。1997 年，美国在修订的《障碍者教育法案》中将其纳入特殊教育实践研究范畴 [2]。从此，积极行为支持的应用研究日益丰富。

一、积极行为支持的含义

　　作为应用行为分析领域的一个分支的积极行为支持（即正向行为支持），它基于功能性行为评估的结果，对个体采取强化的方法帮助其发展积极行为，通过改变影响问题行为的环境因素，以使问题行为减少或消退，适当行为增加。这里的"积极行为"是指能促使个体在生活、学习、工作、休闲、社交、家庭与社区等诸多方面的成就感和满意度都提升的行为技能。"支持"是指能教授、强化与塑造积极行为的教育方法，以及有助于增加与发展积极行为的系统改变的方法 [3]。功能性行为评估技术是积极行为支持的核心理论和技术基础。干预者在制定积极行为支持计划时，要基于行为的特定功能，要对问题行为发生的情境、前提事件以及行为结果等因素做好控制，要根据儿童的发展需要与实际能力基础采取恰当的干预方法，教育引导儿童用适当的替代行为达到与问题行为相同的功能。从本

---

[1]Horner et al.Toward a Technology of Nonaversive Behavioral Support [J] .Research and Practice for Persons with Severe Disabilities,1990,30 (1) :125-132.

[2] 昝飞 . 积极行为支持：基于功能评估的问题行为干预 [M] . 北京：中国轻工业出版社，2013:2.

[3] 昝飞 . 行为矫正技术 [M] . 北京：中国轻工业出版社，2021:326.

质上来说，功能性行为评估技术是一种系统化预防的行为干预方法。

1990 年 Horner 等提出了"积极行为支持"概念，它包括行为功能分析、非厌恶性行为管理、多因素问题行为干预与问题行为出现的环境调整等，它拓展了非厌恶性行为管理的研究领域。它是一种不仅强调社会效度，还重视人格尊严的积极治疗技术。20 世纪末，积极心理学思潮不断兴起，它反对消极心理学研究视角，主张研究个体的积极品质，探索其正向潜能，积极行为支持理论也被广泛应用与认可。1997 年美国 IDEA 教育法案规定教育当局必须在学生的个别化教育计划里使用积极行为支持方案减少学生的问题行为。2015年教育部颁布的《特殊教育教师专业标准（试行）》中将"运用积极行为支持等不同管理策略，妥善预防、干预学生的问题行为"作为特殊教师的一项专业能力来要求。

积极行为支持的应用研究主要集中在不同障碍儿童的研究与不同领域的研究两个方面。它可以应用于所有障碍儿童，也可以应用于正常儿童。相关研究表明，积极行为支持策略对于干预所有儿童的问题行为都是有效的，可以促进他们的行为和人际关系的明显改善，以及缺失技能的相应发展和学业成就感的提高。儿童的问题行为在学校、家庭和其他场合都可能发生，根据干预领域的不同，问题行为的干预分为家庭中的干预、学校中的干预和其他场合的干预，不同场合的干预都可以运用积极行为支持策略。

积极行为支持在数年来的研究和实践中，鲜明地体现了与传统干预方式的不同：第一，重视问题行为的功能评估。第二，干预情境由实验情境向自然情境转变。第三，由专业人员单独干预向父母、老师也平等参与其中转化。第四，干预策略发生变化：从消极策略转到教育；从注重改变结果到关注前提控制和替代行为的训练及调整环境。第五，干预过程变得更加积极主动。第六，干预效果评估变得更加多元化。

二、应用行为分析与积极行为支持

应用行为分析是一门科学，它基于行为原理发展出策略，应用系统化的干预增加社会的重要行为，并通过实验证实引起行为改变的变量[1]。应用行为分析作为一门学科被建立，它系统地应用学习原则以使个体在社会方面发生重要的行为改变，强调在非实验室的，每日生活情境中直接应用行为矫正的原则。积极行为支持是在应用行为分析的基础上发展起来的，它在实践中的行为干预技术来源于应用行为分析。应用行为分析给积极行为支持提供了行为改变的理论框架，同时还提供了系列比较有效的行为评估与干预的策略。积极行为支持采纳了应用行为分析有关行为三因素的观点，强调通过分析行为与环境刺激以及行为结果的关系来寻找行为产生的原因。积极行为支持也吸收了应用行为分析中有关行为干预的具体方法，例如用来塑造良好行为的强化技术、代币制、契约、渐隐、连锁等，以及用来减少行为的消退、区别强化等。

---

[1]John O.Cooper,Timothy E.Heron,William L.Heward. 应用行为分析 [M] . 凤华, 钮文英, 译. 台北: 学富文化事业有限公司, 2015:31.

从应用行为分析到积极行为支持是一个巨大的跨越，应用行为分析强调调整个体，消除行为问题本身，而积极行为支持重视系统调整环境，增加正向的行为。积极行为支持更加强调结合生态学观点，对行为进行系统的分析与干预，从而关注个体生活方式的改变。它是一种以人为本的，能根本解决行为问题的方法。

三、功能性行为分析与积极行为支持

20 世纪 80 年代心理学家发现，临床中不仅要重视行为的规律性和制约性，还要重视行为的目的性或功能性。只有充分认识行为的功能并以此指导行为矫正，才能取得良好的干预效果。从 80 年代开始，许多教育工作者和临床工作人员接受了功能性分析理念并以此指导特殊儿童的问题行为干预，相关研究论文也急剧上升。21 世纪初，功能性分析的观念和方法逐渐在中国得到应用。

（一）功能性行为评估与干预取得了较好的效果

最早在功能性行为评估与干预方面取得较好效果的是美国心理学家艾瓦塔及其同事，1980 年他们报道了干预的方法和效果，从那以后越来越多的研究证实了功能性行为评估与干预的有效性。

荷兰学者（Didden,Duker,Korzilius,1997）对功能性行为评估和干预的效果做了两次元分析。第一次是在 1997 年，Didden 等对 1968 ~ 1994 年之间发表于全球英语专业杂志上面的 48 篇有关发展性障碍者的问题行为及对这些问题行为干预的论文统计分析。结果显示，基于功能性行为评估的干预策略与发展性障碍者问题行为的良好干预效果间有显著的相关。第二次是在 2006 年（Didden,Korzilius,Van Oorsouw,et al.,2006）Didden 等对发表于 1980 ~ 2005 年间的有关轻度发展性障碍青少年的问题行为及对这些行为干预的效果的有关论文统计分析。结果显示，这些青少年的问题行为干预后有显著的改善。基于功能性行为评估的干预效果显著优于以其他评估为前提的干预[1]。

（二）功能性行为评估的特点及程序

功能性行为评估有以下特点：

（1）以行为主义心理学学习理论为基础。

（2）关注问题行为的原因。

（3）评估程序化，操作十分灵活、严谨。

（4）体现人文主义关怀。

Fox 等人认为功能性行为评估的程序包括：第一步，定义目标行为。第二步，评估目标行为发生的具体情况。第三步，提出功能假设。第四步，检验功能假设。第五步、分析、

---

[1] 黄伟合，贺萃中 . 功能性行为评估与干预 [M] . 北京：华夏出版社，2013:18-19.

评价假设检验结果[1]。

韦小满等在国内外研究的基础上，提出了功能性行为评估的程序：第一步，界定问题行为。第二步，收集有关的信息。第三步，提出问题行为的功能性假设。第四步，检验功能性假设。第五步，制定行为干预计划[2]。

（三）功能性行为评估的方法

功能性行为评估有直接评估和间接评估两种方法，评估过程中经常会采用ABC记录表，功能性评估访谈表与动机分析量表等三种评估工具。ABC记录表属于直接评估方法，功能性评估访谈表与动机分析量表属于间接评估方法。有研究结果表明直接和间接的功能评估方法之间的一致性较低，两个间接的评估方法间的一致性也较低，但直接的描述方法和其他功能评估方法的结果一致，因此可以使用直接的观察方法评估问题行为的功能，但要谨慎单独使用间接的方法。

积极行为支持是建立在功能性行为评估基础之上的，它通过分析行为问题的反应过程，从各种影响因素中分析出诱发与维持行为的主要因素，以得出行为的主要功能，以便针对行为的具体功能制定积极行为支持干预计划。功能性行为评估更侧重于对行为的评估，而积极行为支持是在评估的基础上，对问题行为采取针对性的措施进行干预。

总之，积极行为支持是一种具有鲜明特色的行为支持方法。其价值在于强调帮助个体获得某种有质量的生活，而这也被认为是个体自己的选择。积极行为支持在对问题行为进行干预时，不再提倡以病理学为基础的传统模式，而是采取强调预防与提高生活质量的积极干预模式。这一新模式也代表了社会科学和教育的新趋势。因此，它虽来源于应用行为分析，但也超越了应用行为分析。它注重在分析问题行为功能的基础上制定综合的干预策略对问题行为进行干预，因此它的干预更具有时效性和长效性。

第二节　行为功能概述

20世纪80年代末至90年代初积极行为提出以来，研究者们大多认为，行为的功能是诱发与维持行为的因素，因此要根据行为的功能干预问题行为。

一、行为功能的概念

每一种行为都具有一定的功能，环境中的某些因素可能对行为起到了强化作用，引起行为持续、反复地出现。所以，在理解行为的功能时，就需理解强化与强化物的概念。强化是跟随行为事件之后的一种刺激反馈，又称之为行为的后果。其定义为，跟随行为发

---

[1]J Fox, M Conroy, K Heckaman.Research issues in functional assessment of the challenging behaviors of student with emotional and behavioral disorders [J].Behavioral Disorders,1998,24（1）:26-33.

[2]韦小满，杨希洁.功能性行为评估的特点及应用价值分析 [J]．中国特殊教育，2011,2:38-40.

生后的结果能导致将来行为发生的概率增加的过程。行为被加强后，将来更有可能会再次出现。

强化包括三个要素：①一个具体行为的发生。②一个紧随这个行为的直接结果。③此结果将使这个行为被加强，行为者将来可能再次产生这一行为[1]。根据行为结果形式，强化有正强化与负强化之分，正强化是指行为发生后获得令人满意的刺激物，行为得到加强；负强化则指行为发生后引起厌恶刺激的撤除、减少或延迟到来，行为得到加强。例如，孤独症谱系障碍儿童佳佳在老师不给他紫菜时尖叫，老师没有办法只好给他紫菜，之后佳佳的尖叫行为因为老师给他紫菜得到了加强，这就是正强化。对于老师来说，满足了佳佳的要求使得他的尖叫行为停止，下次老师会再次在佳佳尖叫的情况下满足他的要求，这个行为的加强就是负强化的结果。

正强化与负强化都与强化物有关，Skinner认为，能增强一个反应的概率的任何刺激物就是强化物。Miller提出强化是指运用强化物增加行为发生的可能性。强化物既包括具体的物品，也包括口头表扬，还包括某一荣誉，对行为有增强作用的东西，都可以称之为强化物[2]。上述案例中，紫菜就是一种正强化物。日常生活中，强化物一般指正强化物。正强化物通常是令人愉快的，想要得到的刺激。负强化中，强化物一般指厌恶刺激的撤除、减少、移去或延时到来，这类强化物就是负强化物。

二、行为功能的分类

确定行为的功能是功能评估的首要目标，Miltenberger提出行为功能四分法，主张将行为功能分为四种类型，即社会正性强化、社会负性强化、自动正性强化和自动负性强化。

（一）社会正性强化

这类行为产生的结果一般来源于他人令个体感到满足的刺激物，这类强化结果是由他人给予个体的积极强化。目标行为出现后他人给予了个体积极的强化后果，就是社会正性强化。社会正性强化一般包括注意、活动以及来自他人的物质刺激等。例如，每当妈妈在厨房忙碌时，东东就会把妹妹打哭。妈妈不得不离开厨房，教训东东不要打妹妹。当妈妈和东东、妹妹在一起时，东东就不会打妹妹，一旦妈妈去做饭，东东又开始打妹妹。东东打人的问题行为得到了妈妈的注意作为强化物。案例中的强化后果使得问题行为发生的可能性增大了。

（二）社会负性强化

有时目标行为由他人负性强化，当其他人在目标行为出现后停止消极的交往、任务或活动，该行为就被社会负性强化维持。具有社会负性强化功能的行为一般是逃避或回避行

---

[1] 李芳，李丹. 特殊儿童应用行为分析 [M]. 北京：北京大学出版社，2011:92.

[2] 昝飞. 积极行为支持：基于功能评估的问题行为干预 [M]. 北京：中国轻工业出版社，2013:45.

为。个体厌恶的刺激物存在于他生活的环境中。例如，当老师让星星做作业时，星星就开始大声尖叫，吵得大家都没有办法学习，老师没有办法，只好让星星坐在教室后面的安静区，不再做作业。星星大声尖叫的目的是逃避做作业的任务。星星被老师允许不做作业强化了问题行为。

（三）自动正性强化

有时，对目标行为强化的结果是由于行为本身的结果自动出现的，不是由另一个人做出的。自动正性强化指的是个体的行为能为个体的身体带来生理或感官上的愉悦感或舒服刺激。当某行为自动产生强化结果时，就可以说该行为被自动正性强化所维持。例如，孤独症谱系障碍儿童的摇摆身体、旋转物体、不停拍手等行为，都能给他们带来强化的感官刺激，对行为的强化后果由行为的结果自动正性强化。

（四）自动负性强化

自动负性强化通常发生在目标行为自动减少或消极刺激被消除时，意味着个体的行为能帮助其减轻、消除或延缓身体的不舒服状态。在自动负性强化中，对消极刺激的躲避不是由他人的行动实现的。例如，当个体头疼时会用拳头打自己的头，以减轻头的疼痛，具有自动负性强化功能。又如，有时暴饮暴食的维持是因为其能减少不愉快的情绪，当个体在暴饮暴食前体验到的不愉快情绪强烈时，暴饮暴食能暂时使不愉快的情绪减弱，从而负性强化了暴饮暴食行为。自动正性强化与自动负性强化都属于自动化强化功能，其强化物都来源于个体生理内部，而非外部环境[1]。

问题行为通常不止有一种功能。例如，一年级孤独症谱系障碍儿童如如总喜欢在生活数学课上走来走去，特别是老师布置作业的时候。老师对如如的问题行为进行了功能分析，发现其主要功能是社会负性强化，逃避数学作业的任务；其次是社会正性强化，获得老师的关注（如如的能力很弱，不会用语言表达自己的需求）；有时也具有自动正性强化功能。

第三节　孤独症谱系障碍儿童问题行为功能性评估

相关研究表明，问题行为的功能性评估通过信息收集和数据分析，达到如下目的：了解问题行为产生的行为动因和环境前提，问题行为的表现、频率与程度，问题行为产生后的结果，以及问题行为的功能等。

一、功能性行为评估的概念

行为评估是指通过访谈、观察和测验等途径收集行为者的信息，并应用分析、推论

---

[1]Raymond G.Miltenberger. 行为矫正：原理与方法［M］. 石林，译. 北京：中国轻工业出版社，2015:204-205.

与假设等方式判定行为者的行为性质，并详细测量需要矫正的问题行为的基本特点与环境因素。

何谓功能性行为评估呢？功能性行为评估指为了确定行为产生的原因搜集有关前提事件、行为以及行为结果等相关信息的一系列评估方法。这里的前提事件指行为发生之前出现的事；行为结果指行为发生之后出现的事[1]。研究者要在这个过程中采用相关的方法识别与预测问题行为不断发生的有关环境因素或事件，并对行为的功能进行分析。功能评估的结果可以帮助干预者推断问题行为发生的原因。同时，功能评估还能提供有助于制定适宜干预方案的其他重要信息，包括与问题行为有同样功能的替代行为，动机变量，能被作为强化物的刺激，及先前的治疗史与结果等。

表 5-1　功能评估收集的信息种类

类型	内容
问题行为	对引起问题行为的客观描述。
前提	行为发生前环境事件的客观描述,是指物理环境与其他人的行为等。
后果	行为发生后环境事件的客观描述,是指物理环境与其他人的行为等。
替代行为	可替代问题行为的相关被期待行为的信息。
动机变量	对问题行为与替代行为中的强化物以及惩罚物的有效性造成影响的环境事件的信息。
潜在强化物	有强化物的功能并将在干预过程中运用的环境事件的信息。
先前的干预	曾使用的干预策略及其对问题行为的效果。

二、孤独症谱系障碍儿童问题行为功能性评估的方法

功能性评估的方法可以分为间接法、直接观察法和实验法三种。间接法是用晤谈与问卷调查搜集行为的信息。直接观察法干预者即时记录前提事件、行为与后果的相关信息。实验法（即功能分析），控制问题行为发生之前的前提事件与行为产生之后的后果事件，以验证行为功能。

（一）间接法

间接功能性评估的方法通过运用行为晤谈问卷对与孤独症谱系障碍儿童关系密切的人的访谈来获得行为的信息，一般会访谈孤独症谱系障碍儿童自己、养育者、老师、同伴等来收集他们行为的信息[2]。这种方法操作简单，花费的时间较少，有较多的晤谈问卷可以

---

[1]Gresham F M, Watson T S, Skinner C H.Functional behavioral assessment:principles,procedures,and future directions [J].School Psychology Review,2001,30 (2):156-172.

[2]Raymond G.Miltenberger. 行为矫正：原理与方法 [M]. 石林，译. 北京：中国轻工业出版社，2015:205-206.

借鉴利用，干预者可以采用结构化与量表化的形式实施访谈。间接法的缺点是被访谈者依靠记忆来回答干预对象问题行为的相关情况，可能通过晤谈与问卷获得的信息因为遗忘或偏见而不太准确。晤谈法是心理学最常使用的评估方法，高质量的晤谈能获得清晰、客观的信息。

有关问题行为、前提与后果方面的信息要能描述环境事件而不包含推测与解释。例如，如果家长说"洛洛在不让他玩乐高，让他赶快睡觉的时候就会发脾气。"这里提供的信息就比较清晰和客观，是对行为将要发生前的环境事件的描述。假如家长说"如果别人要他做他不愿意完成的任务他就会发脾气。"这不是客观信息，是对情境做出的解释，没有描述具体的环境事件。

为了获得问题行为、前提、后果与其他变量的信息，干预者对熟悉孤独症谱系障碍儿童的相关人士进行访谈，以便形成有关影响问题行为变量的假说。干预者要让被晤谈者意识到，要认定和具体描述事件与行为，尽可能减少对行为有关信息的推测，重点阐述行为发生的前提和后果，以便于理解与改变行为。干预者要了解的是孤独症谱系障碍儿童问题行为前后发生的事情，要让家长提供客观的信息，如果发现信息不具体时，要反复询问以弄明白事情发生的原委，才能形成假说，即触发问题行为的前提是哪些，维持问题行为的强化物又是哪些。

接下来简单介绍结构化访谈和量表化访谈的应用：

1. 结构化访谈

Maroh 等人的《功能性评估访谈表（教师版）》是一种结构化的访谈工具，它应用与行为功能有关的开放问题，引导干预者按照如下步骤对受访者进行访谈[1]。

（1）列出孤独症谱系障碍儿童的所有问题行为。干预者要引导受访者具体清晰地列出他们所关注的儿童的行为或令他们头疼的行为。评估者要注意以下几个方面：①鼓励受访者列出儿童表现出的所有问题行为。②与受访者一起将问题行为归类。如孤独症谱系障碍儿童兜兜表现出咬人、抓人、踢人的行为，可将这些行为归纳为攻击行为。③考虑行为的处理顺序。一般来说对儿童自身与他人危害最大的问题行为，要优先处理。

（2）了解孤独症谱系障碍儿童的学习与生活作息和问题行为的关系，寻找问题行为最可能发生的时间、场合与伴随的人物。即在何时间段、何种活动中儿童最可能发生严重的问题行为。

（3）具体描述根据上述两步确定的严重问题行为。如果干预对象的问题行为很多，要对这些问题行为干预的优先性进行排序，处理的问题行为要有很重要的社会效度。

（4）列出影响问题行为发生的可能的前提条件。干预者要向评估者了解儿童问题行为的功能。首先要排除问题行为的发生是否由于身体原因所致。访谈中常用的问题如下：

---

[1] 黄伟合，贺萃中。功能性行为评估与干预［M］．北京：华夏出版社，2013:68-72.

①哪些遗传方面的原因导致其发生该问题行为？

②是否因生理或健康问题导致其发生该问题行为？

③是否正在服药？药物是否有副作用？对该行为是否有影响？

④睡眠情况如何？是否对该行为有影响？

⑤饮食情况如何？有无禁忌食物？是否对该行为有影响？

⑥哪些认知因素与曾经的经验导致该问题行为产生？

⑦该行为的产生是否因某些行为技能的缺失而导致？

⑧引发行为发生的其他可能的个体变量有哪些？

有助于干预者了解孤独症谱系障碍儿童问题行为的前提条件的问题如下：

①如果让其完成一项困难的任务，该问题行为可能产生、不可能产生或无任何影响？

②如果其喜欢的活动受到他人干扰，该问题行为可能产生、不可能产生或无任何影响？

③如果其常规活动有所变化，该问题行为可能产生、不可能产生或无任何影响？

④如果其想要的事物不能得到，该问题行为可能产生、不可能产生或无任何影响？

⑤如果其受到严厉的责备或批评，该问题行为可能产生、不可能产生或无任何影响？

⑥如果不理会其大约一刻钟，该问题行为可能产生、不可能产生或无任何影响？

⑦如果其独自一人无他人在场，该问题行为可能产生、不可能产生或无任何影响？

⑧未被列出的可能导致问题行为发生的情境与条件有哪些？

（5）明确问题行为的结果。干预者可问询了解儿童的相关人士，当儿童问题行为发生后，其想要得到何种结果，或想逃避何种结果。通过该问题收集的信息了解维持儿童问题行为的原因，即问题行为的功能。例如，当老师要求孤独症谱系障碍儿童拉拉写生字时，他就会用头撞桌子，老师害怕他伤到自己，就不再让他写生字，拉拉也就不再撞桌子。案例中拉拉用头撞桌子的自伤行为的动机可能是逃避写生字。又如孤独症谱系障碍儿童威威的问题行为是在课堂上尖叫，老师和同学第一次威威尖叫时关注了他，他获得了大家的关注，接下来他可能会维持这种行为，来获得老师和同学的关注，尖叫行为就成为了影响课堂教学的问题行为。

（6）了解曾运用的处理方法及效果。该信息的获得，可以让干预者明确，哪些事情可以做，哪些事情需避免。凡影响干预效果的事情应该避免，这样可以帮助儿童产生较多替代行为，减少或避免问题行为的发生。

（7）整理与分析访谈收集的信息。主要包括问题行为的表现、频率和程度，问题行为发生的前提条件、原因和结果，以及干预者关于问题行为功能的假设。

2.量表化访谈

干预者可采用《行为动因评估量表》（Durand&Crimmins,1992）对老师或家长就孤独症谱系障碍儿童的问题行为开展量表化访谈。《行为动因评估量表》包含16个问题，它通过发现问题行为发生的前提条件来得出问题行为的功能，主要包括"自我刺激、无聊"（第1、5、9、13题）、"逃避行为"（第2、6、10、14题）、"引起注意、关注"（第3、7、11、15题）和"要求得到实物"（第4、8、12、16题）等四方面的功能假设。该量表采用七级计分，依次为"从不"计"0分"，"几乎从不"计"1分"，"很少"计"2分"，"一般"计"3分"，"经常"计"4分"，"几乎总是"计"5分"和"总是"计"6分"，得分较高的功能为问题行为的功能。该量表的再测信度为0.92～0.98，评分者信度为0.62～0.92，内部一致性系数为0.80～0.96，信度较好。通常《行为动因评估量表》与观察等其他方法结合使用，更能客观地揭示问题行为的功能。可按照以下步骤开展量表化访谈：

第一，确定需要干预的问题行为，并对它进行清晰地描述，确认问题行为发生的背景，将问题行为具体化。例如，孤独症谱系障碍儿童木木在生活数学课上总是喜欢用手用力地拍桌子，发出很大的声音。这里对问题行为的描述比较具体，而且对问题行为发生的背景也表述得很具体。

第二，由很了解儿童的老师或家长根据孤独症谱系障碍儿童问题行为的相关情况回答《行为动因评估量表》的16个题目。

第三，研究者根据访谈获得的信息给评估结果打分，并计算问题行为每个动因的平均分。

第四，解释评估结果。得分最高的行为动因，很可能是问题行为的功能。如果得分最高的两种行为动因的平均分差异在0.25～0.5之间，则该问题行为可能具有这两方面的功能。如果产生两种以上相近的高分，可能是问题行为定义不清晰，研究者可以重新定义问题行为再用该量表进行访谈，也可以和直接观察以及结构性访谈等方法结合起来分析问题行为的功能。

表 5-2 行为动因评估量表（MAS）（修订自 Durand）[1]

尊敬的老师/家长：

您好！这是一份关于儿童问题行为动机的评估量表，共有16道题目。请认真阅读每一道题目，根据儿童的实际情况做出客观的评价，并选择最接近儿童日常表现的选项，请直接在选项上打钩（"√"）。所得资料仅作为研究之用，我们真切地希望得到您的支持与帮助。谢谢！

儿童姓名：　　　　　儿童性别：　　　　　填表人与儿童关系：

出生日期：　　　　　障碍类别以及程度：

功能水平：　　　　　有无语言：　　　　　语言程度：

问题行为描述：

---

[1] 黄伟合，贺萃中. 功能性行为评估与干预 [M]. 北京：华夏出版社，2013:76-78.

1. 儿童一人独处较长时间（如数小时），该行为会重复发生吗？

A. 从不   B. 几乎从不   C. 很少   D. 一般

E. 经常   F. 几乎总是   G. 总是

2. 大人让儿童做一件他（她）所不愿意的事情，该行为就接着发生吗？

A. 从不   B. 几乎从不   C. 很少   D. 一般

E. 经常   F. 几乎总是   G. 总是

3. 当您在屋里与他人说话时，儿童就以该行为做出反应吗？

A. 从不   B. 几乎从不   C. 很少   D. 一般

E. 经常   F. 几乎总是   G. 总是

4. 当大人告诉儿童不能有某玩具、食物或活动时，该行为就重复发生吗？

A. 从不   B. 几乎从不   C. 很少   D. 一般

E. 经常   F. 几乎总是   G. 总是

5. 如果儿童长时间地独处，该行为是否重复出现，并且表现一致？

A. 从不   B. 几乎从不   C. 很少   D. 一般

E. 经常   F. 几乎总是   G. 总是

6. 当有人对儿童提出要求时，该行为是否会出现？

A. 从不   B. 几乎从不   C. 很少   D. 一般

E. 经常   F. 几乎总是   G. 总是

7. 当你每次停止对儿童的关注时，这一行为便会出现吗？

A. 从不   B. 几乎从不   C. 很少   D. 一般

E. 经常   F. 几乎总是   G. 总是

8. 当你收回儿童喜爱的食物、玩具或停止他（她）喜欢的活动时，这一行为是否会出现？

A. 从不   B. 几乎从不   C. 很少   D. 一般

E. 经常   F. 几乎总是   G. 总是

9. 在你看来，儿童是不是很喜欢从事这一行为（儿童喜欢这一行为给他带来的触觉、味觉、视觉、听觉刺激）？

A. 从不   B. 几乎从不   C. 很少   D. 一般

E. 经常   F. 几乎总是   G. 总是

10. 当你要求儿童做某事时，他是不是好像在通过这一行为来扰乱、惹烦你？

A. 从不   B. 几乎从不   C. 很少   D. 一般

E. 经常   F. 几乎总是   G. 总是

11. 当你的注意力不在儿童身上（如你和儿童不在一个房间、你在和别人说话时），他是不是好像在通过该行为来扰乱、惹烦你？

A. 从不 　　　　　　B. 几乎从不 　　　　　　C. 很少 　　　　　　D. 一般

E. 经常 　　　　　　F. 几乎总是 　　　　　　G. 总是

12. 当你给儿童一件玩具、食物或他所要求的活动时，这一行为是不是很快就能消失？

A. 从不 　　　　　　B. 几乎从不 　　　　　　C. 很少 　　　　　　D. 一般

E. 经常 　　　　　　F. 几乎总是 　　　　　　G. 总是

13. 当儿童从事这一行为时，他是不是看起来很平静，对外界环境没有反应？

A. 从不 　　　　　　B. 几乎从不 　　　　　　C. 很少 　　　　　　D. 一般

E. 经常 　　　　　　F. 几乎总是 　　　　　　G. 总是

14. 当你停止对他的要求时，这一行为会不会在 1-5 分钟内消失？

A. 从不 　　　　　　B. 几乎从不 　　　　　　C. 很少 　　　　　　D. 一般

E. 经常 　　　　　　F. 几乎总是 　　　　　　G. 总是

15. 儿童是不是看起来想通过这一行为来让你花时间去关注他？

A. 从不 　　　　　　B. 几乎从不 　　　　　　C. 很少 　　　　　　D. 一般

E. 经常 　　　　　　F. 几乎总是 　　　　　　G. 总是

16. 当儿童被禁止做某件他想要做的事情时，这一行为是否会出现？

A. 从不 　　　　　　B. 几乎从不 　　　　　　C. 很少 　　　　　　D. 一般

E. 经常 　　　　　　F. 几乎总是 　　　　　　G. 总是

计分：选择"A. 从不"计 0 分；选择"B. 几乎从不"计 1 分；选择"C. 很少"计 2 分；选择"D. 一般"计 3 分；选择"E. 经常"计 4 分；选择"F. 几乎总是"计 5 分；选择"G. 总是"计 6 分。

每个题目的具体得分				得分	动机
1	5	9	13		自我刺激、无聊
2	6	10	14		逃避行为
3	7	11	15		引起注意、关注
4	8	12	16		要求得到实物

说明：本量表修订自 Durand 的《行为动因评估量表》，把每行的 4 题（如：1、5、9、13）分数相加除以 4，把 4 行的分值做比较，分数越高则暗示该动机可能性越高，如分数相同或差距在 0.5 以内的都要关注，相关人员分析其问题或原因，从而找出处理的对策。

（二）直接观察法

直接观察法，是在自然情境下对研究对象进行观察的方法。研究者通过观察了解学生在不同环境下发生问题行为的情况，分析评估问题行为的前因后果，采用直接观察可以获得这些信息：①问题行为发生的次数。②问题行为最可能与最不可能发生的时间。③问题行为最可能与最不可能发生的地点。④引起问题行为的前提。⑤问题行为导致的结果。直接观察法主要有 ABC 行为观察法和时段观察法。

1.ABC 行为观察法

ABC 行为观察法，又称"前提—行为—结果"观察。通过这种观察法，可以找出问题行为与前事刺激、行为结果之间的联系，分析出问题行为的可能意义，为确定问题行为的干预策略提供参考[1]。

A 代表前提事件，指的是与问题行为的发生直接相关的事件。例如，何时会常出现这类问题行为？问题行为常在何种场所发生？问题行为发生时有谁在场？问题行为发生前出现了何事？问题行为即将发生前他人说了什么或做了什么？在问题行为发生前，干预对象还有其他行为吗？何时、何地、和谁、何种情况下问题行为最不可能出现？

B 代表问题行为，即与前提事件有关的行为。

C 代表问题行为的后果。例如，问题行为出现后又发生了何事？问题行为出现后周围其他人做了什么？问题行为出现后干预对象得到了什么？问题行为出现后干预对象逃避了何事？

ABC 观察法能够记录儿童在自然环境中行为的大量变量，能够全面观察儿童的问题行为，并且还可以对急需改善的行为做聚焦式观察。积极行为支持认为建立在对前提事件、行为与行为结果三者关系评估的基础之上的 ABC 观察策略是最有可能产生有效结果的策略。

ABC 行为观察法有三种方法。

（1）描述法。问题行为每次出现时，研究者简单描述干预对象的问题行为以及行为发生的前提和后果。描述法一般使用三栏数据表，常在间接评估与问题行为功能假说形成前应用。下面以小萝的案例为例简单阐述。

让老师头疼的小萝

小萝，男，12 岁，3 岁时被确诊为孤独症，现就读于东莞市某特殊教育学校，由母亲陪读。小萝认知与表达能力较好，可以表达自己的需求。粗大、精细动作发展较好，能够进行跑、跳等运动。有基本的生活自理能力，可以自己穿衣裤、洗脸、上厕所。但是情绪与行为问题较为突出，主要表现为身体过度活跃、上课大声尖叫，具有强烈的攻击性。

通过 ABC 行为观察法对小萝在课堂期间的行为发生的前提事件、行为表现和行为结果进行记录和分析（如表 5-3 所示）。观察时间为早上 8：30 到下午 4：00。

---

[1] 戴淑凤，贾美香，陶国泰．让孤独症儿童走出孤独（修订本）[M]．北京：中国妇女出版社，2008：161.

表 5-3　小萝课堂问题行为观察记录分析

行为表现	前提事件	行为结果	功能假设
上课离开座位，沿教室一圈走动。	生活语文课上，对老师讲的内容不感兴趣，不听老师的指令，望着窗外。	被母亲批评后返回座位，但过一会又开始走动。	生理原因，多动、控制不住自己；寻求关注。
	康复训练课上，想要去冲滑板，不听老师的指令，直接跑到滑板处。	老师批评并指定对应任务。	表达需求获取东西。
趁老师不注意，拍打老师的背部使之变红。	在教室上课时，会偷偷笑着看老师，之后就以很快的速度跑过去拍打老师的背部。	被母亲批评，并要求向老师道歉。	寻求老师的关注。
	课间休息期间，老师在喝水，会跑过去拍打老师的背部。	被老师批评并引导教育这样做不对，并要求道歉。	
尖叫并狂笑不止。	艺术休闲课上，不按照老师的要求去做。	被母亲批评，但还是无法停止笑。	逃避某项任务。
	奥尔夫音乐课上，听到音乐兴奋，开始尖叫。	老师批评并试图引导，将尖叫转化为让他唱歌，但过一会又开始尖叫。	寻求感官刺激。

（2）清单法。使用包含可能的前提、行为后果栏的清单。通过访谈、观察确定清单各栏的内容。研究者使用清单法开展 ABC 观察，记录每次具体的问题行为、前提与后果。（如表 5-4 所示）

表 5-4　小萝课堂问题行为观察清单

日期	行为			前提							后果			
	尖叫狂笑	打老师	离座随意走动	不听老师指令	趁老师不注意	生活语文课	康复训练课	课间休息	艺术休闲	奥尔夫音乐	获得关注	获得事物	逃避任务	满足感官刺激
3.22														
3.23														
3.24														
……														

（3）时段法。主要有时段抽样观察法和行为散布观察法两种。时段抽样观察法，使用的是时段行为观察记录法，记录问题行为在每一个观察时段内出现的百分比。行为散布观察法把特定的问题行为放在时间段内做系统地观察，并且记录问题行为发生时的相关背景事件。研究者通过分析记录的数据，能够掌握问题行为在时间方面的规律性以及相关的环境因素。

时段抽样观察法的实施步骤：

①确定观察总时长与每一时段长度。一般来说，课堂上的问题行为观察总时长为一节课，假如一节课为35分钟观察总时长则为35分钟，将其分为10个时段，则每一时段长度为3.5分钟。

②准备观察记录工具。制作数据表，准备计时器。

③根据时段抽样观察法要求开展现场观察。此方法仅记录问题行为在时间段是否发生，不记录发生的次数与持续的长度。

行为散布观察法主要包括以下步骤：

①根据干预对象的作息规律设计时段观察表，记录问题行为发生的时间和背景。研究者观察记录一天中问题行为各时段发生的频率，了解问题行为出现的时间规律，即干预对象问题行为发生的时间与其进行的具体活动的关系。

②用不同符号代表不同行为，也可以用同一符号代表同一频率。

③记录、解释数据。问题行为出现频繁的时段对应的背景活动可能是前提因素。反之，可为干预对象提供问题行为出现很少的时段对应的背景条件，以减少问题行为。

（三）实验法（功能分析）

实验法又称实验分析或功能分析，它是指控制行为的前提与后果，以证明这两个变量与行为之间的关系[1]。研究者可以对前提与后果都进行控制以评估行为的可能功能，也可以只对前提或后果进行控制，以确定其对行为的影响。例如，研究者想确定究竟是任务太难还是基于行为发生后干预对象的关注影响行为，采用了对干预对象减少关注和增加任务难度的实验设计。问题行为在关注减少时表现严重，就可以推断出问题行为的功能是获得关注。反之，问题行为在难度增加时表现严重，就可推断出问题行为的功能是逃避任务。采用功能分析的方法对问题行为的功能进行评估既有优点又有缺点，它能确切地证实控制变量和行为之间的功能关系，但是它需花费大量时间、精力与专业技能处理前提、后果与行为的最终改变。功能分析的方法，对研究者的专业能力要求很高，必须经过专业的培训才能取得预期效果。

---

[1] 许华红. 行为改变技术 [M]. 天津：天津教育出版社，2007:166.

三、功能性评估的实施

孤独症谱系障碍儿童问题行为的功能性评估包括确定问题行为，开展功能性评估，以及确定并验证行为功能等三个阶段。

（一）确定问题行为

干预者首先对问题行为要进行筛选，判断干预对象的行为是不是问题行为，以及需不需要进行干预。

1. 描述问题行为

干预者首先对行为进行操作性定义，要将行为描述为可以观察和测量的具体行为。例如，在家里小夏被要求完成作业时，他就会躺在地板上尖叫，并不断重复"我不要做作业"。在课堂上，当老师没有关注小夏时，他就会用手大声地敲桌子。

问题行为正确的操作性定义对接下来的功能性评估和干预作用重大。如果问题行为描述错误，会影响行为分析，也会导致功能性评估的结果出现错误。

2. 确定需要干预的问题行为

对行为进行操作性定义后，干预者采用访谈与观察等形式收集行为严重性相关的资料，判断其是否需要干预。与问题行为相关的观察与测量指标有[1]：

（1）发生的频率（即问题行为在某段时间内发生的次数）。

（2）持续的时间（每次问题行为发生时持续的时长）。

（3）发生的强度（问题行为发生时的强度）。

（4）行为的潜伏期（问题行为需要多久才会出现）。

（5）行为图（问题行为发生时的整体情况）。

其中，经常被观察与测量的三个指标是发生的频率、持续的指标和发生的强度，它们常被用来判断干预者的问题行为的的严重性。一般来说，问题行为发生频率高、持续时间长、发生强度高，更有可能需要干预。

Chandler 和 Dahlquist 提出，确定问题行为是否需要干预时要考虑以下因素[2]：

（1）问题行为是否对行为者的学习（生活或工作）造成影响？

（2）问题行为是否对他人的学习（生活或工作）造成影响？

（3）问题行为是否对行为者的社会关系造成影响？

（4）问题行为是否对行为者的自尊造成负面影响？

（5）问题行为是否对行为者及他人的安全造成威胁？

（6）问题行为是否经常发生，且与年龄相符吗？

---

[1] 昝飞. 积极行为支持：基于功能评估的问题行为干预 [M]. 北京：中国轻工业出版社，2013:53.

[2]Chandler L K,Dahlquist C M.Functional assessment:strategies to prevent and remediate challenging behavior in school settings (2nd ed) [M].Merrill Prentice Hall,2006.

对上述问题肯定的回答，一般被认为此问题行为需要干预，特别是当行为者的问题行为经常发生且与年龄不相符时。对孤独症谱系障碍儿童的问题行为进行干预时，一定要考虑老师及家长对儿童问题行为的看法，以及是否迫切需要干预儿童的问题行为。

（二）评估问题行为功能

干预者需要对维持问题行为的前提事件、情境事件以及行为结果等三类变量进行识别与确定。

1. 前提事件

前提事件是发生在行为之前的事件。它可能是诱发孤独症谱系障碍儿童出现问题行为的直接原因。例如，琦琦已经连续吃了好几颗巧克力，老师不让她再吃巧克力，她就大声哭闹起来，并且躺到地上打滚。老师的拒绝直接诱发了琦琦的哭闹行为。

实施问题行为功能性评估时，收集前提事件信息比较容易，采用访谈、观察等方式就能了解行为发生前常出现的事件，并判断其与问题行为的发生之间的关系。

2. 情境事件

情境事件一般出现在行为发生之前，并在行为发生时一直存在的不同环境因素，它又称背景事件。一般来说，情境事件主要有，孤独症谱系障碍儿童的生理状态、障碍程度、运动能力、认知水平、社交能力等生理方面的因素；所处环境的噪声水平、物品摆放的杂乱程度等物理环境因素；家庭的经济状况、家庭教养方式、老师或者家长对其的期望水平与周围人的接纳态度等社会因素。例如，孤独症谱系障碍儿童圆圆长得很胖，很怕热，当天气很热，又没有开空调时，他就会发脾气。

3. 行为结果

行为结果指行为发生后所出现的结果 [1]。如果某种行为反复出现，可能是该行为的结果在维持着行为。在对问题行为进行干预时，就要判断是否存在强化物在维持行为的持续存在。可以通过访谈与观察收集行为结果方面的信息。通常对于某一种行为来说，可能的行为结果有以下几种：（1）行为出现后获得某种刺激物、周围人的关注或参与活动的机会等，这种行为的功能是社会正性强化的功能。（2）行为出现后，正在承受的某种刺激物出现减少、撤除的情况，或要承受的刺激物没有出现，这是社会负性强化的功能。（3）行为出现后没有观察到明显的结果，这意味着可能存在自动正性强化与自动负性强化的功能，即行为不依赖外界的强化物，强化来自个体生理或身体内部。干预者在开展功能性评估时，需了解个体感知觉的生理特点，判断其是否存在生理方面的某些特殊需求。

---

[1] 昝飞. 行为矫正技术 [M]. 北京：中国轻工业出版社，2021:324.

（三）确定、验证行为功能

收集完问题行为的各类环境因素信息后，干预者就可以分析行为与不同环境因素之间的关系，即分析问题行为和前提事件、情境事件以及行为结果之间的关系，从而判断出问题行为的功能。问题行为的功能有时不止一个，这就需落实清楚其主要功能和次要功能。例如，老师和同学们正在上课，熙熙突然大声地唱歌，同学们都看着她，老师非常生气，批评了她，她停止唱歌。过了一会儿，老师开始布置作业，熙熙不会做，又开始大声唱歌，老师停止让她做作业，她也停止了唱歌。这个案例中，熙熙第一次唱歌的功能是获得关注，第二次唱歌的功能是逃避任务，她的问题行为有两个功能，干预者需要辨别清楚，哪个功能是她的问题行为的主要功能。

第六章　前事控制策略在孤独症谱系障碍儿童问题行为干预中的应用

前事和后果都会对孤独症谱系障碍儿童的问题行为造成影响，孤独症谱系障碍儿童的问题行为干预，要注重采用以前事控制为主并结合后果处理的综合干预策略。但是，前事控制策略可以预防问题行为的发生，可以大大减少问题行为干预所消耗的精力，因此，本章将介绍前事控制的各种策略与方法。

第一节　前事控制的理论基础

前事控制的理论基础主要有以下三个方面：①Skinner关于"区别刺激"和"刺激控制"的论述。②J.R.Kantor的"环境要素"分析。③J.Michael提出的"激发性操作"的概念。

一、"区别刺激"与"刺激控制"

Skinner把出现在行为之前的变量称为区别刺激，它不是行为发生的根本原因，因为个体的行为是该行为引起的特定结果长期影响的结果。但区别刺激能引起特定行为的发生，它对行为是否发生具有控制作用，个体的特定行为似乎不再受行为后果制约，Skinner把这种现象称为行为处于"刺激控制"之下[1]。

"刺激控制"可以被应用于孤独症谱系障碍儿童的问题行为干预，它属于以前事控制为基础的干预方法。一旦行为被"刺激控制"，行为的前事而不是行为的后果在直接影响着行为。例如，有的老师用视觉化的一日流程表告诉孤独症谱系障碍儿童在学校每天要完成的活动，他们对接下来要完成的任务有了预期，就很好地避免了他们因为焦虑发生情绪行为问题。而没有采用视觉化一日流程表的班级的孤独症谱系障碍儿童，可能因焦虑担心接下来要完成的任务而产生情绪行为。视觉化的一日流程表就成为区别刺激，完成学校每日的活动的行为处于这种区别刺激的控制之下。当然，"刺激控制"要和后果策略一起综

---

[1]Skinner B F.Science and human behavior [M] .New York:Macmilan,1953:108.

合运用才能取得好的效果。

二、"环境要素"理论

行为主义心理学家 Watson、Skinner 和 Albert Bandura 都强调环境对行为的影响。20
世纪 50 年代后期至 70 年代初期，J.R.Kantor 提出"环境要素"的丰富性与多面性[1]，它不
仅包括具体直观的区别刺激，还包括其他有关条件，例如个体的年龄、健康状况、周围的
人与客观情况等因素。他认为个体的行为与环境是相互作用的，环境会影响行为，行为也
可以改变环境。

J.R.Kantor 的环境要素理论，具有突出的应用价值。20 世纪 70 年代以后，应用行为分
析师在评估干预对象的行为时，越来越关注行为前提的多面性与丰富性，在处理问题行为
时，重视全面考察环境要素和目标行为之间的关系，通过控制有关环境变量来帮助干预对
象改善行为。

三、"行为动力操作"的内涵

20 世纪 80 年代 J.Michael 提出"激发性操作"概念，它主要指行为由以产生的动因，
他认为有时行为的动因也可以左右行为发生的概率，它不一定通过行为后果影响行为[2]。

J.Michael 和他的同事在"激发性操作"概念的基础上，提出了行为动力操作概念，它
包括激发性操作与消除性操作两个方面。激发性操作是建立行为由以发生的动因以及增加
强化物的即时有效性的方法与技术。消除性操作是指消除行为由以发生的动因和减少强化
物的即时有效性的方法与技术。例如孤独症谱系障碍儿童玥玥很少出现主动语言，她很喜
欢吃紫菜，当老师把紫菜呈现在她面前时，她很可能表达出"我要紫菜"等。老师用紫
菜训练玥玥主动表达，成功概率就比较大。这个案例中，老师应用了激发性操作。又如，
霞霞是一个孤独症谱系障碍儿童，她的语言表达能力很弱，当她牙疼时，就会用脑袋撞墙。
老师给她服了医生开的止痛药后，她不再用头撞墙。这个案例中老师应用了消除性操作。

第二节 前事控制的主要策略

问题行为干预的最佳策略是防患于未然，行为一旦发生，可能会对个体自身和他人造
成无法弥补的伤害。前事控制策略主要通过对特定的立即前事与背景因素的控制，以达到
不仅预防导致问题行为的立即前事与背景因素，还增加诱发积极行为的特定立即前事和背
景因素[3]。前事控制策略主要有刺激控制、环境调整、生理因素控制、选择机会提供、课

---

[1]Kantor J R.An analysis of the experimental analysis of behavior (TEAB) [J].Journal of Experimental
Analysis of Behavior, 1970, 13:101-108.

[2] 李芳，李丹. 特殊儿童应用行为分析 [M]. 北京：北京大学出版社，2011:65.

[3] 尹岚，李岩，张联弛. 孤独症儿童教育康复的原理与方法 [M]. 南京：南京师范大学出版社，2021:179.

程调整等策略。以下逐一介绍。

一、刺激控制

如果个体行为的频率、持续时间、发生强度受某一刺激的影响，这一行为就被认为是处于该刺激控制之下。刺激控制实现的条件包括一个行为与两种刺激，一种刺激为区别性刺激，另外一种为中性刺激。当孤独症谱系障碍儿童在区别性刺激条件下，表现了特定行为，干预者就要给予其奖励与强化；当儿童在中性刺激条件下，也表现了特定行为，则不予奖励与强化。经过一段时间的训练，儿童便很有可能在区别性刺激条件下表现出较多特定行为，而在中性刺激条件下较少表现出特定行为。接下来用一个简短的案例具体阐述刺激控制的应用。

案例 6-1

不能等待的远远

远远今年 7 岁，是一名孤独症谱系障碍儿童，现就读于某特殊教育学校一年级。远远性子很急，不会等待，每次老师一提完问题或布置完一个任务，他就会大声说"我来，我来。"如果老师不让他回答，他就会大发脾气，躺到地上又哭又闹。老师决定用刺激控制的方法来干预远远的行为，即每次提完问题，就和同学们说，"当我数到 5 的时候，大家就把手举起来，我请第一个举手的同学来回答问题。"刚开始当老师数到 5 时，助教老师提醒远远举手。老师奖励、强化远远的举手行为，给予他一个代币并请他回答问题。当远远能自己举手时，撤销助教老师对他的提示，然后将数字从 5 延长至 10。当远远能在数字数完后立即举手就请他回答问题，如果不举手，则不请他回答问题，即使他自行回答对了问题，也不给予他代币。经过一段时间对举手刺激的控制，和对不举手行为的忽视，远远学会了举手回答问题，学会了等待，也不再发脾气了。

二、环境调整

积极行为支持强调通过系统改变以达到问题行为改善的目的，它认为个体所处环境中的不良因素对其问题行为的出现负有责任，可以通过积极的干预技术减少或调整环境中的不良因素，以达到降低问题行为出现的可能性，使个体与所处环境保持更适切的关系[1]。所谓环境调整是指通过改变与孤独症谱系障碍儿童行为有关的环境因素，以达到减少或消除他们的问题行为的目的。环境调整主要包括以下几个方面：

（一）物质环境调整

孤独症谱系障碍儿童的物质环境具体来说，主要包括：

（1）温度是否适当。有些孤独症谱系障碍儿童特别怕热，但是他们的表达能力又很弱，

---

[1] 杨广学，王芳. 自闭症整合干预 [M]. 上海：复旦大学出版社，2015:81.

没有办法表达自己的感受与需求。因此让教室内保持适宜的温度，可以减少、避免孤独症谱系障碍儿童的一些问题行为的发生。

（2）布置是否视觉化。孤独症谱系障碍儿童视觉方面存在优势，采用视觉化的形式布置教室环境，有利于他们了解不同区域的功能、规则，以及不同教学材料的操作方法等。

（3）环境是否有益交流。教室内投放的玩具与操作材料要基于孤独症谱系障碍儿童的能力状况，同时教室内的环境要有利于孤独症谱系障碍儿童与他人的交流互动。

（4）环境是否温馨舒适。教室内的环境是否干净、安全、温馨、舒适，孤独症谱系障碍儿童进出是否方便，他们是否愿意在其中活动。物质环境布置时要注意，尽可能避免周围环境使儿童产生分心的行为，给孩子呈现教具与操作材料时要根据儿童的能力采用恰当的呈现方式。

（二）环境的结构性调整

"每一个孤独症谱系障碍人士都需要结构化"已经成为孤独症谱系障碍界众所周知的口号[1]。孤独症谱系障碍儿童喜欢在有计划，结构化的环境中学习生活，因此可以将结构化教学应用于孤独症谱系障碍儿童的环境布置中。干预者可以通过一日流程表，告诉儿童他们在学校一天将要完成的任务以及每个学习任务发生的地点。可以用提醒小贴士的形式，简洁明了地告诉儿童他们要为每个活动做哪些准备。结构性程度越高的环境，对孤独症谱系障碍儿童的行为的影响越积极。

（三）社会环境调整

社会环境对孤独症谱系障碍儿童的影响更加直接，它一般包括：师资的配比是否充足，老师与儿童之间的距离是否有利于对其行为的关注，发出的指令是否清晰易懂，教学的策略是否有利于吸引儿童参与的兴趣，周围人是否对孤独症谱系障碍儿童持接纳的态度，是否能及时地对孤独症谱系障碍儿童提供支持。

三、生理因素控制

有些孤独症谱系障碍儿童的问题行为有满足其感官刺激，提高其心理或生理的兴奋程度的功能；还有些孤独症谱系障碍儿童的问题行为有缓解其生理方面的疼痛，缓解其紧张焦虑的情绪的功能。老师们可以通过以下这些措施干预此类问题行为。

（一）合理安排不同刺激水平的活动

有些孤独症谱系障碍儿童的兴奋水平总是处于较高水平，如果接下来要进入安静的教学活动，他可能会出现讲话、东张西望等问题行为。对于这类儿童，干预者可以调整一下刺激活动的顺序，在高强度刺激活动结束后让儿童从事一个安静型的低强度刺激活动，这

---

[1] 斯蒂芬·冯·特茨纳，苏雪云，肖非. 儿童期自闭谱系障碍的发展、评估与干预：国际和中国视角 [M]. 北京：光明日报出版社，2021:171.

能够帮助儿童更好地适应接下来的低强度刺激学习活动。对于低水平的孤独症谱系障碍儿童，干预者在开始高强度刺激的教学活动前，可以先安排一个过渡的热身活动，让儿童的兴奋水平逐渐提高，帮助他们更好地参与高强度刺激的学习。

（二）适度开展不同形式的体力运动

体力运动是常用的一个前事控制策略。对于满足感官刺激的问题行为，有一定激烈程度的体力运动可以取代问题行为，达到同样的效果，干预者可以根据孤独症谱系障碍儿童的健康状况与兴趣爱好采取合适的体力运动。例如，九年级孤独症谱系障碍班级，较多的孩子都出现了玩弄生殖器官的行为。老师根据班级学生的情况，每天上午和下午都开展40分钟的阳光运动，和学生们一起跑步、传球、玩蹦床、滚轮胎等，他们的问题行为显著减少。老师们在运用体力运动干预孤独症谱系障碍儿童的问题行为时，要注意首先分析他们的问题行为的功能，运动干预较适合以感官刺激为功能的行为。其次体力运动的强度要适度，要排除儿童生理方面的某些不良因素的影响。同时还可以将体力运动的干预巧妙地融入儿童的一日生活中，对其生活作息不造成很大的改变，避免因变化引起儿童的不适而产生新的问题行为。

（三）有针对性地提供多感官的刺激

为孤独症谱系障碍儿童有针对性地提供多感官的刺激能帮助他们满足感觉方面的刺激需求。有时，干预者给儿童提供的刺激或材料不能满足其感觉刺激需求时，他们就可能会出现注意分散行为[1]。例如，孤独症谱系障碍儿童方方很喜欢用手触摸的方式感知物品的特性。老师在上《三角形和圆形》时，就提供了制作得比较大的三角形与圆形教具，让方方通过摸一摸两种图形的方式，感知它们的不同特点。方方在课堂上学得非常开心，有效地避免了他的注意力分散问题行为的发生。又如，孤独症谱系障碍儿童淙淙总是坐在座位上不停地拍手，老师巧妙地将拍手的行为引入课堂教学中。课前，老师和同学们一边有节奏地拍手，一边唱《哈罗》歌打招呼互动；课中，老师和同学们一起玩《幸福拍手歌》的课中操，短暂休息调整上课节奏；课堂快要结束时，老师又引导同学们一起通过拍手的形式，有节奏地回顾上课的内容。淙淙在老师的引导下，参与课堂的积极性极大地提升，拍手的刻板行为显著减少。

同时，交替进行主动型、高刺激性的任务与被动型、缺乏刺激性的任务能帮助孤独症谱系障碍儿童集中注意力，更好地参与任务，减少或避免问题行为的发生[2]。

（四）正确面对与生理相关的问题行为

有些孤独症谱系障碍儿童由于生理方面的原因，会反复出现抠指甲、哭闹、用拳头打

---

[1] 昝飞. 积极行为支持：基于功能评估的问题行为干预 [M]. 北京：中国轻工业出版社，2013:158.

[2] 利奈特·K. 钱德勒，卡罗尔·M. 达尔奎斯特. 学生挑战性行为的预防和矫正（第3版）[M]. 上海：上海人民出版社，2016:169.

自己等自伤行为。当儿童的表达能力很弱，或没有语言时，这些生理疼痛更有可能引起自伤行为的出现。对于这些以生理性负强化为功能的行为，要尽量避免采用短时隔离法，儿童处于隔离状态时还是会做出自伤行为。同时，还要避免采用积极忽视法，以积极忽视的方式，减少以生理性负强化为功能的行为。对于这类问题行为的干预，首先要排除儿童通过行为获得关注或逃避任务。在儿童遵照医嘱服药的基础上，干预者可以帮助儿童学习一些简单的放松方法来缓解疼痛或降低焦虑；对于一些恐惧行为，也可以在保证安全的情况下，采用系统脱敏技术提高儿童的承受能力，缓解恐惧对儿童的影响。

四、选择机会提供

给孤独症谱系障碍儿童提供选择活动、任务以及强化物的机会，是一种能直接引起行为变化的前事控制策略。给孤独症谱系障碍儿童提供选择的机会，不仅能强化他们自我控制的感觉，减少他们因控制环境而发生的问题行为；还能为他们提供接触自己感兴趣的活动与物品的机会，提高孩子参与活动与任务的动机；同时还让他们通过选择避免令他们不适的环境与实物。干预者在应用选择策略时，要注意以下几个方面：

（一）培养选择的能力

选择能力对孤独症谱系障碍儿童的发展至关重要，它是儿童和他人建立关系的关键，也是儿童自我决定的第一步。能力较好的孤独症谱系障碍儿童，他们会通过文字或图片进行选择，但是能力较弱的儿童，他们可能不会做出选择。所以应该先训练儿童如何做出选择，提高他们的选择能力，才能应用选择干预他们的问题行为。

首先，老师应该了解孤独症谱系障碍儿童的喜好，将他们喜欢和不喜欢的事物进行分类；可以通过日常观察和对家长的访谈来了解，将儿童喜欢的事物按照吃的、玩的、用的等进行分类。其次，将儿童特别喜欢的事物和最不喜欢的事物放在一起呈现，引导其做出选择；可通过增加或减少儿童喜欢的或不喜欢的事物的数量来帮助其建立选择的行为。再次，引导儿童逐渐过渡到选择喜好程度相同的零食、玩具、活动等。

（二）提供选择的机会

有的孤独症谱系障碍儿童不会自主选择，是因为他们还未形成对选择对象的概念。老师和家长不能因为儿童不会选择就剥夺他们选择的机会，更不能想当然地认为孤独症谱系障碍儿童不可能有自主选择的能力，他们的自主选择的能力需要有技巧地培养[1]。

一是提供奖励时强化物的选择机会。干预者根据观察和调查了解的情况，给儿童提供强化物菜单，菜单依据儿童的能力采用图片或文字的形式呈现。干预者告诉儿童"可以挑自己喜欢的"让儿童挑选自己喜欢的事物。儿童选择的强化物可能随时都在变化，所以我们给予儿童的强化物，一定要让儿童自己选择其当时最喜欢的。对于能力较弱或很被动的

---

[1] 王国光 . 孤独症儿童的早期融合教育 [M] . 北京：中国妇女出版社，2012:46.

儿童，假如他没有选择任何事物，我们要根据他选择时目光在事物上的停留时间及面部表情的变化来判断他的喜好。

二是提供完成任务时选择的机会。假如要完成的任务有串珠子和插蘑菇钉，这时可以问孤独症谱系障碍儿童，"你想要先串珠子，还是插蘑菇钉？"他选择先做任何一项都可以，这样儿童既体会到了选择的快乐，也有利于任务的布置和能力的提高。比如值日时，可以问儿童"你想要扫地，还是擦桌子？"只要儿童做了选择，他就在自己做出选择的同时，意味着要完成布置的任务，干预者就要表扬他的行为，这也是一个很好的强化。当要完成的任务是儿童不愿意做的事情时，更要给孩子选择的权利。例如当要训练观察模仿能力时，干预者可以和儿童说"你是想用积木还是拼图和我做一样的？"儿童考虑的重点不是要不要做，而是选择用什么做。给儿童提供选择任务的机会，看似不经意，实则是让儿童有更多主动权，使他们更好地完成任务。

三是提供喜欢的活动结束的选择机会。日常生活或教学中，经常会碰到这样的情况：当孤独症谱系障碍儿童拿到自己特别喜欢的玩具时，或者玩得特别开心不愿意结束活动时，干预者可以给儿童提供选择的机会。例如，当要拿走儿童正玩得起劲的小飞机时，可以说"小飞机想要休息了，你再玩 5 秒，还是 10 秒？"如果儿童说再玩 10 秒，那么当数到 10 秒时就可以将小飞机拿走，然后说"时间到了，小飞机回去啦。"当儿童在超市换购代币一直不愿意走时，干预者就可以告诉儿童，"我们要回教室了，你想再玩 3 分钟，还是 5 分钟？"儿童回答后，干预者就可以通过手机设置倒计时，当铃声响起来时，就可以告诉儿童"时间到了，我们要回教室了。"儿童自己选择了时间，所以离开时他会表现出更主动和配合。

（三）提供选择与其他方法综合运用

虽然给孤独症谱系障碍儿童提供选择的机会能减少或避免问题行为的发生，但是提供选择的机会本身并不能帮助孤独症谱系障碍儿童提升他们的功能性技能。因此，老师应该将提供选择与其他策略综合运用，促进儿童功能性技能的发展。例如，想让孤独症谱系障碍儿童猜出零食藏在哪只手里面，左手，还是右手？这时候就可以引导儿童通过观察选择零食藏在哪只手里面，如果儿童正在努力思考，老师就可以给予少许提示，用眼睛瞟一下藏零食的那只手，这样不仅能提升儿童选择的能力，也能促进其观察能力与对外界关注能力的发展。

五、课程的调整

孤独症谱系障碍儿童的个体差异性较大，课堂的教学内容要基于他们的发展需要，难度要适度，要能满足他们的个性化需求，才能提高他们参与课堂的积极性，进而才能有效避免或减少其问题行为的发生。

（一）以功能分析为起点，对症下药满足需求

孤独症谱系障碍儿童在有些课堂上参与度较高，在另外一些课堂上却产生了问题行为。这意味着儿童的行为与某些学习内容和外部条件有关。这时干预者要认真分析问题行为的功能，才能对症下药，满足儿童的需求，从而才能使问题行为干预取得预期效果。例如有些问题行为的功能是感官刺激，当儿童感到非常无聊，无所事事时，注意力就容易转移，就会出现满足其感官刺激的刻板行为。有些孤独症谱系障碍儿童的问题行为是逃避任务，当任务不是儿童喜欢的，或者当任务太难时，儿童就会出现逃避任务的行为。因此，干预者要丰富教学的形式，让每个儿童都能参与其中；可以创设动静结合的课堂满足儿童的需求，可以采用儿歌、游戏、实物、图片、视频等不同的教学形式，丰富教学的趣味性；可以采用任务分析的方法，将任务清晰地细分为具体的小任务，且儿童能够完成等等。总之，这种基于孤独症谱系障碍儿童问题行为的功能的干预，更能够对症下药满足儿童的需求。

（二）以儿童需求为目标，因材施教解决问题

干预者要对教学进行调整，使之更符合孤独症谱系障碍儿童的水平与需要。例如，有些儿童虽然没有语言，但是他们在视觉方面存在很大的优势，他们对视觉化的教学材料有强烈的需求，干预者就可以利用视觉图片来呈现教学内容，帮助他们更好地掌握课堂内容。有些儿童模仿能力特别强，干预者或者同伴的正确示范，能够促进他们的模仿学习，从而帮助他们参与教学。每个孤独症谱系障碍儿童的能力状况和发展需求都不一样，干预者要分析儿童的优势能力与弱势能力，了解儿童感兴趣的事物，用儿童的优势能力激发弱势能力的发展，为每个儿童创设个性化的教学内容，并采用分层教学和个别化教学相结合的方式来实施。

（三）坚持小步子多循环，螺旋上升促进发展

中重度孤独症谱系障碍儿童由于自身障碍的影响，各方面的发展都比同龄普通儿童滞后，因此对他们的教育要遵循小步子多循环的原则。也就是说，要创造性地把新的教学内容采用儿童喜欢的形式巧妙地融进已学过的知识中，让儿童在不断地强化中巩固旧知，习得新知。这种方式，既避免了儿童持续地学习新知，又对旧知不断地强化，这种螺旋上升的策略有效地避免了儿童注意力转移的问题，也让儿童不断地获得成功的体验，有效地促进了他们的发展。

六、无条件的强化

无条件强化是一种以控制行为发生的前提为基础的干预方法，它是指不依据孤独症谱系障碍儿童的行为表现的情况，不定期地给儿童提供他喜欢的实物或活动。它是一种消除性操作，可以消除行为产生的原因，减少儿童为了获得喜欢的事物而产生问题行为。Rapp

等人提出，如果无条件强化能结合反应中断或反应代价，能取得明显的干预效果[1]。Carr等人认为强化物的强化作用的高低是影响无条件强化有效性的重要因素，反应中断或反应代价的加入，可以提升强化物的强化作用，扩大干预效果[2]。

无条件强化有无条件正强化与无条件负强化两种形式。无条件正强化通过满足需要而消除行为产生的原因。例如，依依总是上课的时候通过拍手来获得老师的关注，为了减少依依的问题行为，老师在她还没有发生问题行为之前，就不断地给予她关注，满足她关注的需要，在她用问题行为获取关注时则忽视。通过这种无条件强化，依依的问题行为极大地减少。无条件负强化则是指为孤独症谱系障碍儿童提供一个可以脱离令其不舒服环境的机会。例如，达达没有言语，他很怕热，当气温很高时，他就会发脾气，掐自己的胳膊。老师了解到了这个原因之后，就会注意教室温度的控制，避免达达因为热，受不了而发脾气。

作为孤独症谱系障碍儿童的老师和家长可以为他们设计结构性的活动，让他们在丰富而有意义的活动中，得到形式多样的感官刺激，满足感官方面的需要，从而不需要运用问题行为来获得需求。同时，还要为孤独症谱系障碍儿童提供及时的关注，避免他们采用不恰当的方式获得正常的关注需求。

七、合作行为培养

训练孤独症谱系障碍儿童合作行为，可以有效避免他们出现不同的问题行为。Iwata的研究提到 38% 的特殊儿童的自伤行为是出于对大人或老师对他们提出的要求的逃避[3]。合作行为的训练可以遵循以下步骤：

（1）从最简单同时也是孤独症谱系障碍儿童最可能配合完成的动作训练开始。例如，可以让儿童拿走棒棒糖，对他下指令"请把棒棒糖拿走。"再逐渐加入其他的要求。

（2）简单清晰地表达孤独症谱系障碍儿童的合作行为与他得到的强化物之间的关系。例如，老师可以拿着儿童喜欢吃的紫菜对其发指令"请过来，我给你紫菜。"

（3）给予孤独症谱系障碍儿童选择完成合作行为的机会，儿童感觉自己能控制活动，就会更愿意配合完成活动。例如，老师可以给儿童下指令"你要画画，还是拼拼图？"

（4）老师在对孤独症谱系障碍儿童提要求前先要引起他的注意，同时不要在一定时间内提过多要求，且指令要让儿童能够理解。

（5）老师要及时奖励孤独症谱系障碍儿童的合作行为，同时要冷静处理儿童的不合

[1]John T.Rapp et al.Establishing stimulus control of vocal stereotypy displayed by young children with autism [J] .Behavioral Interventions,2009, (24) :85-105.

[2]James E.Carr.et al.Treatment of automatically reinforced object mouthing with noncontingent reinforcement and response blocking:experimental analysis and social validation [J] .Researchin developmental disabilities,2002, (23) :37-44.

[3] 陈一心. 孩子情绪异常的诊疗与预防 [M] . 南京：东南大学出版社，2010:67-68.

作行为，避免激化他的不合作行为。

（6）当孤独症谱系障碍儿童出现不合作行为时，老师可以用"行为态势法"引导儿童合作。即让儿童先完成一些他最有可能做的事情并给予强化，接着要求他完成一件他应该做但是又有点难度的事情[1]。

第三节　前事控制策略的优势及应用注意事项

这章介绍了前事控制策略在孤独症谱系障碍儿童问题行为干预中的应用。前事控制策略可以通过对前事刺激的操作来引发期望行为的发生，或减少不期望行为的发生。这一问题行为干预策略的优势是什么？老师在应用此策略时要注意哪些事项？接下来简单进行阐述。

一、前事控制策略的优势

以前事控制为主对问题行为的干预越来越受到行为心理学的重视，它的优势越来越明显。

（一）前事控制策略简单易行，能在自然的教育情境中得到应用

孤独症谱系障碍儿童对一些刺激非常敏感，例如，有的儿童对抽水马桶的声音很敏感，有的不喜欢黏糊的物品，有的不喜欢拥抱等，当他不喜欢的刺激出现后，就容易导致问题行为的发生。对儿童非常了解的老师就会利用前事控制策略避免这些刺激的出现，给对声音敏感的儿童戴上耳塞，为不喜欢黏糊物品的儿童提供其他性质的操作材料，教会不喜欢拥抱的儿童用手势或者语言表达"不喜欢拥抱"的意愿，对那些肚子饿了就容易发脾气的儿童关注他是否吃饱，怕热的儿童注意教室和宿舍的温度且将运动时间安排在早上或者下午温度较低的时段等。这些策略老师只要用心就很容易实施，且能取得很好的效果。

对于那些因任务困难而出现逃避问题行为的孤独症谱系障碍儿童，老师可以采用可视化的任务流程图或者微视频帮助儿童逐步习得完成任务的方法，从而愿意完成任务，不出现逃避的行为。例如，拉拉总是在放学值日时出现逃避任务的情绪行为。老师设计了可视化的流程图，告诉拉拉她的值日内容是摆椅子和摆椅子的操作步骤。

孤独症谱系障碍儿童较难接受环境的改变，当环境发生变化时，他们较容易出现问题行为。对孤独症谱系障碍儿童非常熟悉的老师，就可以在环境需要改变时，提前给儿童一些预告，帮助他们适应变化，减少其焦虑、紧张的情绪，避免问题行为的出现。例如，要调换上课地点，可通过视觉提示的方式提前告知；要调换座位之前，提前和家长一起逐步告知，帮助他接受座位的改变。

---

[1] 李芳，李丹. 特殊儿童应用行为分析 [M]. 北京：北京大学出版社，2011:74.

（二）前事控制策略能有效改善行为，又能消减对后果惩罚策略的依赖

以前事控制为主的干预策略有利于孤独症谱系障碍儿童接触正面的强化物，同时也促进了老师更全面地分析儿童，了解儿童各方面的潜能与喜好。老师通过引导儿童完成他喜欢或者能够完成的任务获得需求的满足，避免儿童对问题行为的依赖，而且儿童也避免了惩罚性的任务或刺激。

二、前事控制策略的应用注意事项

（一）了解每个孤独症谱系障碍儿童的特点，才能寻根究源

前事控制策略是根据引发问题行为的前提条件，改变孤独症谱系障碍儿童所处的环境，将可能引起问题行为发生的因素控制到最小或者消除掉，以达到预防问题行为发生的目的 [1]。每个孤独症谱系障碍儿童都有自己的不同特点，引发每个孤独症谱系障碍儿童问题行为的可能因素也是不同的，老师要对班级的每个孤独症谱系障碍儿童的特点了如指掌。知道班级孩子的感知觉特点及应对的方式，对每个孩子的行为习惯也很熟知并且知道如何面对，知道如何向孩子提要求，也知道如何让孩子学会等待，活动要终止时知道如何提前告知孩子，同时也知道如何利用孤独症谱系障碍儿童视觉方面的优势……只有这样对孤独症谱系障碍儿童的特点、性情了然于胸，才能找到他们的问题行为的原因，进而才能对控制问题行为的前提做到胸有成竹。

（二）分析行为问题产生的原因，才能对症下药

积极行为支持的观点强调，在对孤独症谱系障碍儿童的问题行为进行干预前，先要分析问题行为的功能，根据问题行为的原因制定相应的干预策略。老师在运用前事控制策略之前，可以通过观察、访谈的方式收集问题行为的相关信息，分析它们的功能，然后根据功能分析的结果，采取恰当的前事控制策略对问题行为进行干预。这样的干预才是有针对性的干预，才能提高干预的效果。

（三）采用前事控制策略预防为主，结合后果干预

前事控制策略虽然能预防问题行为的发生，但是在问题行为干预的实践中，对于某些问题行为，仅仅依靠前事控制策略还是不能完全消除这些问题行为。这和孤独症谱系障碍儿童的问题行为产生的原因复杂，在每个孩子身上又有独特的表现有关。这就需要结合后果处理策略来进行综合干预，以达到问题行为干预的理想效果。

---

[1] 刘昊 . 孤独症儿童的行为教学 [M] . 北京：华夏出版社，2014:107.

第七章 行为教导策略在孤独症谱系障碍儿童问题行为干预中的应用

孤独症谱系障碍儿童经常运用问题行为获得想要的事物或得到他人的关注，这表明他们不会运用适宜的行为获得关注与得到强化物。当老师能教导儿童运用恰当的方式获得想要的事物时，就会极大地减少儿童对问题行为的依赖。接下来这章将介绍行为教导策略在孤独症谱系障碍儿童问题行为干预中的具体应用。

第一节 塑造策略的应用

老师在干预孤独症谱系障碍儿童的问题行为时，若积极行为曾经出现过，可以应用强化增加积极行为的发生频率，从而减少或避免问题行为的发生。但是当积极行为从来没有出现过时，就要考虑运用其他策略来促使积极行为的发生，接下来将介绍塑造这样一种策略。

一、塑造的定义

塑造是培养个体目前还未出现的目标行为的一种手段，它是指使个体行为不断接近目标行为直到表现出目标行为的差别强化过程[1]。在某个情境中的一个行为被强化而其他所有的行为都未被强化，这就是差别强化，被强化的行为增加，未得到强化的行为逐渐减少消失。差别强化包括强化和消失两个基本原则。塑造经常被应用到每天的情境中用来帮助个体习得新行为。例如作业治疗师可以使用塑造帮助儿童学习刷牙的生活技能，首先强化他拿起牙刷的动作，接下来强化他把牙刷放到嘴巴的行为，紧接着强化他刷牙的表现。又如，老师针对孤独症谱系障碍儿童塑造其听指令行为，使用区别性强化先后强化下列行为：听到指令能看向老师，一步指令的遵循和二步指令的遵循等。

根据孤独症谱系障碍儿童的先备能力和行为的复杂程度，行为塑造一般需要较多的细分步骤从而逐步接近终点目标行为。干预者较难预测儿童做出目标行为的时间、尝试的次

---

[1] 傅宏. 咨询心理学高级教程 [M]. 合肥：安徽人民出版社，2008:109.

数等，当儿童表现出接近目标行为的渐进行为时，干预者要及时对其进行强化，这样有利于促进渐进行为发展为重点行为。虽然塑造比较费时，但是它是教导新行为的一种非常重要的策略，特别是对那些不易通过讲授、模仿、示范、提示等而习得的行为。

二、塑造策略的相关研究

研究表明塑造策略被应用于不同人群目标行为的形成研究。Jackson 和 Wallace 的研究介绍了利用塑造策略干预一个 15 岁智障女孩说话声音小的行为。干预对象性格非常孤僻，说话声音非常小。研究制定的目标行为是让个案使用正常的音量和别人说话。Jackson 和 Wallace 应用分贝计测器测量个案的音量，并利用代币刺激她不断趋近行为（音量不断增大）以至用正常音量说话。Jackson 和 Wallace 认为干预的成功得益于分贝计测器能探测到音量极其微小的上升，使得能及时强化每一次上升。Howie 和 Woods 运用塑造策略改善成年口吃患者的吐字频率。在学习正常说话时患者要先放慢说话速度，当其说话不口吃了时，干预者才用塑造策略改善他的说话速度，帮助他达到正常水平。以每个步骤增加 5 个音节的目标接近目标行为，研究表明所有患者在 40～50 个疗程后都恢复了正常说话速度[1]。

许多研究还提到了不同形态的行为塑造的研究。Horner 采用塑造策略对一名 5 岁智力发育迟缓儿童丹尼斯进行了借助平行栏杆走路的干预研究。丹尼斯先天脊柱存在问题，双腿运动受限，会爬但不会走。Horner 为其制定了两套塑造方案。方案一，丹尼斯借助平行栏杆走 10 步。该方案包含 6 个步骤。初始行为为丹尼斯手扶栏杆坐在椅子上。Horner 用饮料做强化物，帮助丹尼斯完成了每一个计划步骤。当丹尼斯达到借助平行栏杆走路的目标后，Horner 开始第二套塑造方案。该方案的目标行为是丹尼斯能用前臂支撑拐杖走 12 步。丹尼斯能用正确姿势持拐杖为初始行为，第二步在干预者帮助下撑着拐杖能够站立，第三步、第四步依此类推。经过 10 个步骤和 120 次干预后，丹尼斯能拄着拐杖在校园里走路。Horner 塑造策略的成功应用就是让干预对象学会了走路这种行为，使他的生活更加独立，生活质量得到改善[2]。

三、塑造策略的实施

塑造策略是用来教导新行为或复杂行为的一种常用策略，它和登山相似，山顶是要塑造的目标行为，这个目标行为孤独症谱系障碍儿童很难一步达到，需要分解成许多小步骤，从山底的第一步开始强化，一步一步接近目标行为，因此，塑造策略又称"连续逼近法策略"[3]。塑造策略采用小步子渐进原理，利用强化一步步接近终点目标行为，消退与目标行为不相容的行为。塑造策略一般按照以下步骤进行。

[1] Raymond G.Miltenberger. 行为矫正：原理与方法 [M]．石林，译．北京：中国轻工业出版社，2015:139-141.

[2]Horner, R. D. Establishing Use of Crutches by a Mental Retarded Spina Bifida Child [J] .Journal of Applied Behavior Analysis,1971（4）:183-189.

[3] 岑国桢，李正云．学校心理干预的技术与应用 [M]．南宁：广西教育出版社，1999:191.

（一）确定目标行为

塑造的第一步是确定要达到的目标行为。目标行为定义了后，才能判定塑造计划能不能成功，什么时候会成功。根据行为主义的观点，目标行为要具体明确、可观察和可测量[1]。例如，"写字课要认真完成生字书写作业"可以作如下操作性定义：①写生字时不离开座位、不发呆、不玩玩具、不做其他事情等。②字迹工整。③下课铃一响完成作业。根据操作性定义"写字课要认真完成生字书写作业"可以看成由一系列清晰具体的行为构成，每个行为一旦出现就进行强化，就会不断逼近目标行为。

（二）判断塑造是否是最合适的策略

如果干预对象偶尔出现过目标行为，则不需要采用塑造策略，可采用差别强化增加目标行为发生的频率。塑造是用来使干预对象习得新的行为或是已有行为的一个新方面，或帮助干预对象恢复以前做过但是现在未做的行为。如果示范、提示等能帮助干预对象达到目标行为，则不需要应用塑造策略。

（三）确认初始行为

在确定初始行为时要注意，初始行为是个体已经做出的行为，或者至少曾经做过，而且初始行为必须要与目标行为有关，它与目标行为有些接近，以它为基础能逐步达到目标行为。

（四）选择塑造步骤

塑造步骤的选择有两种策略：1.登山模式。前一步骤的趋近行为是下一步骤的基础，前后两种行为存在关联。针对这类行为，对目标行为分解就可以确定塑造步骤。2.接力模式。要塑造的目标行为包括一系列小行为，对于这类行为，要合理安排接力顺序。不管是哪一种模式，进行下一步骤前，需掌握好前一步骤。下一步骤要比前一步骤接近目标行为。同时，每个步骤不能变化太大，否则很难进步，但也不能太小，太小会进展缓慢、费时。每一步骤需选择合理的塑造预期，该步骤的掌握要有利于下一步骤的开展。

（五）选择强化物

要为个体选择合适的强化物，一旦期待的行为出现，要立即提供强化物进行强化。要选择对个体有效果的强化物且强化物的量要适度，避免个体轻易得到满足，而停留在某一步骤，导致很难塑造下一步骤行为。

（六）对连续接近行为实施差别强化

从初始行为开始，每次出现行为都要进行强化，直到该行为稳定出现为止再停止强化。当该步骤的行为稳定出现后，就能停止对它的强化而开始下一个步骤。依此程序进行，直到出现目标行为并对它进行强化为止。

---

[1] 邓光辉，赵红娣，王静. 调解心理学 [M]. 上海：复旦大学出版社，2020:253-254.

（七）完成塑造的各个步骤

一旦个体掌握了某一步骤的行为，就能进入下一步骤。某一步骤强化太多会影响下一步骤的进行，造成个体可能做出先前的行为。如果个体未习得某一行为，下一步骤就无法开展。干预者可以清晰地告诉个体要做的事情以及完成的方法，有利于个体成功地从上一步骤转入下一步骤。同时干预者要让个体依据合适的速度完成各个步骤的塑造，将有利于目标行为的达成。

四、塑造策略的限制

塑造策略在使用的过程中有一些限制，干预者了解这些限制，将有利于提前做好应对准备[1]。

（一）塑造新行为非常耗费时间

Cipani 和 Spooner 认为新行为的学习可能需要花费很长时间才能达到终点目标行为。因此当其他策略能够帮助个体习得新行为时，一般不采用塑造策略。

（二）朝目标行为的进展，并不都是线性的

个体不一定遵循一个连续且必然的顺序，从先前的接近行为进展到下一个行为，然后朝向终点行为。塑造的过程中进展也有可能没有规律，如果出现行为过于没有规律，即产生的反应不像目标行为，则应减少近似行为，从而让个体获得更多强化与进步。干预者对最小进展的观察与强化能力是行为塑造成功的关键。如果干预者对近似行为不能及时强化，则该近似行为出现的次数就会减少，如果对近似行为强化过度，将阻碍其向终点行为推进。

（三）要求对干预对象进行持续的观察

塑造策略要求干预者持续地观察个体的反应，以便及时了解到个体表现出的下一近似行为。如果干预者因为其他原因不能观察到个体的细小改变，有可能造成塑造不当或没有效果。

（四）可能误用行为塑造策略

孤独症谱系障碍儿童用正确的方式向家长索要想要的事物没有被满足，反而采用不适的行为却得到了想要的事物，接下来，儿童想要获得事物时，就会采用不恰当的方式。家长的区别强化塑造了儿童对想要事物不恰当的表达方式。例如，儿童用一般的音量向生活老师表达他要添加米饭，但是生活老师并没有注意到他的要求。儿童尝试数次都没有成功，为了获得米饭，他可能大声喊叫要添加米饭，如果生活老师这时给予了他米饭，生活老师的区别强化就增加了他寻求注意的行为，并塑造了他采用大喊大叫的方式获得米饭的

---

[1]John O.Cooper,Timothy E.Heron,William L.Heward. 应用行为分析 [M] . 凤华，钮文英，译. 台北：学富文化事业有限公司，2015:453.

行为。在这里，生活老师的忽略塑造了儿童采用大喊大叫的方式获得想要的事物的不良行为。

第二节　提示策略的应用

由于自身存在的障碍的影响，孤独症谱系障碍儿童可能在完成一些常见的任务时，需要我们给予他们一些提示。近年来有关视觉提示的研究比较多，视觉提示充分利用了孤独症谱系障碍儿童的视觉优势，帮助他们了解日常生活，熟悉周围环境。除了视觉提示，还有其他类型的提示也对孤独症谱系障碍儿童有重要的作用。这一章将阐述提示策略的相关知识。

一、提示的定义

提示也是一种行为教导的策略。S.Azaroff 等指出，提示是为了帮助个体做出反应而呈现的一种辅助性区别刺激 [1]。提示在学习和生活中被广泛应用。例如，老师在课堂上对孤独症谱系障碍儿童森森说"眼睛看黑板"。在这个例子中，"上课"这件事是"眼睛看黑板"的区别性刺激。如果"上课"不是"眼睛看黑板"的一个有效的刺激，则老师说"眼睛看黑板"就是一个提示，以便给"看黑板"这个行为一个发生的机会。示例中老师对森森说"眼睛看黑板"是一个提示，这个提示就是"用一个有效但不恰当的刺激代替一个无效但恰当的刺激"。当个体被要求完成一个新技能时，如果能给予其提示，则个体只会偶尔犯错或不犯错，使个体能更快、更有效地学习。

二、提示的种类

提示的种类有很多，一般来说它可以分为身体提示、手势提示、示范提示、位置提示、视觉提示以及口语提示等。

（一）身体提示

身体提示是指老师用身体指导个体完成反应。以老师教森森学习放书包为例，老师在教森森学习放书包时，首先手把手地教森森把装书包的柜子打开，把书包从背上取下来，然后将书包放到书柜里，并手把手地教他按顺序整理好书包。在这个过程中，老师以亲自示范完成行为的提示方法教导森森完成放书包的过程。

（二）部分身体提示

部分身体提示指老师用部分身体指导帮助个体完成反应。全新技能教授的初始阶段可以采用部分身体提示，身体提示之后也可以采用部分身体提示，即当个体已逐渐获得该项

---

[1]Sulzer-Azaroff B,Mayer R G.Behavior analysis for lasting change [M].Orlando:Holt,Rinehart and Winston,Inc,1991:278.

技能时。例如上述案例中，森森已经训练了好几天的放书包技能，他已慢慢习得了该项技能。老师在教森森放书包时，最初只将手放在森森的手肘处，轻推他的手肘教导他把装书包的柜子打开，提示他把书包从背上取下来，然后轻抬他的手肘将书包放到书柜里，并轻轻拍他的手肘提示他按顺序整理好书包。在这个过程中，老师以部分身体提示的方法教导森森完成放书包的过程。

（三）示范提示

示范提示是指老师先演示操作，然后让个体对操作进行模仿。以森森放书包行为为例，老师在发出让森森放书包的指令后，先立即示范放书包的动作步骤，接着让森森模仿操作。一般示范提示是基于儿童有模仿的能力才使用，同时老师的示范操作要清晰，要便于儿童模仿。

（四）手势提示

手势是身体语言的一种，老师可以通过类似于用手指等简单的动作提示个体对刺激做出恰当的反应，手势提示直观、简单、明了。例如，上课时，老师做出举手的动作，提示儿童，要举手回答问题；用双手交叉做出"x"的符号，提示儿童，不可以。

（五）视觉提示

视觉提示是一种已经被证明有效的循证训练方法。它是指老师运用物体、照片、线条图、文字等视觉线索帮助个体理解当前需要做的事情，以及将要做的事情。例如上述案例中，老师可以提供放书包的照片视觉步骤图，森森就可以根据照片的提示完成放书包的动作。如果森森的能力还未达到能够理解照片内容的程度时，老师就要分步骤训练森森理解照片的内容，并完成每张照片的动作。

（六）语言提示

语言提示是指给个体发出语言指令或者提供类似听觉方面的刺激。比如当森森能在视觉照片的提示下完成放书包的任务后。老师就可以要求他在听到放书包的指令后把书包放好。早上当森森来到教室后，老师就发出指令"森森，把书包放好"。森森在听到指令后，就会打开柜子放好书包。当然，老师要对学生是否能够理解语言提示的内容非常清楚，只有当儿童具备必要的语言能力时，提示才会发生作用。否则要考虑使用其他适合的提示。

（七）位置提示

位置提示是为了减少个体在环境中的错误反应而给予的提示。例如，方方在寻找课文中的生字过程中，总是被课文中的其他内容干扰，而找不到生字。老师在提供给方方的课文纸上，用不同的颜色将生字标出来，以提示方方找出生字。

三、提示策略的相关研究

提示策略不仅能够教导儿童新技能，还能减少他们的问题行为。Maureen 等人使用视觉线索来指示学生可以接受刻板行为发生的活动时间和不能接受的活动时间，学生数量在不能接受刻板行为发生的时间内有所下降[1]。2019 年周雯妮用视频示范与图片提示的策略对两名学前孤独症谱系障碍儿童的象征游戏能力进行干预。研究表明干预具有较好的即时成效与维持成效，且社会效度良好，同时还具备较好的泛化效果[2]。

Wallace 等用提示策略干预儿童的顺从行为，他们通过指导儿童运用替代行为取代他们的问题行为。Wallace 等教导儿童的监护人执行三个程序：1. 发出口头指令；2. 示范指令；3. 用身体指导辅助儿童完成任务。当这三个程序能被监护者正确执行时，监护者就不用每次都指导儿童的反应，儿童的顺从行为也随之明显增加[3]。

四、提示策略的应用

不遵循指令，爱抢东西的之之

之之是一名孤独症谱系障碍儿童，今年 6 岁，现为某特殊教育学校一年级学生。由于缺乏模仿的意识，之之遵循指令的能力很弱，老师对他发的指令，如"背书包""拿杯子""穿鞋子"等，没有办法遵循，而且他还爱抢他想要的东西，老师和家长都比较头疼。

通过观察干预者发现之之很喜欢玩拼图，把拼图作为强化物对他进行强化。

干预者将拼图和彩笔放到一起，然后对之之发出指令"把拼图给我"，并用手势提示的方式（用手指向拼图）提示之之将拼图拿给干预者。之之能按要求完成指令后，干预者就让之之玩拼图 10 秒钟，以此来强化他的行为。时间到了之后，老师又开始重复教导之之。

当之之能在不需要提示的情况下完成简单指令的遵循，干预者又教导他用口语来表达想要的东西。干预者出示拼图给之之看，当他想抢拼图的时候，干预者立即引导他模仿表达"我要拼图"。当之之能仿说时，立即给予他拼图。10 秒钟后，干预者又开始下一回合的教导，直到之之看到拼图，能主动表达想要玩拼图的意愿。

第三节　链接策略的应用

链接是一种可用来发展或培养孤独症谱系障碍儿童的特定行为的方法。当某一行为比较复杂而且环节又比较多，同时个体又不会操作该行为时，就可以采用链接策略进行教导。

---

[1]Maureen, A.C., Jennifer, M.A., Jennifer, A.S., &Crystal, N.L. The Use of an Antecedent-Based Intervention to Decrease Stereotypic Behavior in a General Education Classroom:A Case Study [J] .Focus on Autism and Other Developmental Disabilities,2005,20（4）:223-230.

[2] 周雯妮. 视觉提示策略提升学前自闭症儿童象征游戏能力的个案研究 [D]. 重庆：重庆师范大学，2019.

[3] 李芳，李丹. 特殊儿童应用行为分析 [M]. 北京：北京大学出版社，2011:83.

一、链接的定义

链接，是指把要求个体掌握的行为分解为一系列互为"刺激—反应"的链，接着按顺序逐一对每一环节进行训练，最终使个体习得该行为。以洗手为例，它包括如下一系列反应[1]。

①打开水龙头。②冲湿双手。③擦肥皂。④来回搓手。⑤冲洗肥皂。⑥擦干手。这六个步骤的分化反应组成一个行为链，其中每一个行为的完成，既是前一反应的条件强化，又是后一反应的区别性刺激。每一个反应必须按照特定的顺序进行，每一反应在时间上紧密相连。

二、链接策略中的任务分析

任务分析是将个体要学习的任务分解为一系列用清晰的行为来阐述的学习元素与步骤，以便更有效地协助个体学习。任何学习任务都可采用任务分析的方法细分为一个连续性的、相互关联的学习单元[2]。任务分析法一般包括以下步骤：

（一）确定学习目标

如"掌握洗手的方法"。

（二）细分学习目标

将学习目标按照顺序细分为不同的小目标，细分程度根据个体掌握目标的难度和任务的复杂程度而定。目标越复杂，越难掌握，所需细分的步骤就越多。例如上述洗手的任务，也可以细分为：

（1）打开水龙头。

（2）将手放到水龙头下面。

（3）冲湿双手。

（4）拿起肥皂。

（5）将双手擦上肥皂。

（6）搓手心。

（7）搓手背。

（8）搓手指。

（9）打开水龙头。

（10）冲洗肥皂。

（11）关水龙头。

（12）拿毛巾。

---

[1] 岑国桢. 行为矫正原理、方法与应用 [M]. 上海：上海教育出版社，2013：201.

[2] 刘春玲，江琴娣. 特殊教育概论 [M]. 上海：华东师范大学出版社，2016：100.

（13）用毛巾擦干手。

（14）将毛巾挂回原处。

干预者在对任务进行分析时，可以采用以下几种方法：一是先观察一般的个体如何完成该任务，由此得出任务大致可以细分的步骤。二是咨询专家或能熟练完成任务的人。三是干预者自己尝试完成该任务，从而了解任务需要细分的步骤。

（三）依序实施教学

干预过程中，可以依据学习目标的顺序从头至尾进行训练，还可以从最后的目标行为开始训练。干预者可以根据任务的难易程度和个体的能力状况灵活选择。

三、链接策略的分类

采用链接策略教导新行为有三种不同的方法，它们分别是全部任务法、顺向链接法、逆向链接法[1]。

（一）全部任务法

所谓全部任务法，是指教导个体行为时，每次从链的开始环节进行到最后环节，不断重复直到掌握全部环节，即习得该行为。例如在上述洗手的教导过程中，干预者身体提示个体完成洗手链中的所有步骤，然后给予其强化，接着再教导其完成洗手链中的所有步骤，不断反复，直到个体学会洗手为止。

（二）顺向链接法

顺向链接法，是指先教导个体第一个环节，按照链的顺向顺序，接着教导第二个环节，然后将第一、二两个环节结合在一起练习；紧接着教导第三个环节，同时将前面三个环节结合在一起练习……直到掌握整个行为。以顺向链接法教导个体洗手为例：1.用身体提示教导个体"打开水龙头"，干预者完成行为链中的剩余步骤。当个体能完成第一步时，就被教导执行"打开水龙头"与"打湿双手"这两个链接中的第一、二步骤，剩余步骤由干预者完成。当个体能完成前面两个步骤时，再引导他完成"打开水龙头"与"打湿双手""擦肥皂"三个步骤。依此直到个体能够独立完成整个链接。教导的过程中，当个体与干预者能共同将整个步骤完成一遍时，无论个体能够完成哪一步骤，教导者都须强化个体已经能完成的行为。

（三）逆向链接法

逆向链接法，指的是先教导个体最后一个环节，当其掌握后再教导倒数第二个环节，并练习倒数第一、二个环节；接着教导倒数第三个环节……依此逆向教导，直到使个体学会整个行为。同样以逆向链接法教导个体洗手为例，首先干预者提示个体洗手中的所有步

---

[1] 岑国桢. 行为矫正原理、方法与应用 [M]. 上海：上海教育出版社，2013:188-189.

76　孤独症谱系障碍儿童问题行为干预与实例

骤。接着，干预者以渐隐提示为开始，让个体独立完成最后一步骤"擦干手"。当个体能完成最后一步骤时，教导其最后两个步骤"冲洗肥皂"与"擦干手"，然后干预者完成这两步骤之前的所有步骤。依此直到个体能独立完成整个链接。干预的过程中一定要注意，要及时强化已完成的行为链。一般来说，逆向链接优于顺向链接，逆向链接实施过程中，目标行为完成后，干预者能根据个体的反应情况对其给予即时强化，而逆向链接中，个体能独立完成部分步骤，要等到干预者完成剩余步骤后，他才能得到延时强化。

四、链接策略的原理

从行为原理分析，"刺激—反应"系列链组成了行为的各个环节。辨别刺激 SD 和反应 R 组成的序列组成了该链，其中的每一个反应 R 都能引发下一个反应的辨别刺激 SD。链接的各环节或组成链接这一复杂行为的成分都具有双重作用，既是对链接中的某一环节中的刺激做出的反应，又对该环节后的行为环节起着辨别刺激的作用。在行为干预的实践中，逆向链接较多被应用，通常更加有效。主要缘于逆向链接每次干预都使行为处于完成状态，个体每次都能体验任务被完成的成就感，这对个体具有很好的强化作用。同时，逆向链接干预还能避免消退的发生。

链接策略与本章第一节中的塑造策略有相似的地方，它们都是形成新行为的策略，但是它们又有区别。塑造策略是把行为从最初状态发展成新行为。链接策略是把已有的行为反应串联起来，形成一种新行为。新行为的形成过程中，有时会同时运用链接与塑造两种策略。如链锁应用的过程中，遇到较难的行为环节，就需要采用塑造策略培养。

五、链接策略的应用

案例 7-2

不会穿鞋子的桃桃

孤独症谱系障碍儿童桃桃已经 7 岁了，可是还不会穿鞋子。桃桃没有语言，每次想要别人帮忙穿鞋子的时候就会"咿咿呀呀"地大叫，要是没有人及时帮他把鞋子穿上，他就会发脾气。

老师仔细观察了桃桃，发现他能辨认自己的鞋子，并且完成精细和粗大的动作尚可。老师决定采用链接策略训练桃桃穿鞋子。根据桃桃的能力，老师将穿鞋的任务细分为以下这些步骤：

1. 坐在椅子上。

2. 拿起鞋子。

3. 判断鞋子左右。（这个对于桃桃有点难度，老师在桃桃的左脚上和左边的鞋子上分别粘上他喜欢的爱心贴纸，帮助他区别左右。）

4. 拉开鞋子魔术贴。

5. 鞋子放在地上。

6. 把脚放进鞋子里。（有爱心贴纸的脚放进爱心鞋子里，没有爱心贴纸的脚放进没有爱心贴纸的鞋子里。）

　　7. 粘贴魔术贴。

　　接着，老师先帮助桃桃完成行为 1 ~ 6，留下行为 7。随后，老师指导并鼓励桃桃完成"粘贴魔术贴"的行为 7，完成后立即给予表扬。练习巩固，老师帮助桃桃完成行为 1 ~ 5，留下行为 6 和 7 两个步骤。随后，老师指导并鼓励桃桃完成"把脚放进鞋子里"的行为 6，同时练习行为 7，完成后给予强化……依据穿鞋子行为分解的序列依次逆向进行，直到最后桃桃能独自按照顺序完成穿鞋子的整个行为。

六、运用链接策略的注意事项

　　为了更好地使用链接，需注意以下事项。

（一）序列要合理

　　为了便于指导与学习，目标行为的链需序列合理，各环节简洁明了。同时组成链的序列中的各环节要有明显的界限，以便更好地发挥辨别刺激和强化刺激的双重作用。合理的行为链有助于行为中的各环节彼此建立联系。序列的合理化有助于行为各环节之间建立联系。

（二）各环节联系要加强

　　链接策略应用的过程中，只有当前面的环节已达到熟练和稳定的水平，才开始下一环节的训练。如果某行为环节的正确性与稳定性都出现问题，就会影响行为链的稳定和准确。链接策略应用时，应要求个体操作已学的部分，这不仅能加强行为链中不同环节之间的联系，还能提高行为的稳定性和准确性。

（三）行为的完整性需重视

　　链接训练的过程中，个体能掌握某行为环节时，干预者要及时给予强化，同时应要求对先前掌握的环节一起练习，使行为处于完整状态，这能对个体起到良好的激励作用。

（四）较长的行为链需处理好

　　当行为的链较长时，应分阶段处理整个行为链，同时与强化一起实施。这有利于个体获得及时的反馈信息，并成功习得整个行为。

（五）较难的环节需慎重考虑

　　链接策略的应用过程中，当发现某一行为经反复教导与训练，个体还是未能掌握时，这表明个体遇到了较难的行为环节。干预者可以从两个方面慎重处理：一是对行为进一步分解，进行新的链接训练。二是考虑应用塑造策略培养目标行为。

（六）与渐隐策略相结合

　　各行为环节训练的开始阶段，可以结合动作的运用和言语的指导或提示，引导和鼓励个体完成各行为环节的训练。当各行为环节都随之掌握后，应结合渐隐策略的运用，逐步淡出这些指导和提示[1]。逐渐减少或不再使用提示策略，但个体仍然能够表现出目标行为。链接策略使用的目的是希望个体在没有或较少提示下还能表现出目标行为。

第四节　渐隐策略的应用

渐隐是一种发展行为的策略，但它并不是用来培养新行为的，而是促使个体在特定的情境中能够表现出已有的行为，也就是说个体已经习得了该符合社会要求与自身需要的具体行为，但在特定的情境中却不能表现出来，可以运用渐隐策略促使个体恰当地表现出已经具有的行为。

一、渐隐的定义

所谓渐隐，就是逐步地把一种情境变成另一种情境，并使个体在前一情境中的行为能在后一情境中发生。情境的变化指对控制行为反应的刺激逐步改变，要求个体对部分变化甚至全新的刺激情境仍能做出先前的反应[2]。例如，有些孤独症谱系障碍儿童在个训室里能和治疗师打招呼，但是，在游乐场遇到小朋友却不知道如何打招呼。这里可以改变做法，不让孤独症谱系障碍儿童突然置身于游乐场这个陌生的环境，而是逐渐处于和个训室相似的场所，经过渐进的过程，儿童就能保持原有的状态与人打招呼。逐渐改变情境使个体及其行为能适应新情境的做法就是渐隐。又如，老师采用身体提示的方式教导儿童学习穿衣服的技能，根据儿童学习过程中的表现，老师渐隐部分身体提示或言语提示等其他提示策略，直到最终完全撤除提示。当儿童习得了穿衣服的技能时，老师就要撤除所有的提示，这时儿童真正学会了穿衣服。

二、渐隐策略的原理

执行渐隐策略是为了使个体在特定情境中能表现出应有的行为。它的原理是采用一系列能够控制行为反应的刺激，使个体在环境逐渐改变后，仍然能表现出原来情境中的行为。控制行为反应的刺激称为提示，渐隐策略中的变化情境就是改变提示以实现控制目标行为的目的。渐隐策略中的变化和控制都是渐进的，促成目标行为的提示逐渐撤除或消失，最终达到没有提示时，个体依旧能表现出应该有的行为反应。由此可见，渐隐策略的本质是控制提示刺激使目标行为在新情境中依然能出现。

虽然渐隐策略和塑造策略都与变化有关，都是逐渐变化的程序，但它们也有明显的区别。塑造策略是在刺激情境不变的情况下，强化行为逐步变化，最终达到目标行为。渐隐

---

[1] 李正云. 学校心理咨询 [M]. 北京：中国轻工业出版社，2002:203.

[2] 岑国桢. 行为矫正原理、方法与应用 [M]. 上海：上海教育出版社，2013:194.

策略则是在刺激微小变化的情况下对特定反应的强化，最终使刺激变化成为所需的控制反应的刺激。塑造策略是刺激不变，反应变化；渐隐策略是刺激变化，反应不变[1]。塑造策略是行为在发生变化，而渐隐策略是情境在发生改变。塑造策略是培养新行为，渐隐策略是使已有的行为能在变化的情境中表现出来。

三、渐隐策略的程序

当需要重建已有的技能时，可以使用"从最小到最大"的提示。当要教授一项新技能时，可以使用"从最大到最小"的提示，干预者可以将身体提示贯穿于教授的全过程中，随着训练的发展，逐步减少身体提示。"从最大到最小"的提示有时不仅是量的变化，还是不同提示方式的变化，从身体提示到视觉提示，再到语言提示，最后撤除提示由个体独立完成。由此可以看出，提示由最大到最小的变化过程就是渐隐的过程。

另外一种渐隐程序是指刺激物的渐隐。通过突出刺激物的特征（大小、颜色、位置等）增加正确反应，当行为逐渐接近目标行为后，渐隐掉对刺激物特征的突出呈现[2]。

四、渐隐策略的应用

乱传球的舒舒

案例 7-3

孤独症谱系障碍儿童舒舒已经 8 岁了，她很喜欢玩传球的游戏，但是，同学们都不想和她玩。几乎每次传球时她都会不小心把球传到同学的身上，有时还会撞到同学的眼睛。

老师决定采用渐隐策略，训练舒舒跟着音乐传球。听辨音乐节奏，眼睛看同学，双手传球与接球是玩传球音乐游戏的三个重要因素。老师耐心地指导舒舒注意这三个因素。当舒舒有了明显的进步后，老师会减少对一个因素的指导。当又有明显的进步后，老师进一步减少了相关因素的指导。依此，直到舒舒在没有指导的情况下还能独立传球。在此过程中，逐步地减少指导就是运用渐隐策略。

五、渐隐策略应用的注意事项

为了达到预期的干预效果，在使用渐隐策略时需注意以下几个方面：

（一）明确目标情境

通过干预在何种情境和条件下能表现出目标行为，对目标情境的界定要清晰、明确。例如，对孤独症谱系障碍儿童莎莎课堂吵闹行为的干预，最终目标是要求无论在集体课，还是个训课，莎莎都能遵守常规，不吵闹。最终情境与条件要与个体实际生活的环境与条

---

[1] 李泽慧. 特殊儿童的优质教育：全纳教育培训手册 [M]. 南京：南京师范大学出版社，2013:178.

[2] John O.Cooper,Heron T E,Heward W L.Applied Behavior Analysis [M].New Jersey:Pearson Education, Inc,2007:405.

件相似，才能使渐隐对个体的生活更有现实意义。

（二）选择初始情境

和目标行为相联系的初始情境及相关条件能确保个体表现出目标行为。初始情境是目标行为经常发生的情境，初始情境一般包括比较多能诱发目标行为的提示。如生活语文课本中的"我会写"环节，不仅出示了生字的笔顺，而且每出示一笔都是红色的，就是为了帮助儿童书写时能记住笔顺，不增加或减少笔画。

（三）设定渐隐步子

渐隐过程中步子的设定要根据个体在新情境中目标行为的表现来确定，步子大小要适宜。步子太大，目标行为难以保持，个体容易产生挫败感；步子太小，浪费时间与精力，个体容易产生厌烦情绪。在渐隐的过程中，要根据对个体的观察结果及时调整步子。

（四）控制渐隐进度

渐隐的进度太快或者过慢都不适合，进度太快，提示骤减，变化太频繁目标行为继续保持困难。进度过慢，个体太依赖提示会停留在渐隐的某一步过久。

干预者要依据对个体的观察与经验，控制渐隐的进度。当个体能反复、稳定地表现出目标行为时，渐隐才可以进入下一步。当个体在新情境中能迅速地表现出稳定的目标行为时，干预者就可以适当地加快渐隐进度。当个体在新情境中目标行为表现不稳定或需要反复提示时，则表明进度太快，需要返回上一步继续强化以巩固目标行为。

（五）运用提示策略

提示策略在渐隐中非常重要，它既是各情境变化的主要因素，又控制目标行为的发生。渐隐中的提示一般有言语提示、非言语提示、环境提示与直接提示等。言语提示采用书面或口头的方式。非言语提示包括身体姿势、面部表情、手势动作等。环境提示主要指发生目标行为的情境的物理特点。直接提示一般采用"手把手"的身体提示的方式指导个体表现出目标行为。渐隐的过程中，选择提示策略时，必须要结合目标行为、干预的条件与干预对象的特点等进行综合考虑。

（六）结合阳性强化

渐隐策略的运用过程中，每一步骤都要结合阳性强化，选择恰当的强化物，控制好强化物的数量。这样才能帮助个体在新环境中表现出已习得的行为，并促进提示的撤除。

第八章　后果处理策略在孤独症谱系障碍儿童问题行为干预中的应用

后果处理策略是指在目标行为发生后安排立即的后果，采用给予强化物以增加良好行为，或施加厌恶刺激和取消强化物以减少或削弱不良行为，它常用的干预策略有区别强化、消退、惩罚、代币制、行为契约等[1]。后果处理策略是应用行为分析的基本构成部分。接下来将介绍常见的后果处理策略。

第一节　区别强化策略的应用

区别强化既能对良好行为进行强化，又能对不良行为进行消除。接下来将阐述区别强化策略对不良行为的干预。

一、区别强化的定义

区别强化是指运用强化和消退原理提高期望的目标行为的出现率，降低不期望的目标行为的出现率。例如，淇淇上课时喜欢讲话，老师对她讲话的行为进行分析，发现有些情境下的讲话行为是适宜的行为，有些情境下的讲话行为是不良行为。例如，当老师让大家讨论时，淇淇讲和课堂有关的内容这是恰当的；但是，当老师让大家安静时，淇淇却和同桌讲代币的事情，这是不恰当的。老师要强化那些积极的讲话行为，忽视那些不好的讲话行为。

二、区别强化的类型

区别强化有三种不同的类型：一是对替代行为的区别强化（DRA）；二是对其他行为的区别强化（DRO）；三是对低反应比率的区别强化（DRL）[2]。

---

[1] 王滔. 特殊儿童心理咨询与康复指导［M］. 重庆：重庆大学出版社，2020:291.

[2] 李芳，李丹. 特殊儿童应用行为分析［M］. 北京：北京大学出版社，2011:106.

（一）替代行为的区别强化

1. 替代行为区别强化的定义

替代行为区别强化是指增加期望行为的频率，以及减少不期望行为的频率。期望行为每次出现都给予强化，这就促进了期望行为再次发生的可能性。同时，对期望行为有干扰的不期望行为给予消除，不期望行为不断被消退。

例如，文文是一名6岁的孤独症谱系障碍儿童，刚入小学。午餐时，文文总是一口都没有吃就把饭菜倒到地上。班主任王老师对她的行为进行了观察记录，同时还对她的妈妈进行了访谈。王老师分析了收集的信息，发现文文的问题行为的功能是逃避不喜欢的东西。她不喜欢吃肉，只要盘子里有肉，她就会把饭菜全部倒到地上。

针对文文倒饭菜的行为，李老师教导她用恰当的方式表达不吃肉。李老师根据文文的能力状况，用手势结合图片的方式教文文表达"我不想吃肉。"午餐时，李老师会将图片放在文文的旁边，当她用手势和图片告诉老师不想吃肉后，李老师就会将肉从她的盘子里夹出来。当文文不表达自己不想吃肉，而是直接将饭菜倒到地上时，李老师要求她将地扫干净，并且重新打一份饭菜给她。干预进行了二周，文文倒饭菜的行为已经消失，她会用手势和图片向老师表达不想吃肉。

文文的案例中，李老师对文文倒饭菜的行为进行忽视，其实就是对她倒饭菜不良行为的一种消退，当她表达不想吃肉的目标行为时，立即给予强化。这种对期望的目标行为进行强化，对不期望的行为不强化的做法，成功地培养了文文表达不想吃肉的行为。

2. 替代行为区别强化的应用步骤

替代行为区别强化很容易在日常生活中应用，一般可以按照如下步骤进行：

（1）定义期待的行为

应用替代行为区别强化时，应明确期待行为的定义，这样才有助于对正确的行为给予强化和记录，从而确保干预的效果。

（2）定义不期待的行为

对计划通过替代行为区别强化减少的不期望行为进行明确定义，这样能确保不期望行为出现时不给予强化和记录，以确定应用替代行为区别强化后不期望行为是否减少。

（3）确定强化物

替代行为区别强化使用过程中对期望行为进行强化，对不期望行为不强化。因此，必须先确定干预过程中的强化物。可以采用这些方式确定强化物：①观察个体以确定问题行为的强化物。②观察个体以确定高频率行为。③访谈个体、父母或老师。④使用强化物调查问卷。⑤出示可能的强化物，评估接近反应。⑥将可能的强化物与操作反应相联系，观察反应率或持续时间。

（4）对期望行为进行立即与一致强化

当期望行为出现后应立即强化，这样会增加期望行为出现的频率。如果对期望行为的强化延时，替代行为区别强化的效果将被削弱。为了取得更好的强化效果，最好是每次期望行为的出现都能给予强化。研究发现，被持续强化方式强化的行为，会更易增加到期望水平，并取代未被强化的不期望行为。

（5）撤除对不期望行为的强化

为了使替代行为区别强化取得预期的效果，必须撤除不期望行为的强化物，假如不能完全消除，也要将其减少到最少，确保期望行为与不期望行为的强化物对比明显。这样，得到较多强化的期望行为将比得到较少或者未得到强化的不期望行为增加得更多。例如，当添添不断地重复广告语时，老师对他表示忽视。当他和老师说其他事情时，老师表现出很感兴趣。通过这种替代行为区别强化干预添添重复说广告语的刻板行为。

（6）采用间歇强化维持目标行为

在替代行为区别强化的早期阶段，要持续强化期望行为。随着期望行为出现频率不断增多，不期望行为很少出现时，就可以逐渐延长强化时间。对期望行为实施间歇强化，促使期望行为更容易保持和更难消失。

（7）对目标行为在相关情境中进行泛化

当期望的目标行为在干预的过程中不断重复出现，且较稳定时，就要对该目标行为进行泛化。让目标行为在干预情境之外的情境中都能出现。这才表明替代行为区别强化程序是有效的。应在尽可能多的情境中进行区别强化，才有利于目标行为的泛化。

（二）对其他行为的区别强化

1. 其他行为的区别强化的定义

其他行为的区别强化指要消除的行为在某一规定的时间内不发生，就给予强化[1]。这种区别强化策略能消除行为，使不需要的行为极少发生或不发生。例如，我们规定霖霖不咬嘴巴就可以玩轻黏土，当他不咬嘴巴时，就给予他轻黏土玩。

其他行为的区别强化较多用来处理儿童的发脾气行为。干预前，先准备好计时器，当儿童发脾气时将计时器置于停止状态。当儿童不发脾气时，让计时器开始计时，如果儿童在15秒内都不发脾气就实施强化。在此程序下，儿童发脾气行为被很好地控制，接着可以将时间延长至30秒，逐渐再延长下去，直到很少发脾气，或不再发脾气为止。

2. 其他行为的区别强化的类型

从计时方式来看，其他行为的区别强化可以分为三种类型：

（1）整段时间的 DRO 程序（FS-DRO 程序）

整段时间的 DRO 程序指在特定时间阶段内，没有发生目标行为就给予强化。例如上

---

[1] 昝飞. 行为矫正技术 [M]. 北京：中国轻工业出版社，2021:243.

述案例中儿童发脾气行为的干预，采用的就是 FS-DRO 程序，15 秒内儿童没有发脾气就能得到强化。

（2）分段时间的 DRO 程序（I-DRO 程序）

分段时间的 DRO 程序指把特定时间阶段均分为几个时间间隔，若不需要的行为在每个时间间隔内没有发生，个体就能得到强化。例如，老师在干预玥玥上课离座的行为时，就可以把一节课 35 分钟分成五个时间间隔，每个为七分钟。如果玥玥在七分钟内没有离开座位，就可以获得强化。如果五个时间间隔都没有离开座位，就可以获得 5 次强化，它比整段时间的 DRO 多获得 4 次强化。

（3）间隔时间的 DRO 程序（SR-DRO 程序）

间隔时间的 DRO 程序指在间隔时间内不需要的行为没有发生就实施强化，如果在特定间隔时间内发生了不需要的行为，就重新开始计算间隔时间。间隔时间的 DRO 程序比整段时间的 DRO 程序以及分段时间的 DRO 程序能更严格有效地控制不需要的行为。SR-DRO 程序只要不需要行为出现就会重新开始计时，开始下一次 SR-DRO 程序。FS-DRO 程序和 I-DRO 程序只要出现 1 次不需要行为就会取消强化物，在该时间段结束前，将可能还会继续发生不需要行为。

3. 实施其他行为的区别强化（DRO）的程序

（1）确定问题行为的强化物

问题行为的消退是其他行为区别强化程序中的一个重要部分。为了有效地实施 DRO，必须确定问题行为的强化物，因为只有去除维持问题行为的强化物，DRO 的实施才能成功。

（2）确定 DRO 程序中使用的强化物

为了强化问题行为的缺失，须得利用对个体有强化作用的后果。可以用不同的方法确定强化物：可以在潜在的强化事件中询问个体的喜好，也可以根据个体面临选择时选择的对象，还可以观察何种潜在强化物让行为增加。

（3）选择 DRO 初始时间段

要实施 DRO 程序，须选择强化物呈现的初始时间段。DRO 程序的时段长度要同问题行为的基线水平相联系：假如问题行为出现频率大，DRO 程序时段要短；如果问题行为出现频率小，DRO 程序时段要长一些。时段的长度要确保尽可能大的强化概率。

（4）问题行为未出现时呈现强化物

当上述步骤都准备就绪后，就可以实施 DRO 程序了。程序的实施者要配置秒表，秒表会在时段末，问题行为没有出现时，提醒实施者呈现强化物。

（5）问题行为重新出现则须重新计时

如果问题行为在时段内又出现，则不呈现强化物，强化的时间段也须重新设置。如果

DRO 时段为 5 分钟，在 5 分钟内出现问题行为，则重新计时 5 分钟。如果 5 分钟没有出现问题行为，就实施强化物，同时重新开始计时。干预者可以在实施前告诉个体，只要在特定时间内问题行为不出现，就能得到强化物。

（6）逐步增加时间段长度

个体在每个时间段都能得到强化物，同时问题行为已经减少，这时就可以延长时间段长度。

（三）低反应比率的区别强化（DRL）

1. 低反应比率的区别强化的定义

低反应比率的区别强化（DRL）与其他行为的区别强化（DRO）不同，它强化的是目标行为较低的频率，当问题行为减少到目标水平时才出示强化物，而不是强化目标行为的缺失。有些问题行为很难完全消除，或者没有必要彻底消除，就可以允许其在较低比率水平发生。这一策略不是为了消除问题行为本身，而是为了降低问题行为发生的频率，只有当问题行为减少至规定水平时，才实施强化[1]。例如，孤独症谱系障碍伴随多动症的晓晓，上课时总是离座，让其一整节课不离座是很难的，老师可以允许她一节课内可以离座 2～3 次，再逐渐减少为每节课 1 次，逐步到上课不随意离座。

2. 低反应比率的区别强化的类型

按照时间取样的不同，可将低反应比率的区别强化分为三种类型：整段时间的 DRL 程序（FS-DRL 程序）、分段时间的 DRL 程序（I-DRL 程序）、间隔时间的 DRL 程序（SR-DRL 程序）。

（1）整段时间的 DRL 程序（FS-DRL 程序）

FS-DRL 程序指在特定时间阶段内，如果行为或反应率没有超过规定的量，就实施强化。例如上述晓晓的案例运用的就是此类型的低反应比率差别强化。

（2）分段时间的 DRL 程序（I-DRL 程序）

I-DRL 程序是将整段时间分割为数个时间间隔，如果每个时间间隔内的行为或反应量不超过规定的量，就实施强化。例如上述随意离座行为的干预中，若把一节课分成 2 个时间间隔，只要晓晓在每个时间间隔内离座的次数没有超过 1 次，就给予强化，这就是分段时间的 DRL 程序。

（3）间隔时间的 DRL 程序（SR-DRL 程序）

SR-DRL 程序指两次行为在特定时间间隔后发生，才实施正强化。假若行为在时间间隔内发生，则不给予强化。以晓晓上课随意离座行为为例，要求她两次随意离开座位的时间不能少于 20 分钟，如果少于 20 分钟就得不到强化物。如果两次离座的时间间隔超过了

---

[1] 徐景俊，贾海玲，段为民 . 特殊儿童康复概论 [M] . 重庆：重庆大学出版社，2023:200.

20 分钟，就可以得到正强化物，这就是 SR-DRL 程序。

3. 低反应比率的区别强化应用的基本要求

低反应比率的区别强化可以用来减少孤独症谱系障碍儿童的问题行为。例如，改变孤独症谱系障碍儿童整天玩扑克牌的行为，就可以用低反应比率的区别强化来干预其玩扑克牌的量，如规定，每周只能玩扑克牌 3 次，这就是整段时间的 DRL 程序的应用。为了提高低反应比率的区别强化程序的应用效果，在具体应用时，应注意以下事项：

首先，要正确选择目标行为。应用低反应比率的区别强化程序时须符合两个条件：一是目标行为是可以容忍与接受的；二是目标行为越少越好。有些问题行为很难短时间内消除，且也不能完全消退，如果能允许其低比率发生，就可以应用低反应比率的区别强化程序。

然后，要选择适宜的强化类型。三种不同的低反应比率区别强化的实施要求各不相同。整段时间的 FS-DRL 程序和分段时间的 I-DRL 程序行为发生在某特定阶段之间，并要求减少的行为越少越好，而间隔时间的 SR-DRL 程序中的行为发生在特定时间间隔后。同时 SR-DRL 程序一般用于目标行为未能完全消退或不必完全消退的场合，它更易控制目标行为。

最后，要注意几点：（1）问题行为假如需要快速减少不要使用低反应比率的区别强化。（2）自伤行为或其他伤害他人的行为不能使用低反应比率的区别强化。（3）给个体提供反馈以帮助监控其反应比率。

三、区别强化策略的不恰当应用

（一）低反应比率或其他行为区别强化程序的应用减少了良好行为

老师和家长要注意避免低比例或其他行为区别强化对儿童的不良影响，避免它们对儿童高频率出现的良好行为的减弱作用。例如，湘湘每天都早早地来到学校，然后给班级打水，换课程表。班主任李老师觉得湘湘真是一个省心的孩子，每天都不用管他，他也会把这些事情做得很好。和湘湘截然不同的是悠悠，每天来得很晚，来了后还会发脾气，李老师只要他每次表现好一点点，都会奖励他代币。可是被老师称为"省心"的湘湘却很少得到老师的代币。老师总是觉得不给他代币，他也能表现得很好。可是，李老师慢慢地发现，湘湘也来得很晚了，即使来得早，他也不去打水了。老师的不当忽视让儿童产生了低反应比率能获得更多强化的想法，其在学校的表现就受到了很大的影响。

（二）区别强化容易产生不良替代行为

不良的替代行为是指运用区别强化程序减少某种不良行为的同时，致使另一种不良替代行为产生。例如，家长用区别强化减少了儿童的看电视行为，却发现孩子用玩手机和平板电脑取代看电视的行为。家长在减少儿童看电视行为的同时，强化了玩手机、玩平板电脑等不良行为的发生。区别强化对积极行为有强化作用，对不良行为有消除作用，它比接下来我们要介绍的消退与惩罚策略更有效地减少或消除了问题行为，同时它也比单独使用强化更能促进良好行为的产生，并调动干预对象的积极性，避免干预对他们产生伤害。

第二节　消退策略的应用

消退策略是一种与连续强化相对应的问题行为干预策略。连续强化促使目标行为形成、表现或增强，消退则是促使目标行为减弱或不再出现。

一、消退的定义

消退被广泛应用于不同类型问题行为的干预，从比较严重的自伤行为到轻微的破坏行为。它是采取不给予强化的方式去削弱一个先前已经强化的行为的频率与强度[1]，或者使其不再发生的一种行为干预方法。简单地说，就是对儿童的不良行为不再关注，儿童的这种行为出现的频率就会减少，甚至消失。

例如，琦琦每天早上路过学校的超市，就和妈妈说："好饿。"妈妈一听到她说好饿，就带她去超市买东西吃。每天早上琦琦在家都找各种借口不吃早餐，然后路过学校超市就说自己好饿。妈妈很苦恼。老师给琦琦妈妈支招，叮嘱她路过超市时，无论琦琦怎么说好饿，都不要理她。第二天，琦琦又故伎重演，妈妈不理她。琦琦加重了语气，妈妈还是不理她。琦琦停下来不走了，妈妈也不理她，站在旁边假装打电话。过了一段时间，琦琦没有办法，只好跟着妈妈去了教室。儿童出现了某种行为后，周围的人对其不予理睬，这种类似行为以后发生的可能性就会降低，这就是消退。

总之，消退是指在某一确定情境中，个体出现了以前被强化的反应，如果该反应后没有跟随先前的强化，下一次个体遇到类似情境时，该行为出现的频率就会降低[2]。

二、应用消退策略的注意事项

当阳性强化物增加了某行为的发生率，完全停止给予该强化就能降低该行为的发生率，这就是消退的原理。消退策略被用来减弱行为，降低行为出现的频率，应用的过程中要注意以下事项[3]。

（一）目标行为要明确具体

应用消退策略时，一定要注意消退的行为须是不良行为，且是因为强化不当发展起来的。如果儿童的某些行为不是因为不恰当的强化所致，而是因为其他原因造成的，使用者就要认真分析原因，而不能使用忽视的消退策略。例如，儿童因为温度太高而发脾气，这

---

[1]John O. Cooper,Timothy E.Heron,William L.Heward. 应用行为分析 [M]. 凤华，钮文英，译. 台北：学富文化事业有限公司，2015:685.

[2] 吕静. 儿童行为矫正 [M]. 杭州：浙江教育出版社，1992:83.

[3] 李芳，李丹. 特殊儿童应用行为分析 [M]. 北京：北京大学出版社，2011:113-115.

个时候老师可以打开空调，调节室内的温度，促使儿童的情绪恢复。

（二）强化物要严格控制

消退策略实施期间，需要特别注意，无论何种形式的强化物在不良行为出现后都不能呈现，否则前功尽弃，消退程序将很有可能失败。

孤独症谱系障碍儿童旭旭，有严重的情绪行为，当他想要的东西得不到时，他就会躺到地上大哭大闹。早上旭旭想要曦曦的紫菜，曦曦不给他，旭旭就躺在地上大哭起来。吴老师不理他，旭旭哭的声音又大了起来，吴老师还是不理他，旭旭就躺在地上不起来。吴老师忙着别的事情，假装没有看到。旭旭大哭大闹地在地上躺了一节课。第二节是唱游与律动课，杨老师见旭旭躺在地上，就给了他紫菜，把他拉了起来。杨老师给旭旭紫菜的行为，严重干扰了消退程序。

（三）与正强化结合使用

消退策略如果和正强化结合起来使  行为，还可以帮助建立并强化良好的行为。不良行为出现的同时，很 情况下良好的行为开始出现。例如，上述旭旭的案例中，如果他已经 说："老师，我想吃紫菜。"这时，吴老师就给予他紫菜，强化他用 行为。

（四）不随意中断消退

在25%的个案中，使用消退策略会引起消退性爆发，即在消退策略实施的初期，目标行为可能会在减少之前集中出现。特别是自伤行为有接近50%的个案在使用消退策略的过程中出现消退性爆发[1]。一般来说，这是消退策略应用过程中的正常现象，并不是消退不起作用，而是个体尝试获得预期强化的缘故。干预者要做好思想准备，不能轻易中断消退。例如，上述琦琦的案例中，琦琦想要买东西，妈妈不理睬，琦琦可能会出现哭闹得更起劲的情况，这时，妈妈千万要坚持原则，不能答应孩子，否则干预就会失败。

（五）态度要高度一致

消退策略使用的过程中，要求相关人员的态度要保持一致，这样才能达到预期的效果。儿童的不良行为很大部分是想吸引周围人的注意，因此老师、家长要对儿童的挑衅和吵闹假装不知道，不予理睬，不强化他的不良行为。例如上述旭旭的案例中，吴老师和杨老师以及其他老师的态度要高度一致，这样消退才能成功。

（六）利用"自然结果"

有时，儿童的不恰当行为发生后，老师不必追究其原因，让这种不适行为得到自然的结果，这种自然的结果，可能会提高消退的效果。特别是在处理一些不服从行为，不合作

---

[1] 迈克尔·D.斯宾格勒，戴维·C.格雷蒙特.当代行为疗法（第五版）[M].胡彦玮，译.上海：上海社会科学院出版社，2017:146.

行为、违反规定的行为时。

例如，淙淙很喜欢上课的时候尖叫，大块头的泽泽很害怕尖叫的声音，尖叫的声音一出现，他就会用力捶桌子，发出更大的声音。每次淙淙尖叫后，老师都得使劲抱住泽泽，害怕他捶桌子。有一次，助教老师有事出去了，王老师正在分发作业纸。这时淙淙不知道什么原因又大声尖叫起来。老师还没有完全反应过来，这时泽泽已经冲到淙淙的面前，"咚咚咚"地敲着淙淙的桌子。声音太大了，大家都吓坏了，淙淙也吓坏了，也不尖叫了。泽泽看到他不叫了，他也不敲了。从那以后，淙淙尖叫的行为很少发生了。

三、消退策略的实证研究

1965 年，Wolf、Birnbrauer、Williams 和 Lawler 使用消退策略对一名 9 岁的心智发展迟滞女孩的呕吐问题行为进行了干预研究。该女孩几乎每天都在教室呕吐，药物治疗的方法对其没有效果。

研究者发现，女孩每次呕吐时，老师就会让其离开教室回宿舍。宿舍管理员会帮助其清理干净衣服，让其在宿舍待着，她可以在宿舍惬意自在地活动。由此，研究者分析得出女孩每天不断地呕吐是因为宿舍的强化远比教室多，呕吐是她试图离开教室去宿舍而表现出来的一种行为。因此，研究者采用消退策略干预女孩的问题行为。要求老师和管理员均要无视女孩的呕吐行为，即使呕吐也让她待在教室。

消退策略实施以后，最初的 29 天女孩呕吐 78 次，最高的一天呕吐 21 次。但是，接下来频率随之减少，第 30 天开始呕吐行为再也没有出现，后续的跟踪回访表明以后的 50 天内维持了良好的干预效果 [1]。

四、消退策略的误用

消退策略能用来干预儿童的问题行为，但是如果不注意，误用消退策略也会产生不好的后果 [2]。

（一）无意忽视强化，良好行为消退

老师要善于发现儿童的变化，特别是对孤独症谱系障碍儿童更应该关注。当儿童出现了好的行为，应该给予其肯定与强化。例如，孤独症谱系障碍儿童甜甜上课的时候总是玩手指头，不看老师，也不看黑板，几乎没有参与课堂。这个学期，班级换了唱游与律动老师，新来的丁老师上课非常有趣，孩子们都非常喜欢她的课。甜甜也不例外，她会时不时地看看丁老师，用心的丁老师总是恰到好处地捕捉到了甜甜的目光，每次都给予她积极的回应。慢慢地甜甜参与课堂的时间越来越多。如果丁老师对甜甜参与课堂的行为没有给予强化，无意间这个良好的行为就会被消退，就会导致甜甜看老师的行为出现的频率减少。

[1] 岑国桢. 行为矫正原理、方法与应用 [M]. 上海：上海教育出版社，2013:137.

[2] 王辉. 行为改变技术 [M]. 南京：南京大学出版社，2006:207-209.

（二）消退程序中断，不良行为加重

对于一些哭闹严重的情绪行为问题，干预者不要因为外部因素的干扰而中断消退程序，而寄希望于个体情绪行为缓和后，再使用消退策略，间歇消退并不能消除不良行为。消退策略的使用，一定要坚持，千万不能中断。例如，孤独症谱系障碍儿童铎铎很喜欢抢别人的零食吃。他各方面的能力很弱，需要家长陪读，爸爸妈妈要上班，只能由奶奶陪读。奶奶溺爱铎铎，铎铎要什么奶奶都毫无条件地满足他。一天，铎铎抢了同学的紫菜，正准备吃，老师把紫菜从铎铎手里拿了过去。他马上大哭起来。老师假装没有看到，他哭得更凶了……老师计划用消退策略处理铎铎的抢东西行为。可是奶奶不理解，她非常生气地拿出自己带的紫菜，递给铎铎吃。并和老师吵了起来，认为老师对她的孙子有意见，在虐待铎铎。老师没有办法，只好停止了消退程序。

（三）对不适合消退策略的行为进行消退

消退策略可以减少不良行为的发生，但是有些行为不宜使用消退策略：

（1）行为本身能满足个体需要的行为。例如，水水很喜欢吃巧克力，妈妈买了一大盒的巧克力，让水水留着等姐姐放学后一起分享。水水却坚持和妈妈说，她就吃一个。妈妈非常生气，不再管她。结果水水居然把一盒巧克力全部吃完了。水水吃巧克力的行为本身就能满足她的需要，不具有消退的性质，所以妈妈在这里不应该用消退策略。

（2）给个体或周围的人带来严重伤害的行为。例如自伤行为，攻击行为等。这些行为不能用消退策略。当当总是喜欢拔头发，她的头发越来越少。妈妈把她的头发剪短，她依旧没有停止拔头发，妈妈没有办法把她剃了光头，终于阻止了她的拔头发行为。该案例中，妈妈就不能用消退策略，任由当当拔头发。

五、消退策略的应用

喜欢找人说话的岩岩

岩岩是一名中度孤独症谱系障碍儿童，现在是某特殊教育学校六年级学生。岩岩和班级其他孤独症谱系障碍儿童不同，他特别喜欢找别人说话，特别是找老师说话。可是他每次说话的内容总是"我家里很有钱""去我家吃饭""你好美"。并且不断重复这三句话，不管别人回答什么，或问他什么，他只顾重复自己的三句话。

（一）岩岩喜欢找人说话的原因分析

1. 渴望获得老师的关注

岩岩每次和老师说话，老师都会停下手中的事情，看着他说话，在这个过程中，他获得了老师的充分关注。

2. 不良的强化结果

老师认真地倾听，并停下工作和他"聊天"，强化了他找老师说话的行为。

3. 不良亲子关系的影响

岩岩的妹妹非常优秀，是爸爸妈妈、爷爷奶奶关注的焦点。相反很少有家庭成员关注岩岩，关心他的需求。

4. 青春期情绪宣泄的需要

虽然岩岩的心理年龄严重滞后同龄普通儿童，但是他的生理年龄已进入青春期，他渴望找老师聊天来宣泄内心的躁动情绪。

（二）消退策略的应用

班级老师一致同意采用消退策略干预岩岩的问题行为，不再满足他"聊天"的需求，减少他和老师聊天的机会，同时在个训课和集体课上提高他的语言表达能力，丰富他与人互动的内容。

干预初期，老师们在课间时，尽量忽视岩岩，不和他目光接触。当他想要和老师聊天时，老师表现出很忙的样子，并且不再做出感兴趣倾听的表情，不鼓励他继续说下去。同时，言语个训课上，老师训练他如何与人发起聊天。

干预中期，老师们继续避免和岩岩单独聊天。在生活语文的口语与交际课上，老师鼓励岩岩表达。与此同时，在言语个训课上，老师训练他如何维持与人聊天。

干预后期，老师们仍然忽视岩岩"三句话式的聊天"，表扬强化他课堂上的表现，并且引导他运用所学的人际交往的方式和同学、家人聊天。

在消退策略的作用下，岩岩找老师聊天的频率急剧减少，同时他与同学、家人的互动增多。在课堂上与人互动的效果也得到了很大的改善。

第三节　惩罚策略的应用

惩罚一般认为是不好的，和强化相比，它是一种不太适当的问题行为干预策略。但是，有时惩罚与强化一样重要。在惩罚中个体产生了不舒服、疼痛的感觉，得到了强化物失去等后果学习经验。对于个体的生存与发展，惩罚也有其重要价值。但是惩罚策略一般不是问题行为干预的第一选择。即使使用惩罚，较常用的也是负性惩罚，即当问题行为出现后消除积极事件。

一、惩罚的定义

惩罚是指某一行为在某种情境或刺激下产生以后，及时给予个体以厌恶刺激或撤除正强化物，以减少该行为在类似情境或刺激下出现的频率。厌恶刺激是个体不喜欢并令人不愉快的刺激。惩罚有正惩罚与负惩罚两种。正惩罚是指当儿童出现不适宜的行为时，施加一个厌恶刺激，减少个体不适宜行为的出现。负惩罚是指当个体出现一个不适宜行为时，去掉一个愉快的刺激，即不给予原有的奖励，以减少个体不适宜行为的出现概率。

二、惩罚的种类

了解惩罚的种类有利于帮助干预者正确地了解惩罚的作用，以便正确、适度地使用惩罚策略。根据实施过程中使用的厌恶刺激的不同类型，以及施予厌恶刺激的不同方式和惩罚者所受训练的不同，可将惩罚分为体罚、言语惩罚和隔离三种类型。

（一）体罚

体罚是指当不良行为出现后，立即给予个体身体一种厌恶刺激，使他出现不适的生理感觉，以减少或消除个体的不良行为[1]。体罚是惩罚的主要方式，但体罚不等同于惩罚。使用体罚虽然能收到立即的效果，但是干预者要克制好情绪，避免体罚。《中华人民共和国未成年人保护法》第十五条明确规定，在学校禁止使用体罚对待学生。

（二）言语惩罚

言语惩罚是指当个体产生不良行为后，通过批评、警告、责备等言语方式对其进行惩罚，以此达到改变其不良行为的目的[2]。适当的言语惩罚能帮助个体认识到自身的不良行为，从而表现出良好行为。但是过度的言语惩罚会伤害个体的自尊，影响其自我概念的形成。

1982 年，Van Houten 等的研究发现：1. 对学生实施言语惩罚时伴随眼神的接触并紧握其肩膀，比仅实施言语惩罚而没有非口语成分更有效。2. 近距离责骂比跨过整个教室责骂更有效[3]。

老师以温和的方式重复警告学生是比较恰当的做法，而不要用强硬的语气一次表达指令。指令发布一次，学生可能会遵守，重复发指令，学生可能增加遵守指令的频率，减少不适宜行为出现的概率。

（三）隔离

隔离是指当个体产生不良行为后，通过撤除其正在享用的正强化物来中断或减少其不良行为的再次出现，或将其转移到正强化物较少的环境中，减少不良行为出现的频率的行为改变策略[4]。例如，当西西表现出尖叫行为后，立即被带到隔离室隔离五分钟，五分钟后，西西能保持安静 15 秒就放他出来。隔离适合干预扰乱行为与攻击行为，自伤行为的干预不

[1] 王辉 . 行为改变技术 ［M］. 南京：南京大学出版社，2006:189-190.

[2] 朴永馨 . 特殊教育辞典 ［M］. 北京：华夏出版社，2006:357.

[3] 昝飞 . 行为矫正技术 ［M］. 北京：中国轻工业出版社，2021:191.

[4] 王辉 . 特殊儿童行为管理 ［M］. 南京：南京师范大学出版社，2015:191.

适合采用隔离策略。隔离时，要特别留意个体的反应，避免出现意外。

隔离策略的使用要注意以下事项：

第一，个体当前的强化活动应被立刻停止，正在享用的正强化物应被立即撤除。

第二，个体应被立即送进隔离室。隔离室的房间不要太大，室内不要放任何东西，设置便于观察的单向玻璃或窗。

第三，隔离时间不超过5分钟。当隔离时间到后，个体能安静15秒就可以离开隔离室。

三、惩罚策略的误用

惩罚虽然能够产生一定的作用，但是如果使用不当，就会对个体的身心造成不好的影响。具体表现如下：

（一）采用嘲笑、讽刺的方式实施惩罚

老师、家长不要用嘲笑、讽刺的语言惩罚个体，能力较好的特殊儿童能听懂这些语言，这可能会伤害他们的自尊心，使他们产生挫败感。对于能力较弱的，如理解能力受限的孤独症谱系障碍儿童，他们很难明白嘲笑与讽刺的语言的意思。

（二）滥用惩罚

惩罚的滥用会对个体的成长造成不好的影响，家长要克制好自己的情绪，注意教育个体的方式，体罚的乱用容易使个体自卑、胆小和逆反，不利于个体身心的健康成长。

（三）言语惩罚与厌恶刺激没有结合

有些家长使用言语惩罚后，没有与厌恶刺激相结合，惩罚没有取得应有的效果。

（四）没有及时实施合适的惩罚

惩罚的实施应该在个体出现不好的行为后立即开展，如果惩罚不及时或者惩罚太轻都发挥不了惩罚的作用。要根据个体的特点和问题行为的情况实施合适的惩罚。

四、惩罚策略的实施步骤

如何才能既发挥惩罚策略的作用，又不对个体造成伤害，需要使用者采用正确的程序实施惩罚策略。

（一）做好惩罚前的准备工作

（1）确定惩罚的目标行为，才能有针对性地实施惩罚策略。

（2）减少诱发不良行为的情境，通过情境的控制使诱发不良行为发生的因素减少到最低程度。

（3）惩罚物的选择应遵循有效与易用两个原则。在不伤害个体身心健康的情况下，选择能够引起个体厌恶、不愉快体验的惩罚物，且惩罚物要能在不良行为发生后立即呈现

以达到惩罚的目的。

（4）惩罚方式的选择要根据个体行为的具体表现及情境选择，即实施厌恶刺激？或撤除正在享用的正强化物？或两者结合使用？

（二）提高惩罚策略的实施效果

（1）及时实施惩罚，避免削弱效果。为了有效抑制与消除不良行为，实施惩罚要及时。

（2）态度一致实施惩罚，避免个体不良行为发生后存在逃脱惩罚的侥幸心理，也避免个体不能正确地辨别行为的正确与否。

（3）实施者安静地实施惩罚，避免情绪激动地实施惩罚，保持平和的心态，避免造成与个体紧张的关系。

（4）惩罚不良行为要与建立良好的替代行为相结合，巩固干预的效果。在自然情境下发展的替代行为更容易泛化。

应用惩罚策略干预个体的不良行为并不是行为干预的最终目的，也不是问题行为处理的首选策略。要想从根本上处理好不良行为，应帮助个体掌握问题行为的替代行为。

五、惩罚策略的应用

令人头疼的丫丫

案例 8-2

丫丫今年 9 岁，是一名孤独症谱系障碍儿童，现在是某特殊教育学校三年级学生。由于爸爸妈妈平时工作很忙，丫丫每天由爷爷奶奶照顾。爷爷奶奶溺爱她，无论她要什么，都尽力满足。就这样日积月累，使丫丫变得非常任性。无论是谁的东西，只要她看上了，就想要。别人不给，她就抢，抢不过，就哭。老师和她讲道理没有用，对她不抢别人东西的行为进行奖励强化也收效甚微。

经家校沟通，在取得家长同意的条件下，老师决定应用惩罚策略干预丫丫的抢东西的不良行为。具体操作如下：

1. 当丫丫抢其他同学的东西时，老师在她旁边说："丫丫不能抢东西，因为你抢了同学的东西，中午你不能吃紫菜。"

2. 中午吃饭时，作为惩罚，老师没有给丫丫发她喜欢吃的紫菜。

3. 刚开始丫丫因为没有紫菜拒绝吃饭，老师坚持原则还是没有给她紫菜，并且告知了她不给的原因。

通过两周惩罚策略的使用，丫丫抢别人东西的次数急剧减少，基本得到控制，惩罚策略的应用取得了较好的效果。

第四节 代币制的应用

代币制是用代币作为强化物对行为进行干预，它不仅可以用于良好行为的塑造，也可以用于不良行为的干预，一般来说，代币制与其他方法结合使用会取得更好的效果。

一、代币制的定义

代币制，是指个体用良好的行为或表现获得代币、筹码，然后用赚取的代币换取权力、活动或实物[1]。代币包含了强化与惩罚的原理。当用良好行为赚取代币时，就是强化；当因不良行为出现被剥夺代币时就是惩罚。它是强化与惩罚的综合运用。

代币制的运用要帮助个体理解与掌握两点：①目标行为和代币或表征系统之间的关系。②强化刺激与代币或表征系统之间的关系[2]。例如，前者，规定一节课不离开座位可以得到一张爱心贴纸，两节课不离开座位可以得到三张爱心贴纸等。后者，如规定一张爱心贴纸可以得到一个棒棒糖，两张爱心贴纸可以得到一片紫菜等。后者又称为强化菜单。

二、代币制的原理及优点

（一）代币制的原理

代币制是一种强化物奖励系统，个体为了得到强化物努力获取代币，为了获得代币而努力表现出目标行为。代币制实施的过程中，只要个体表现出预期的良好行为，就能按照规定获得相应代币。代币有筹码、票证、记分卡与贴纸等不同形式。

（二）代币制的优点

代币制有利于减少问题行为的发生率和提高良好行为发生的可能性，它具有以下这些优点。

1. 代币可以有效地处理延时强化问题

延时强化虽然有利于个体的社会化，但是它的效果要比即时强化弱，问题行为干预时有时不能马上实施即时强化，代币制的使用能弥补这方面的不足。使用代币制时，当问题行为没有发生或预期的良好行为产生后可以立即给予代币进行即时强化。代币的给予较少受条件的限制，较好地处理了延时强化问题。例如，小小每天努力减少上课摇凳子的行为就可以获得代币，虽然要等到周五的下午才能用代币换取玩一个小时的滑板。

2. 代币能避免强化物的单一和餍足问题

如果强化物只有一种或几种较容易使个体餍足，从而降低行为产生的倾向。代币能有效避免这方面的问题，代币能交换种类丰富的强化物，能满足个体的选择倾向。

---

[1] 李芳，李丹. 特殊儿童应用行为分析 [M]. 北京：北京大学出版社，2011:128.

[2] 岑国桢. 行为矫正原理、方法与应用 [M]. 上海：上海教育出版社，2013:210.

3. 代币可以在整个行为过程中使用

目标行为需按照特定顺序操作且需花较长时间时，在行为过程中选择代币不间断地给予个体强化，能促使行为持续连贯地完成。

4. 代币不会影响他人或群体的活动

代币制的使用比较灵活，在集体课、个训课或其他情境中都可以使用，干预者都可以运用代币制对个体实施其奖励系统，它不会对他人或群体的活动造成影响。例如，老师发现晨晨课堂表现很好，没有扯同学的头发，就可以给予先前约定好的一个代币的奖励，老师对晨晨授以代币的行为不会影响课堂教学和其他同学的学习。

5. 代币具有更强的激励作用

有关强化物效果的研究发现，多种强化物的结合能产生累加效果。个体在代币的激励下会努力表现出好的行为换取自己喜欢的强化物，代币会产生意想不到的激励功能。

三、代币制的实施程序

代币制一般按照如下的程序实施：

（一）确定目标行为

使用代币制干预问题行为前，一定要先明确需要处理的目标行为，目标行为一定要具体、可观察与测量。一般来说，需要提高发生的可能性的良好问题，或者想要减少其发生频率的不良行为都可以使用代币制干预。

（二）选择代币种类

代币是一些确定的东西，便于干预者在目标行为出现后立即给予强化。选择并决定代币的种类时，一般要考虑个体的年龄和能力状况，年龄小的个体或孤独症谱系障碍儿童喜欢具体的代币，年龄大的个体或能力较好的个体可以使用积分制。同时，代币的选择还要考虑操作的便利。

（三）确定后备强化物

代币与后备强化物相配合，才具有条件强化物的效果。代币的有效性与后备强化物有关，一般来说，后备强化物包括个体喜欢吃的食物，喜欢玩的玩具，或者喜欢的活动等。

（四）制定行为要求

干预者要对目标行为的表现制定评定等级与标准，以此说明行为表现与代币之间的关系。当个体表现出良好行为时获得代币，良好行为表现越多持续时间越久获得的代币越多。同时对代币奖励的方式也要进行规定。

（五）制定代币交换系统

制定代币与强化物之间的交换系统，列出代币实施过程中能换取的强化物，规定各目标行为的代币值及各强化物与代币的等价交换关系。

（六）根据目标行为表现奖励代币

对个体的行为进行观察与评价，严格按照规定对目标行为的表现进行评价并给予相应代币。鼓励个体通过努力获得更多代币。

（七）确立代币兑换的时间与地点

干预者要确定用代币换取强化物的时间、地点以及方式等，让个体用已有的代币换取想要的强化物。兑换必须遵守规定的承诺。尽管不同的干预代币兑换的时间与地点会有所不同，但是都应该提前确定好时间和地点。

（八）决定是否采用反应代价

不是所有代币制的运用都需要用到反应代价。如果代币制的利用只是为了增加期望行为，没有竞争性问题行为，就不使用反应代价。当不期望行为和期望行为相对抗，就要有反应代价。对于个体来说，只有当牢固地建立代币的条件反射后，反应代价中失去代币才具有惩罚的作用。每种问题行为对应的代币数量与该行为的严重程度，以及个体每天能获得的代币数量有关，当然与后备强化物的价值也有关系。反应代价失去的代币不能是所有的代币，因为个体没有代币去换购后备强化物，由反应代价失去的代币，将失去对期望行为的正强化作用。

四、代币制的应用

容易"兴奋"的甜甜

甜甜今年 7 岁，是某特殊教育学校一年级学生，3 岁时被诊断为中度孤独症谱系障碍。甜甜是一个容易"兴奋"的孩子：当大家都在安静地做手工时，她会突然站起来，边拍手，边大声尖叫；当大家都在午睡时，她会突然爬起来，哈哈大笑；当大家正在排队时，她会突然抱起前面的同学转圈圈，每次都是因为力量不够，两个人都摔倒在地。甜甜的行为不仅影响她自己的学习和生活，也对同学们的学习生活造成了很大的影响。班主任李老师决定采用代币制干预甜甜的行为。

（1）制定目标行为清单。决定采用代币制对清单中的行为进行强化。清单中的行为主要有：午睡和上课时，保持安静；排队时，将手放在大腿两边。

（2）选择代币。决定采用大拇指贴纸作为代币，粘贴在黑板上甜甜的名字下面，这样不仅记录简单，而且容易让甜甜看见代币的变化。

（3）确定强化物。李老师结合观察和对甜甜妈妈访谈的结果，确定了强化物清单：玩转转停的游戏、看动画片《托马斯火车》、玩钻石粘贴画。

（4）确定兑换强化物的代币数量。甜甜最喜欢的强化物是玩钻石粘贴画，兑换时需要的代币数量最多，需要 20 个贴纸兑换；甜甜喜欢程度小的是玩转转停的游戏，需要 5 个贴纸兑换；中等程度喜欢的是看动画片《托马斯火车》，需要 10 个贴纸兑换。

（5）实施干预。目标行为出现 1 次，在甜甜的名字下面粘贴一个大拇指贴纸。

（6）选择代币交换强化物的时间。基于一个星期才能积累足够的代币兑换强化物和让甜甜学会等待，经历延时的喜悦的考量，定于每周五的下午进行代币兑换强化物。

应用代币制对甜甜的行为进行了为期三个月的集中干预，甜甜的"兴奋"行为急剧减少，变得能较好地控制自己的行为。代币易于携带，能够立即对目标行为进行强化，也能教导儿童理解延时的喜悦。同时，它还能跨情境使用，强化物的种类和数量也能结合个体的情况进行实时调整。

第九章　行为的泛化与维持

老师们可能对这些情境比较熟悉：学生看到紫菜的卡片，知道是紫菜，可是指着小卖部的紫菜问他，他却回答不上来；学生会和班级老师打招呼，可是却不知道如何与学校其他的老师打招呼；老师在学校教会了学生使用图片进行沟通，可在家里他还是用哭闹的方式表达需求。为什么会出现这些情况呢？是因为学生不能将学过的技能维持与泛化。只有能维持好技能，才能谈运用。但是并不是技能维持了，就能在自然情境中表现出来，只有经过泛化，才能达到技能维持并运用。那何为泛化呢？如何促进技能的泛化与维持呢？这一章将详细阐述。

第一节　泛化与维持的形态

教导给个体最有意义的社交行为才能长期有效维持行为改变，个体在不同的地点和情境中才能泛化运用所学到的行为，且能随机调整做出恰当的反应。那何为泛化？何为维持？泛化和维持受哪些因素的影响？这一节我们将具体介绍。

一、泛化与维持的定义

（一）何为泛化

泛化是指在一种环境中习得的行为能有效应用于另一种干预没有发生的环境[1]。也就是说在干预情境之外，所有相关的刺激都能引起行为的出现，相似刺激都能对行为产生刺激控制的作用。

行为的泛化是行为干预中的一个重要问题。目标行为经常被干预者期望在训练情境之外的其他相关情境中出现。当亚亚能在电梯里和邻居说"早上好"的时候，这就是一个泛化的例子。她的打招呼的行为是在训练情境中的刺激控制下发展起来的，训练之外的类似情境中也出现了打招呼的行为。

---

[1] 格雷戈里・A. 法比亚诺. 破坏性行为的干预：减少问题行为与塑造适应技能 [M]. 上海：上海教育出版社，2022：161-162.

泛化能使个体在干预训练的过程中习得的技能应用到日常生活中。这有利于个体在学校、家庭以及社区生活中取得成功。同时，它也增加了个体的独立性，当个体能够泛化技能时，就会减少对他人的依赖，可以使其更加自信。而且泛化也有利于技能更加持久地保持，不会被个体遗忘。个体如果在自然环境中无法泛化，展示新习得的技能，表明他接受的教育康复没有取得预期的效果。

（二）何为维持

维持是指诱发目标行为的干预部分撤除或全部撤除后，个体持续呈现目标行为的程度[1]。灼灼上课的时候喜欢随意离开座位去上厕所，班主任老师在他的桌面粘贴举手的视觉提示提醒他，想要上厕所就要通过举手的方式告诉老师。使用视觉提示一个月后，班主任老师撤除了视觉提示，灼灼仍然能举手告诉老师他要上厕所。

老师和家长可以在日常生活中创造各种不同的机会，让其在自然环境中进行运用，促进个体习得的技能的维持。例如，当教会孤独症谱系障碍儿童"数数"后，可以利用一日生活中的各个例行性活动，在自然情境中让其去应用，以帮助其维持"数数"的技能。例如午睡后的午点时间，可以问儿童"你要几个旺仔小馒头？"或者给予选择"要3个旺仔小馒头？还是5个旺仔小馒头？"然后让他数一数。

二、泛化和维持的形态

泛化的结果可以是以下形式中的一种或几种形态：反应的维持、刺激/环境的泛化以及反应的泛化[2]。

（一）反应维持

反应维持指的是当行为干预部分或完全终止后，个体还能继续像在训练中的反应一样，独立完成目标行为。例如，嘟嘟在老师的提示下学会了与他人打招呼，老师撤除对他的提示，嘟嘟仍然能和他人打招呼。这表明反应维持已经出现。

反应维持的出现是环境条件改变的结果。这些方法可以促进反应的维持：技能获得的过程中尽量避免错误的出现，建立和维持流畅的反应，识别自然的相倚强化，有利于自然维持的环境设计等。

（二）刺激/环境泛化

刺激/环境泛化是指同一反应出现在与干预环境不同的刺激、场所、时间和情境中，或同一反应在不同的人面前出现。例如，妮妮在要求得不到满足时就会发脾气，干预者教会她用恰当的语言表达要求，即当要求未满足时，她能用所学的适宜的语言表达。在平时

---

[1]John O.Cooper,Timothy E.Heron,William L.Heward. 应用行为分析 [M] . 凤华, 钮文英, 译. 台湾: 学富文化事业有限公司, 2015:926.

[2]John O.Cooper,Heron T E,Heward W L.Applied Behavior Analysis [M] .New Jersey:Pearson Education,2007:615.

的生活中，当他人拒绝她的要求时，她也能用所学的适宜的语言表达，这说明刺激泛化发生了。

刺激泛化或情境泛化，即指个体在不同于干预情境的新情境中目标行为表现的程度。在刺激泛化或情境泛化这一概念中，需要理解干预情境和泛化情境两个非常重要的概念。干预情境指干预实施时的情境，它一般包含干预时经过设计或没有经过设计的环境中的各种元素，这些元素将可能对个体的目标行为的习得与泛化产生影响。泛化情境则指任何一种以某种有意义的方式有别于干预情境的地方或者刺激，干预所针对的目标行为在这个情境中是被期望的。假如个体在干预情境中训练的目标行为在泛化情境中也出现，则说明刺激泛化产生。如果希望个体在干预中能产生刺激泛化或情境泛化，就需要认真分析干预情境与泛化迁移，仔细研究它们之间的相同点，设计有针对性的内容对个体进行训练。

（三）反应泛化

反应泛化是指个体表现出未经训练但是与所训练的目标行为有相似功能的反应。例如，欣欣在干预中学会了用"我想看五分钟的动画片，再练琴。"的表达方式，而不是用发脾气的方式来面对妈妈所布置的练琴任务。后来，她学会了用"我有点累，我想休息一下再练琴，好吗？"的方式表达，这表明反应泛化已经发生。欣欣后来的表达不同于最初干预的过程中训练的"我想看五分钟的动画片，再练琴。"的表达，表明反应泛化已经出现。

反应泛化指个体表现出与所干预的目标行为功能相同的没有经过训练的行为的程度。功能相同是指没有经过训练的行为与在干预中习得的行为的功能相同。分析反应泛化的概念可知，个体在干预结束后表现出的具有泛化性质的行为变化程度可能各异。它表明一些措施能使个体产生变化较多的泛化行为，但是另外一些措施也许产生的泛化行为的变化程度可能较少。泛化行为变化程度越大，它越灵活，创新性越强，越能体现干预的效果。

三、不恰当的泛化表现

在行为干预领域，要使个体将在干预情境中习得的行为恰当地表现于新情境中，或在生活中发展出新的没有经过训练的行为，是一件非常困难的事情。个体有时会出现以下几种不恰当的泛化[1]：

（一）过度泛化

过度泛化是一个有效的描述性词语，它是指受控于一个太广泛的刺激群组的行为。个体在过度宽泛的刺激条件下出现所习得的行为。个体在与干预情境具有某种相似性的刺激条件下表现出某种行为，而此种刺激条件对于目标行为来说是不适当的情境，目标行为本来不应该在此种条件下出现。例如，在超市实训课上，孤独症谱系障碍儿童强强学会了客人来了就开门说"欢迎光临。"老师让强强给订货的客户送外卖，强强来到客户的门口，

---

[1] 昝飞. 积极行为支持：基于功能评估的问题行为干预 [M]. 北京：中国轻工业出版社，2013:179.

推开门就说"欢迎光临。"过度泛化说明个体将目标行为泛化到不应该使用的刺激条件与情境中。干预者要帮助个体对比分析泛化情境与干预情境，通过举例让其明白可以使用目标行为的情境与不可以使用目标行为的情境。

（二）错误的刺激控制

错误的刺激控制指个体的目标行为在不相关的前提刺激的有限控制下出现。例如，强强会计算简单的加法应用题："一棵树上有2只鸟，另一棵树上有4只鸟，问一共有几只鸟？"他知道通过2与4相加计算出一共有6只鸟。但是当给出"高的苹果树上有2只鸟，矮的苹果树上有6只鸟，高的梨子树上有1只鸟，问苹果树上有几只鸟？"这样的应用题时，强强的答案是"2+6+1=9"，而不是"2+6=8"。解题过程中，强强对刺激词"一共"产生了错误的反应，认为"一共"就是把前面的全部相加，而忽略里面的其他重要刺激。

（三）不理想的反应泛化

个体出现与目标行为有相同功能的行为，就属于反应泛化。但有时个体可能会出现没有经过训练的不理想的泛化行为。例如，米米总是一看到玲玲老师就要去扯她的头发，以表示对玲玲老师的喜欢。干预者教米米可以和玲玲老师握手以表达对老师的喜欢。米米学会了握手这一行为表达方式后，出现了紧紧抓住玲玲老师的手不放的行为。虽然这一行为也表示对玲玲老师的喜爱，但是却是不恰当的行为。这种泛化就是不理想的反应泛化。干预者可以在训练的过程中通过列举不适宜的反应泛化来让个体避免出现不恰当的反应泛化。

四、影响反应泛化效果的因素

Abikoff提出，如果要使泛化产生，个体必须达到最基本的三个条件：一是行为能在不同的情境或不同的时间出现之前已经习得；二是个体必须能确定不同要求表现出习得行为的情境；三是当出现特殊的情境与环境要求时，个体能适宜地改变已习得的行为[1]。孤独症谱系障碍儿童干预效果的维持与泛化受到不同因素的影响，主要表现如下：

（一）目标行为泛化的难易程度

目标行为是否容易泛化，是影响泛化效果的一个很重要的因素。容易泛化的目标行为一般表现出如下的特点：

（1）目标行为能在自然环境中获得自然强化。个体在干预中所习得的行为在自然情境中容易获得自然的强化，行为的强化不依赖于干预者或实践者的努力，该行为容易在日常生活中得到维持。例如，依依学习拆包装袋，袋子拆开后就可以获得海苔的自然强化，依依很容易维持拆海苔袋子的行为。同时她也很自然地将拆海苔袋子的行为泛化到拆不同

[1]Abikoff H. ADHD Psychosocial Treatments Generalization Reconsidered [J] .Journal of Attention Disorders, 2009, 13（3）:207-210.

相类似食品包装袋子中。

（2）目标行为与年龄相匹配。当目标行为是同伴们经常表现出的行为，个体很容易观察模仿同伴习得该行为。因为这种类型的行为很容易在日常的学习与生活中习得并强化。如果目标行为是其他同伴不经常出现的行为，需要特别强化才能维持，否则很容易消退。例如游乐场上，佳佳看到同伴们都在玩荡秋千，她开始不断地模仿，很快佳佳也学会了荡秋千，和同伴们一起荡来荡去，特别开心。

（3）目标行为本身具有功能性。本身具有功能性的行为很容易获得强化，干预者要选择容易产生强化物作用的行为。如果行为没有功能性，就不会对个体产生强化。例如，老师教强强开风扇，强强一下子就学会了，一打开电风扇开关，风扇就转动起来，强强马上感到凉快了。这种功能性的行为，使强强获得了自然的强化。

（二）目标行为掌握的熟练程度

Abikoff 认为，目标行为发生泛化的首要前提是行为已经习得。个体已经掌握了目标行为，在新的刺激或者情境下完全有可能表现出该目标行为，即不需要干预也能表现出目标行为。如果目标行为掌握得不够熟练，或者个体还没有掌握目标行为，就比较容易出现目标行为的消退，不能继续维持目标行为，或者产生错误的泛化现象。

（三）供训练的刺激或情境的多样化程度

Baer 认为在对个体进行泛化训练时，应该尽可能多地列举目标行为可能出现的不同刺激或情境。为个体提供多样化的刺激或者情境，帮助其更好地认识目标行为发生的情境 [1]。干预者不仅要列举出目标行为出现的不同理想刺激情境，还要列举出行为不应该出现的不同刺激情境，以帮助个体减少或避免出现过度泛化的情况。

（四）提供多种目标行为的变化形式

Cooper et al. 建议在进行泛化训练时，要尽可能地为个体列举出所有理想的目标行为的变化形式，这样有助于个体进行反应的泛化，减少不理想的反应泛化 [2]。例如，孤独症谱系障碍儿童响响上课总是喜欢大声地拍手，老师告诉响响当想拍手时，可以这样做：①把手举起来（老师看到他举起了手，就会安排课间操，让大家都动一动；或者让他走到讲台完成课堂任务等）。②可以数一数手指头。③可以拿出作业本写一会儿字或画一会儿画。

（五）个体本身的泛化能力

Abikoff 认为，当个体本身的泛化能力存在缺陷时，干预的效果比较难进行泛化。对于某些障碍类型的个体来说，他们自身存在的障碍使他们很难发现泛化情境与干预情境的相同之处，难以将干预中学习到的行为泛化到自然情境或生活情境中。干预者要针对这些

---

[1]Baer D M.How to plan for generalization （2nd ed.） [M] .Austin TX:Pro-Ed.1999.

[2] 昝飞.积极行为支持：基于功能评估的问题行为干预 [M] .北京：中国轻工业出版社，2013:182.

个体专门设计泛化训练，训练其泛化能力，帮助他们在不同的泛化情境中运用目标行为。

第二节　行为维持与泛化的策略

有些行为维持与泛化的策略着眼于行为的维持，有些策略着重于个体在新的情境中目标行为的出现，或者在泛化情境中出现与目标行为相似的行为。接下来我们将从两个方面介绍行为维持与泛化的策略。实际应用时，老师们要注意将两方面的策略联合使用，才能起到好的效果。

一、行为维持的策略

行为维持的策略是为了促使个体在干预完成后的较长一段时间，仍然能表现出干预中出现的目标行为。个体在泛化的情境中能够维持目标行为与其获得足够多的强化有关。常用的强化策略有以下几种：

（一）自然强化

自然强化指强化与反应之间有着内在的直接联系，强化是行为的自然结果，或者与行为有着功能性的联系。行为本身带来的结果正好是个体喜欢的，这个结果会强化行为更多地出现[1]。当个体在泛化情境中表现出目标行为后，能获得自然强化，将有利于行为的维持，有助于个体产生持续的行为改变。自然强化既体现正常化的要求，又符合最少介入原则，能将干预与日常生活相结合。运用自然强化策略时，要分析目标行为出现后将获得的自然强化物是什么，要与个体的年龄相符，能满足个体的需要。

例如，西西和妈妈准备出门去游乐场玩。她们来到鞋柜边，妈妈辅助西西说"穿鞋"，西西说"鞋"，妈妈帮她穿好鞋（强化西西的努力）。当她们穿好鞋走到门口时，妈妈辅助西西说"开门"，西西回应"门"，妈妈打开门和西西一起出门去游乐场。这个案例中就很好地运用了自然强化，如西西说"鞋"后，得到妈妈的帮助，说"门"后妈妈开门，西西就可以获得出门去游乐场玩的机会，我们的日常生活中有很多这样的自然强化机会。

（二）间歇强化

间歇强化是指对行为进行偶然地或间歇地的强化，不是每次完成目标行为都对其进行强化。当目标行为比较稳定且有较高的出现率后，就不需要每次都强化，可以采用间歇强化来维持和巩固。

间歇强化有四种形式，即固定比例强化、可变比例强化、固定时间间隔强化以及可变时间间隔强化。

---

[1] 杜佳楣 . ABA 改变孤独症 [M] . 西安：陕西师范大学出版，2014:146.

1. 固定比例强化

固定比例强化指每次强化所要求的行为次数须达到固定的要求。例如，多多必须完成2页生字的抄写才能获得1个代币。

2. 可变比例强化

可变比例强化指每次强化所要求的行为次数是不固定的，总是变化的，一般围绕一个平均数发生变化。例如，哲哲每天必须完成一定数量的跳绳打卡，才能玩平板15分钟，每天要完成的跳绳的数量是不固定的，会围绕每天100个的量随机变动。

3. 固定时间间隔强化

固定时间间隔强化指前一次强化与后一次强化须经一段固定的时间间隔。即个体在获得强化之后，只有经过固定的时间间隔再出现目标行为才获得强化。例如，老师每隔5分钟就检查一次米米是否上课离座，如果米米没有离开座位，就给予她一个代币强化。

4. 可变时间间隔强化

可变时间间隔强化指前次强化与后次强化之间的时间间隔会不可预料地发生变化。例如，老师随机检查米米是否上课离座，如果抽查时，米米没有离开座位，就给予她一个代币强化。一般来说，抽查的时间间隔往往围绕某个平均数发生变化。

研究者发现，间歇强化的行为比连续强化的行为往往能在未来较长时间没有获得强化的情况下仍然能继续出现，即在未强化的情况下不容易消退，个体对未强化有很好的忍耐性。个体在被运用可变比率强化与可变时间间隔强化后，预期每次行为之后都会有强化，可以较好地维持行为。

每次目标行为出现后，都固定、及时地对个体进行强化，可以提高目标行为的出现率，这有助于新行为的学习。但是行为与强化之间明确的、能预测的、及时的关系会干扰行为的维持与泛化。干预者在泛化训练中要让个体不易辨别表现出行为后是否有强化物。当个体无法预期未来行为的确切结果，会更倾向于预期行为后有强化，会更有可能继续表现出目标行为。固定比例强化和固定时间间隔强化，每次强化要求的次数和每两次强化之间的间隔时间是固定的，个体比较容易进行预测，行为的维持与泛化效果不太好，容易出现行为倒退现象。可变比例强化与可变时间间隔强化每次强化要求的行为次数与两次强化之间的间隔时间是可变的，以个体不容易获得强化物为前提，在没有强化的情况下行为维持更容易、更牢固。

（三）延时强化

延时强化是指新行为出现并稳定后，将强化物和行为之间的时间间隔逐渐延长，从而消除个体对强化物的依赖，使其在没有强化物的情况下也能维持行为。干预者要让个体明白，延时出现的强化物强化的是其之前出现的何行为，并且对何时可得到强化物具有不可辨别性。对于能力较弱的孤独症谱系障碍儿童，可能较难建立目标行为与延时出现的强化物之间的关系。

间歇强化与延时强化对行为维持有相似的效果，它们有两个方面的共同点：

（1）两者均不是每次目标行为出现后都强化。间歇强化是在行为出现后可能没有强化，而延时强化是行为后没有及时强化，但两者都是行为出现后没有立即给予强化。

（2）两者都没有刺激物提醒个体表现出目标行为就可得到强化。这两类强化通过让个体无法辨别行为与强化间的关系而使个体对没有强化更具有容忍性，以利于行为更好地维持。

Cooper et al. 认为实施间歇强化与延时强化要遵循以下原则[1]：

一是行为获得的最初阶段应运用连续强化。

二是根据行为的表现，综合地对强化进行稀化，强化越稀化，行为和强化间的关系越难辨析。

三是延时强化应用时，应在目标行为出现的开始阶段及时进行强化，当个体行为能力提高后，可以逐渐增加反应与强化间的间隔时间。

四是每次强化应向个体解释其获得强化与表现出的行为间的联系，帮助个体理解延时强化原则。

二、行为泛化的策略

泛化可以促进行为改变在生活中不同相关情况下出现的可能性，如何促进行为泛化？行为泛化的策略有哪些？接下来我们将简单介绍行为泛化的策略。

（一）设计明确的程序系列训练类化

当泛化还没有形成或者泛化严重不足时可以设计明确的程序系列训练类化，以获得理想的行为变化[2]。干预者要在每个相关情境中采用行为结果策略干预行为，而不是只针对其中的某个或某几个情境。例如，老师教导孤独症谱系障碍儿童运用句式"我要……"表达需求，不仅在教室里教导他们，还设计了学校一日流程不同的情境中的训练程序强化他们表达需求，帮助他们泛化。与此同时，老师还给家长安排了各种不同情境下的指导单，让家长按照不同情境下的训练程序，帮助儿童将学校里面学会的表达需求的句式泛化到各种不同的情境中。

（二）运用强化物的自然属性

Donald M.Baer 认为，我们的日常环境中，有许多稳定、可靠以及有利的强化资源对几乎所有看起来自然的行为进行了强化。这就是为什么大家觉得那些行为是天生自然的原

---

[1]John O.Cooper, William L. Heward, William L. Heward.Applied behavior Analysis [M].Upper Saddle River, NJ:Merrill/Prentice Hall, 2007.

[2]Stoke T F, Baer D.An implicit technology of generalization [J].Journal of Applied Behavior Analysis, 1977, 10:349-367.

因。利用自然的强化物，让个体在行为的自然后果中得到强化，可以促进个体的行为的泛化。如果强化不能在训练以外的相关情境进行强化，这时就要想方设法让强化物自然地出现。例如，当孤独症谱系障碍儿童即将要离开学校，想要教给他们在家庭或社区生活中的休闲娱乐技能时，应该设计那些在家庭社区能够进行的休闲娱乐项目，让他们有更多机会可以从事这些休闲娱乐活动并得到自然强化。如果教给他们的休闲娱乐活动，没有机会在家庭和社区中参与，这些休闲娱乐技能就很难泛化到家庭和社区。

Stoke 和 Baer 提出，当缺乏自然的强化物发展与维持所训练的行为与技能时，干预者就需要重新安排行为产生的自然环境。重构环境应成为干预的一个目标，以促使新习得的行为技能产生泛化，且自然生活中，也许还存在对不适宜的行为的不当强化，干预者更要重构环境，以改变对错误行为的强化。

（三）选用中介刺激促进泛化

Cooper etal. 认为中介泛化是指设计某些事物或人起到中介者的作用，以帮助目标行为从干预情境泛化到日常情境。中介泛化是使用较多的一个程序，通常运用自我管理与自我监控的方法，以及如何训练他人或怎么对他人的表现进行评分等。例如，治疗师在感觉统合课上教孤独症谱系障碍儿童莉莉学习了荡秋千，治疗师要求她在家里也练习荡秋千，但是莉莉经常会忘记去小区游乐场荡秋千。为了帮助莉莉将荡秋千的行为泛化到感统室之外，治疗师指导莉莉设计了记录表格，每天在家里记录练习荡秋千的次数。记录表格和记录的行为就成为了泛化的中介，帮助莉莉在感统室之外继续练习。

自我管理是最具有潜在效果的一种策略，它可以调节个体的行为使之改变。个体通过自我管理改变自己的行为一般比较有效。但是，Baer 和 Fowler 提出，如以教导个体采用自我管理的反应为中介，进行重要行为的泛化，很难确保个体会真正运用它。自我管理的反应它本身也只是反应，也需要泛化和维持，就如同行为改变的后果需要泛化和维持一样。把一个行为当作另一个行为的中介刺激可能会成功，但也许会遇到要确保两个行为都要被泛化的情况，而非中介刺激促进的行为改变，只要保证一个行为泛化。

（四）教导充足的范例

教导充足的范例指教给个体所有可能的刺激及反应范例，并评估个体对没有训练过的范例的表现。当行为泛化没有出现，就可以对相关没有出现泛化的情境进行直接干预，如果还没有出现泛化效果，就通过教导足够多的范例的方式，促进行为的泛化。采取这一策略之前，可对个体没有经过训练的刺激环境和未经训练的反应进行设计，再教导个体在不同的刺激条件或反应要求下做出反应。教导充足的范例包括教导足够多的刺激范例和教导足够多的反应范例两种 [1]。

---

[1] John O. Cooper, Timothy E. Heron, William L. Heward. 应用行为分析 [M] . 凤华，钮文英，译 . 台北：学富文化事业有限公司，2015:942.

1. 教导充足的刺激范例

教导充足的刺激范例包括教导个体对不止一个前事刺激范例能够做出正确反应，并探测其泛化到没有教学的刺激范例的程度。一般情况下教学用的范例越多，学习者越有可能对没有学习过的范例或情境做出正确的反应。例如，老师教导孤独症谱系障碍儿童乐乐学习和他人打招呼，使用强化物塑造他的打招呼反应，然后每天不同时间和乐乐在学校不同的地方打招呼维持打招呼的反应。接着让其他老师在不同的时间，不同的地点接近乐乐，观察他有无打招呼的反应，是否产生了广泛的泛化反应。

2. 教导足够的反应范例

为个体提供多种反应形态的教学，有助于他们习得期待的反应形式，促使其泛化到没有训练过的反应形态，这种训练称为多重范例训练。例如，老师教导孤独症谱系障碍儿童如何穿衣服。他可以采用示范和提示教导儿童穿短袖、长袖、套头衫、外套、短裤、长裤等。老师可以不断地用不同形式的衣服教儿童怎么穿，直到儿童开始将穿衣服的技能泛化到其他新衣服上。

（五）训练泛化的能力

Stoke and Baer 提出，如果泛化只被当作是一种单纯的反应，那么强化后效关联就可以取代它[1]。因此，泛化是一种能力。老师可在个体表现出泛化的倾向而不仅仅是停留在某一点时，对他们进行强化。例如，当老师教导儿童用皱纹纸粘贴造型并泛化这项能力时，只在儿童粘贴的造型与原来的造型不一样时才对其强化。

训练者一般采用强化反应的多样化和教导个体去泛化两种策略促进个体泛化能力的发展。反应的多样化有助于个体解决问题，能随机应变表现出多样反应的个体，更易解决标准反应无法得到强化的问题。因此，当反应多样化发生时，要给予强化。Stoke and Baer 建议，最简单经济地促进泛化能力发展的方法是告诉个体泛化的可能性，并要求他这样去做。例如，老师已经教导了果果课堂上要举手回答老师的问题，老师就可以在每节课快要结束时或者课后要求果果，每节课至少举手回答老师问题两次。当行为的泛化出现，而该行为又自行泛化后，个体可能已经能够泛化新习得的技能，他可能已经成为了 Stoke and Baer 眼中的"泛化的泛化者"。

（六）宽松训练

宽松训练指干预者在某个时间段或跨时间段内，通过随机变化干预情境中的非关键元素而进行干预。它有两个优势促进泛化：

一是可以减少某个或某些非关键性刺激对目标行为控制的可能性。在教学情境中对目标行为控制的刺激，不一定会在泛化情境中出现。例如，西西对老师表情严肃且大声的指

---

[1]Stoke T F, Baer D. An implicit technology of generalization [J]. Journal of Applied Behavior Analysis, 1977, 10:349-367.

令会遵循，获得了强化，但是对老师表情不严肃且不大声的指令却总是不遵循。表情严肃与声音很大是非关键性刺激，老师的指令内容才是关键刺激，遵循指令的区别刺激是指令的内容。

二是该策略在教学情境中含有丰富的非关键刺激，可增加泛化情境中包含教学情境中某些刺激的可能性。例如，上述西西的案例中，老师在教学中可以变化音调、面部表情等因素下指令；在不同的时间段，在教室的不同位置以不同的姿势下指令；也可以在小组课、个训课、集体课等不同课上，和西西有无目光对视的情况下发出指令。每种情况下，西西能够遵循老师的指令就给予她强化，无论非关键性的特征是否出现。

宽松训练采取的策略是训练时改变不同非关键性刺激物，使个体在一些非关键性刺激变化的泛化情境中，还能表现出目标行为。它可以使个体较难辨别目标行为与强化结果之间的关系，使个体很难确定行为的结果。但使用初期可能有行为倒退现象出现，之后则会对行为泛化产生积极影响。

（七）安排共同刺激

安排共同刺激指教学情境包含泛化情境的典型特征，即教学情境和泛化情境中的刺激内容相同。例如，在教导孤独症谱系障碍儿童超市购物的技能时，就可以采用此策略。老师将教室模拟成超市的样子，里面布置简单的货架、货物、购物篮等，让儿童扮演顾客。安排共同刺激一般包括两个步骤：第一步，找出泛化情境的显著刺激。第二步，将显著刺激整合到教学情境中。

为什么模拟泛化情境，而不是在泛化情境中直接进行教学？

一是在自然情境中教学不太实际，很难实施，需要花费大量的时间和资源。

二是自然情境中的教学可能无法呈现个体以后遇到的全部情况，例如，个体去早茶店接受教学，并不一定会体验到顾客需排很长队的情况。个体接受过马路的教学，并不一定会遭遇交通堵塞的情况。

三是自然情境教学比学校模拟情境教学效果可能会弱，因为老师没有办法停止正在进行的自然事件，设计个体所需的理想重复训练次数和顺序。

四是模拟情境教学可能对个体比较安全。特别是在有潜在危险的环境中教学。

（八）使用非区别性的强化方式

非区别性的强化方式能促进泛化，而特定的、清晰的刺激会促进区别强化。非区别性强化与间歇强化有直接关系，当实施间歇强化时，行为消退的可能性降低。在泛化情境中对行为实施某种强化会使个体较难明确目标行为后的结果，能促进行为的泛化与维持。Cooper er al. 认为，采用非区别性的强化方式要满足两个条件：一是在泛化情境中，不是所有目标行为都可以获得强化；二是个体无法预期行为后是否有强化 [1]。

---

[1] 昝飞. 积极行为支持：基于功能评估的问题行为干预 [M]. 北京：中国轻工业出版社，2013:191.

Schwarz 和 Hawkins 的研究中用录像带记录了一名六年级小孩数学和拼写课上的行为。研究者将小孩在数学课的录像播放给他看，并根据他课上的良好的坐姿和适宜的谈话音量给予强化。虽然给予强化是依据数学课的行为表现进行的，但小孩在拼写课上的表现也出现了满意的改变[1]。Stoke 认为该研究的成功是因为采用了部分的、自然的、非区别性的强化方式。

---

[1]Schwarz,M.L.,&Hawkins,R.P.Application of delayed reinforcement procedures to the behavior of an elementary school child [J] .Journal of Applied Bebavior Analysis,1970,3:85-96.

第二部分

实例篇

第十章 孤独症谱系障碍儿童不同类型问题行为干预实例

基于功能性行为分析的积极行为支持策略被广泛应用于儿童的问题行为干预，不仅适合特殊儿童的行为干预，也适宜普通儿童的行为改变。不管是一线的教育工作者，还是家长朋友们都可以根据孩子的实际情况灵活运用。它不仅有利于儿童行为问题的改善，还有助于他们习得积极的行为，帮助他们更好地适应环境，促进他们更好地发展。

在第一部分我们已经介绍了孤独症谱系障碍儿童问题行为的常见类型，以及干预问题行为的不同方法，这一节我们将专门以案例的形式详细地呈现前事控制、行为教导以及后果处理等不同策略在问题行为干预中的综合应用。

第一节 孤独症谱系障碍儿童自伤行为干预实例 [1]

一、案例的基本情况

何某，男，11岁，3岁半在广州中山三院被确诊为儿童孤独症。智商60，有语言，但是发音不清晰，有时听不清楚他说的话。认知能力较好，会算简单加减法，数学计算能力可达到小学二年级水平，但不会在生活中运用数学知识。会弹钢琴，能够演奏简单曲目，但除非自己愿意，很难弹完一整首曲子。性格急躁，等待能力缺乏，情绪控制能力很弱，遇到老师提问他不会或要求做的事情他不会时，就会出现咬胳膊，撞桌子、凳子、墙壁等自伤行为，有时还大声尖叫，这不仅对其身体造成了伤害，还严重干扰了课堂纪律。

二、研究的方法

本研究采用A-B-A实验设计，共分三个阶段：1.基线期（A）在不做任何干预的情况下，

---

[1] 本案例的作者为肖艳林、于芬，发表于《现代特殊教育》2015年第12期。

观察记录何某在原自然情境下行为的表现；2.处理期（B）对何某实施积极行为支持干预策略，观察记录何某行为的变化；3.追踪期（A）考虑到老师和家长希望干预对象问题行为及早改善的需求，保留自然情境下出现的策略，撤除部分行为支持策略，以了解积极行为支持策略对何某自伤行为的影响。

三、研究的步骤

（一）目标行为界定

目标行为的操作性定义为：何某的自伤行为是指将胳膊伸到嘴边，用力咬，胳膊上留下牙齿印痕；或者低下头用额头撞击课桌或凳子，发出"咚咚咚"的声音，额头上留下红色的印痕；或快速地跑到墙边，低头用头顶用力撞击墙壁，发出"咚咚咚"的声音。

（二）问题行为功能评估

1. 直接观察

选择自伤行为多发的生活语文课、生活适应课、绘画与手工课，记录何某自伤行为在基线期的发生次数。记录标准为：用嘴咬胳膊或用头撞桌子、凳子或墙壁等记为 1 次。同时记录何某每次自伤行为发生的前提事件和行为后果并分析其主要功能。表 10-1 列举了研究者在观察中发现的何某自伤行为发生的主要前提事件、行为表现及功能，可以看出，何某自伤行为的主要功能是逃避任务。

表 10-1　何某自伤行为主要功能

前提事件	问题行为	行为结果	功能
生活语文老师叫何某站起来读生字。	何某站起来看了老师一眼，然后咬自己的胳膊，同时发出叫声。	老师叫何某坐下，叫他冷静，周围同学看着何某，老师叫其他同学读生字。	逃避任务
老师教大家叠衣服，指导完后，请何某上台叠衣服。	何某看了老师一眼，然后咬自己的胳膊，老师没有发现，继续叫他上讲台，何某用头撞凳子，同时大叫。	老师走过去安抚他，随之叫他坐下。其他同学练习叠衣服，何某坐在座位上休息。	逃避任务
绘画与手工课，老师要求同学们模仿老师画一个向日葵。老师说何某的向日葵少了叶子。	何某头开始晃动，然后咬胳膊，同时大叫。	老师叫他把手放到背后，头抬起来，他用头撞桌子，声音加大，情绪激动。为了安全将他放在冷静椅里。	逃避任务

研究者运用 ABC 行为观察记录表对何某在生活语文课、生活适应课、绘画与手工课上的自伤行为进行观察记录，观察结果分析见表 10-2：

表 10-2　何某自伤行为观察结果分析

	满足刺激	逃避任务	寻求关注	得到实物
总次数	0	57	13	0
百分比	0	81.43%	18.57%	0

表 10-2 显示，何某自伤行为的功能主要是逃避任务和寻求关注，其中逃避任务占 81.43%，寻求关注占 18.57%，逃避任务为其自伤行为的主要功能。

2. 访谈

根据 Durand 的《行为动因评估量表》对班主任进行访谈，由其回答与何某自伤行为有关的问题。《行为动因评估量表》（修订）共有 16 个题目，主要包括"自我刺激、无聊"（第 1、5、9、13 题）、"逃避行为"（第 2、6、10、14 题）、"引起注意、关注"（第 3、7、11、15 题）和"要求得到实物"（第 4、8、12、16 题）等四方面的功能假设。该量表采用七级计分，依次为"从不这样"计"0 分"，"几乎从不这样"计"1 分"，"很少这样"计"2 分""一般是这样"计"3 分"，"经常这样"计"4 分"，"几乎总是这样"计"5 分"和"总是这样"计"6 分"，得分较高的功能即为问题行为的功能。该量表的再测信度为 0.92 ~ 0.98，评分者信度为 0.62 ~ 0.92，内部一致性系数为 0.80 ~ 0.96，信度较好。研究者记录班主任对每一个问题回答的分数，得分较高的为何某自伤行为的功能。表 10-3 为何某自伤行为动因评估量表得分情况：

表 10-3　何某自伤行为动因评估量表得分情况

	满足刺激	逃避任务	寻求关注	得到实物
总分	7	22	14	10
平均分	1.75	5.5	3.5	2.5
排序	4	1	2	3

从表 10-3 可以看出，何某自伤行为逃避任务方面的功能平均得分为 5.5 分，高于其他方面的功能得分情况，且得分差距在 0.5 以上，所以逃避任务为其主要功能。

综合直接观察和访谈的结果，何某自伤行为的主要功能为逃避任务。

（三）积极行为支持干预

积极行为支持干预的目标主要有三个方面。第一，调整导致问题行为的前提条件，特别是减少问题行为的动力因，[1] 使何某的自伤行为失去存在的条件。第二，提升何某的适

---

[1] 黄伟合，贺萃中. 功能性行为评估与干预 [M]. 北京：华夏出版社，2013:230.

应性替代行为。帮助他提高沟通与社交能力，用这种能力满足自身的需要。第三，用各种自然存在的和人为设计的结果，来强化何某的适应性行为，消退其自伤行为。

根据上述干预目标，制定了如下的干预策略：

1. 前事控制策略

①给何某提供选择的机会。给予孤独症谱系障碍儿童以选择活动与奖励物的机会能够预防行为问题的产生。针对何某逃避任务的自伤行为，老师在提问时可以换一种方式。何某的心理承受能力比较差，老师提问时少用突然的点名回答的方式，可以先问学生"这个字谁认识？举手告诉老师。"老师以亲切和蔼的语气提问学生，并且和学生保持友善的目光交流。而且老师不仅表扬奖励回答正确的学生，还对没有回答正确，但是能够积极举手的同学也给予表扬奖励，激发何某回答问题的欲望，同时让他明白回答错了也没有关系。老师在课堂上保持对何某的关注，及时发现他的举手行为，并且积极肯定奖励他的举手行为。老师给予何某选择奖励物的机会，根据事先了解的情况，提供何某很喜欢的海苔、乒乓球和牛奶等多种可供选择的奖励物，让他选择三种自己最喜欢的奖励物，作为他表现很优秀时的奖品。这样奖励物的刺激作用就会大大增强。

②调整教学策略。穆尔等的实验说明了调整教学策略对矫正特殊儿童的问题行为有良好的效果[1]。对特殊儿童的教学要考虑到不同学生的能力水平，和各方面发展现状，采用分层教学的原则。何某虽然认知能力在班上属于 A 类学生，而且有语言能力，但是何某的发音很不清晰，没有语音语调的变化。生活语文老师在语文教学中要注意选择难度相当、适合何某发展的教学内容，采用任务分析的方法将教学内容分成小块，然后用具体明确的指令指导何某完成，只要他能够做出认真努力完成任务的行为，老师就要给予及时的强化。老师在课堂上要使用温和的课堂用语，避免对何某的情绪造成困扰。老师可以在课外用游戏的方式训练学生的发声，也可以指导家长在家训练，训练的过程中要注意他的情绪，不要让他产生消极的情绪，通过上述训练提高何某语言的清晰度，同时也提高他用语言表达的自信。

③语言、图片、动作提示。研究者在何某的课桌上贴上他的照片，同时在旁边贴上字卡配图片，"上课我不要发脾气。""当我会时，可以高兴地举手。""当我不会时，可以问老师。"孤独症谱系障碍儿童视觉方面发展具有优势，通过视觉提示提醒何某，上课应该怎么做。老师在何某遇到困难时，可以通过语言或者动作提示他可以怎样做。例如，当何某遇到困难时，老师可以用语言或者手势告诉他，可以找老师帮忙。当何某情绪开始发生变化时，老师可以用语言提示他，"不可以生气哟""快乐的何 ××"等。当何某完成课堂学习任务有困难时，助教应给予他适当的提示，协助他完成。

---

[1]Moore D W, Anderson A, Kumar K. Instructional adaptation in the management of escape-maintained behavior in a classroom [J] .Journal of Positive Behavior Interventions, 2005 (4) :216-223.

2. 教导替代性行为策略

①对何某进行行为放松训练。何某情绪容易紧张，做事情比较急，加之妈妈对他的要求比较高，又增加了他的不良情绪，当不良情绪积累到一定程度，何某又恰巧遇到不能胜任的事情时，就容易产生逃避的自伤行为。老师每天让他进行一些放松训练，教他紧张时，可以用数数的方法让自己平静下来。老师课间播放一些使人放松的轻音乐，帮助何某调节情绪。

②塑造积极行为。本研究中的积极行为是指，能够举手回答老师的问题；当完成老师布置的任务有困难时，能够向老师寻求帮助。训练的过程中注意学生的现有能力，刚开始只要何某能够将手举起来，遇到困难时能够用目光注视老师或者走到老师身边或者用手势语告诉老师，老师都要肯定他的进步，要对他的行为进行奖励，同时告诉他接下来该怎么做，并约定如果完成接下来的行为将获得更大的奖励物。通过这样的方式，逐渐达到塑造出积极行为的目的。

③学习恰当的表达方式。老师通过示范教导何某正确地表达情绪，从而替代自伤行为。王辉认为示范有四种类型：一是影视录像和故事示范；二是现场示范；三是参与示范；四是想象示范[1]。老师可以给他示范正确的表达方式，例如，回答不出老师的问题我很难过，也可以采用社交故事的形式教他表达与控制情绪的方法。例如，生气、难过时，我可以怎么做？生活语文老师要增加他的词汇量和语言理解能力。当何某运用语言表达想法遇到困难时，老师要及时提示给予帮助，例如，"你想老师帮你画向日葵的叶子。"只要他表现出恰当的行为，老师都要及时表扬，并尽量给他提供帮助。

④学习自我监控。自我监控有时和自我记录、自我观察差不多，包括对自己行为的系统性观察或记录[2]。研究者设计了简单的自我监测表，让何某对自己每天在课堂上的行为进行自我观察和自我记录。一天之内，何某上课时能够认真听课，举手回答老师的问题，没有发脾气，在监测表上贴一个笑脸，如果没有做到，贴一个伤心的脸。两个笑脸可以换玩乒乓球一次，三个笑脸可以换一包海苔，四个笑脸可以换一瓶牛奶。

3. 后果处理策略

①使用消退策略。消退是指行为者在某个情境或刺激条件下，产生了以前被强化的反应，但是反应后没有跟随常用的强化，在此情况下，下一次在类似情境中，行为者该行为发生的概率就会降低[3]。当何某在老师提问之后出现了自伤行为，老师可采取忽视其自伤行为及伴随的尖叫行为，继续要求他回答问题。助教可以提示何某回答，但是一定要他回答完问题，同时告诉他不执行老师指令的后果，只要他回答完问题就给予他奖励。相当多

---

[1] 王辉. 行为矫正技术 [M]. 南京：南京大学出版社，2006:319.

[2] 李芳，李丹. 特殊儿童应用行为分析 [M]. 北京：北京大学出版社，2011:156.

[3] 伍新春，胡佩诚. 行为矫正 [M]. 北京：高等教育出版社，2005:12.

的研究显示，当问题行为和行为结果之间的联系削弱时，问题行为就会逐渐减少。干预的过程中有可能出现消退爆发的现象，干预的老师要达成一致意见，不管何某出现什么行为，一定要坚决让他完成指令，同时老师不要把注意力放在他大声尖叫的行为上，如果此时何某行为的目的还是为了逃避任务，老师也不必批评或劝说他，而是采取措施帮助他完成任务，例如提供提示或直接辅助等。老师要有充分的心理准备容忍消退爆发伴随的问题行为升级。要尽可能让家长参与行为矫正的过程，使消退产生效果。整个干预的过程要做好保护措施，把桌椅的棱角用软垫包好，控制何某活动的范围，以免对他的身体健康造成伤害。当何某用嘴咬胳膊或用头撞桌子、凳子或墙壁时，老师要及时用手阻断他的自伤行为，并保持冷静的态度。

②及时强化参与和努力行为。研究者在平时的教学过程中发现，何某在不能胜任的任务出现时产生较多的自伤行为，在生活数学课上不会发生问题行为，因为他的数学能力相对于班上其他同学来说是最好的。何某长期在生活语文课、生活适应课及绘画与手工课上体会到失败，对自己能否完成任务已经失去了信心，也害怕回答不出来问题，或者完不成老师布置的任务而受到老师的批评。因此，干预过程中要培养何某的自信心，要对他参与完成任务的行为进行强化，而不是对他完成任务的质量进行强化。老师要强化他的参与及努力，对他完成任务的整个过程中的表现给予关注、强化。例如，何某能够主动上讲台叠衣服，虽然只是把衣服展开，老师也要奖励他的这个努力，然后手把手地辅助他完成叠衣服的整个过程，老师给予他足够的耐心，一步步指导他完成任务。

③关注情绪，满足正当需要。干预过程中，老师要关注何某的情绪，如果他的情绪很激动，老师要用温和的语气安抚他，并提示他用恰当的方式表达情绪。当他冷静下来用恰当方式表达需要时，老师要给予及时强化，满足他的合理需要。

4. 生态环境改善策略

生态环境改善策略旨在改变一般生活形态，以及提高生活品质。何某的妈妈对他很严格，每天都要求他写字、做数学作业、弹钢琴，并希望他能够去普通小学随班就读。何某本来很喜欢写字，做数学题和弹钢琴，但是妈妈的要求相对他来说太严格了，他没有办法达到妈妈的要求，妈妈总是对他挑毛病，说他做得不好，使他不喜欢写字，做数学题和弹钢琴了，每天都是妈妈强迫他继续下去。何某的情绪状态不太好，很容易紧张，急躁，不耐烦，继而出现自伤行为。干预者和妈妈商量，要注意关注孩子的情绪状态，让孩子乐学，才能取得好的学习效果。根据何某现在的能力状态，布置相应数量的作业，妈妈和孩子商量好，每天具体完成多少练习，妈妈减少练习的量，但是和孩子约定好，要认真完成写字、数学和弹琴的练习，如果按要求完成了，就获得约定的奖励物。从孩子的需要出发，给孩子创造宽松、和谐的家庭环境。

（四）观察者间一致性数据

为确保观察数据的信度，研究前对参与协同观察的班主任进行观察评量记录培训，并观察记录视频中何某的自伤行为，直到研究者和班主任的记录一致性达到 90% 以上，才正式观察记录每一个实验阶段何某的自伤行为，并且进行两者之间的一致性检核。从表 10-4 可以看出，研究者和班主任的观察一致性信度在基线期为 93%，处理期为 91%，维持期为 92%，都在 90% 以上，保证了观察数据的信度。

表 10-4　观察者间一致性信度表

观察者间一致性信度	基线期	处理期	追踪期
数值范围	90% ~ 96%	90% ~ 97%	90% ~ 94%
平均数	93%	91%	92%

四、干预的效果评估

研究者和班主任老师一起对何某实施了为期 12 周的干预，基线期何某表现出的自伤行为为平均 17.5 次 / 周，经过 12 周的处理干预后，降至 6 次 / 周，则撤除部分行为支持策略进入追踪期。

（一）目视分析

1. 阶段内目视分析

从图 10-1 可以看出，基线期的四周何某的自伤行为没有明显变化，研究者的观察没有对何某的行为造成影响，药物、其他的教育因素也没有对何某的行为有明显的影响。何某在处理期的第一周自伤行为大幅度上升，第二周自伤行为有所下降，但还是高于基线期的最高数据，这是运用消退法产生的"消失爆发"现象。第三周降至基线期的水平，接下来的几周都在逐渐下降，处理期的第十二周降至每周 6 次，达到预期目标，结束干预，进入追踪期。追踪期，撤销部分干预措施，只保留部分干预策略，何某的自伤行为在第一周出现回升，达到 9 次，第二周至第五周何某的自伤行为逐渐减少至一周 5 次。表明何某适应了干预策略的部分撤退，研究中采用的干预措施有效，并且效果持续性较好，何某的行为表现渐趋向于正常，自伤行为明显减少，积极行为显著增多。

表 10-5 显示何某的自伤行为在基线期的变化范围为 16 ~ 19，基线期水准稳定度为 100%，表明基线期数据没有显著性差异，处于稳定状态，可以进入处理期。处理期变化范围为 30 ~ 6，平均水准由基线期的 17.5 下降到处理期的 14.2，变化明显，整体上自伤行为的次数在减少，并呈下降趋势，水准稳定度为 33.3%，处于不稳定状态。追踪期平均水准下降到 7，说明干预的效果维持较好。

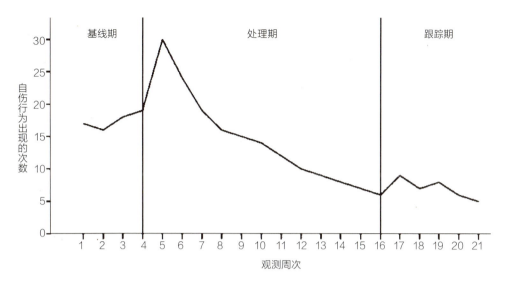

图 10-1　何某自伤行为变化曲线图

表 10-5　何某自伤行为阶段内分析摘要表[1]

	基线期	处理期	追踪期
处理阶段	A	B	C
阶段顺序	一	二	三
评估天数	20	60	25
水准范围	16 ～ 19	30 ～ 6	9 ～ 5
水准变化	2 (-)	24 (+)	4 (+)
平均水准	17.5	14.2	7
水准稳定度	100%	33.3%	20%

注: (+)表示进步, (-)表示退步, (=)表示无变化。

2. 阶段间目视分析

　　表 10-6 显示, 何某基线期和处理期数据重叠度为 16.7%, 原因可能是对何某进行干预时采用了消退法, 产生了"消失爆发"现象, 也可能与何某性格比较急, 缺乏等待的能力有关。何某处理期和追踪期的数据重叠度为 80%, 何某积极行为由基线期到处理期呈正向趋势, C 统计（C=0.84, Z=3.59, P＜0.01）显示何某积极行为由处理期到追踪期趋势走向仍呈正向趋势, C 统计（C=0.933, Z=4.09, P＜0.01）表明阶段间的趋势变化差异显著, 说明何某处理期的干预效果显著, 追踪期的维持效果也显著, 积极行为支持计划对何某的积极行为的增加有很大的成效。

---

[1] 李芳, 李丹. 特殊儿童应用行为分析 [M]. 北京: 北京大学出版社, 2011:156.

表 10-6　何某自伤行为阶段间分析摘要表

	基线期 / 处理期 A/B	处理期 / 追踪期 B/C
效果变化	正向	负向
趋势稳定度	稳定至不稳定	不稳定至稳定
水准变化	+	−
重叠百分比	16.7%	80%
平均数变化	- 3.3	- 7.2
C 值	0.84	0.933
Z 值	3.59**	4.09**

注: * 表示 P < 0.05, ** 表示 P < 0.01, *** 表示 P < 0.001, 下同。

总之, 视觉分析的结果显示, 何某的自伤行为经过积极干预后明显减少, 问题行为的平均水准下降。处理期, 其自伤行为呈正向递减趋势, 并且追踪期能够维持处理期的干预效果, 平均水准继续下降, 呈稳定状态, 并没有因为撤除部分干预策略而明显增加。因此该积极行为干预策略能够有效减少何某的问题行为。

（二）显著性检验

本研究采用的是单一被试实验设计, 实验数据处理的方法可采用单因素完全随机试验设计的方法, 因此采用 spss18.0 对各阶段的数据进行统计分析, 以帮助验证目视分析和 C 统计分析的结果。采用 T 检验, 对干预的三个阶段分别进行两两比较, 结果如下:

表 10-7　基线期与处理期数据差异比较

	样本容量 N	平均数 M	标准差 SD	显著性检验 t 值	Sig
基线期	4	17.5	1.291	1.52	0.153
处理期	12	14.17	7.2		

表 10-7 表明基线期与处理期数据差异不显著 P=0.153>0.05, 这可能与干预时采用了消退法, 产生了"消失爆发"现象, 导致前几个星期的数据上升过快有关。总体来说, 平均数由基线期的 17.5 下降到处理期的 14.17, 处理期最低为一周 6 次, 且呈下降趋势。表明干预有效。

表 10-8　基线期与追踪期数据差异比较

	样本容量 N	平均数 M	标准差 SD	显著性检验 t 值	Sig
基线期	4	17.5	1.291	10.967	0.000

	样本容量 N	平均数 M	标准差 SD	显著性检验 t 值	Sig
处理期	5	7.0	1.581		

表 10-8 表明，基线期与处理期数据差异显著 P=0.000 < 0.05，同时基线期平均数为 17.5，处理期平均数为 7.0，说明干预取得了比较好的效果。

表 10-9　处理期与追踪期数据差异比较

	样本容量 N	平均数 M	标准差 SD	显著性检验 t 值	Sig
基线期	12	14.17	7.2	3.240	0.006
处理期	5	7.0	1.581		

表 10-9 表明，基线期与追踪期数据差异显著 P=0.006 < 0.05，同时基线期平均数为 14.17，处理期平均数为 7.0，说明干预取得了比较好的维持效果。

（三）老师及家长的评估

对何某的干预不仅有研究者和班主任，妈妈也在家里配合对他实施一致的干预。班主任指出，对何某实施干预后，明显感到他在课堂中的自伤行为发生的频率、持续的时间和严重程度都有很大的改善。以前何某遇到挫折时经常会用嘴咬胳膊，用头撞桌子、凳子、墙壁等来逃避。而在干预的过程中，何某能够举手回答老师的问题，能够用手势或者语言向老师寻求帮助，心理承受的能力也获得了发展，回答问题错了或者不会完成老师布置的任务时，也没有那么焦虑了。何某的妈妈对干预的效果也比较满意，何某在家的情绪状态也好了很多，每天会主动去弹钢琴，做数学题，写汉字。虽然有时也会出现自伤行为，但是与以前比起来少了很多，妈妈的教养压力减轻了很多。

综上所述，何某进入处理期后，自伤行为变化明显，取得了较好的干预效果，同时也在追踪期取得了较好的维持效果。

五、研究的结论

（一）功能性行为评估可以有效揭示孤独症谱系障碍儿童问题行为的功能

本研究运用量表化访谈和直接观察对何某的问题行为进行功能评量，结果发现何某的问题行为功能主要是：逃避任务，其次是寻求关注。老师和家长要注意在平时的教育中教给孤独症谱系障碍儿童获得关注的恰当方法。在给孩子布置学习或其他任务时，充分考虑孩子完成任务的可能性，给他们提供适切的辅助，并且教给孩子寻求帮助的方法。

（二）综合运用多种策略的积极行为支持计划能有效减少孤独症谱系障碍儿童的问题行为

研究者根据功能性评估的结果，结合何某已具有的能力和个性特质，制定了包含前事控制、行为教导和后果处理三种策略的干预计划，何某在综合策略的干预下，问题行为明显减少。

（三）积极行为支持计划能够增加孤独症谱系障碍儿童的积极行为，提升他们的生活质量

研究者通过积极行为支持计划让有一定语言沟通能力的何某学会运用语言主动求助，学会举手回答老师的问题，学会自我控制自己的行为等积极行为。何某在处理期积极行为不断增加，在追踪期积极行为也达到了一个很好的维持效果。何某的课堂参与度不断提升，学习能力也有所提高，人际关系得到了一定的改善，生活质量得到了提升。

（四）老师参与孤独症谱系障碍儿童问题行为的干预具有可行性

研究者通过和班主任沟通讨论，就干预方案达成一致意见，具体的干预由两个人共同完成。干预的过程中，两人多次就具体的干预事宜讨论分析，力求干预能够达到一个好的效果。在研究者和班主任的共同努力下，何某的问题行为不断减少，积极行为不断增加。说明老师参与孤独症谱系障碍儿童问题行为的干预是可行的。

以往自伤行为的干预研究大多在专业人员指导下进行，本研究整个干预过程都由一线老师完成，孤独症谱系障碍儿童的问题行为大多在自然情境中习得和维持，一线老师对儿童各方面情况非常熟悉，更利于多方面收集儿童问题行为的信息，采用的干预策略也更适合儿童的发展。孤独症谱系障碍儿童适应环境变化的能力相对较弱，由熟悉的一线老师对他实施干预，可以避免儿童因为环境的变化而产生新的问题行为。而且老师参与干预更利于干预效果在不同情境中的泛化，也更利于干预效果的维持。

研究简评：

（1）该实例中研究者通过分析访谈、观察收集的信息对个案的自伤行为进行功能性行为评估，基于评估的结果制定了包含前事控制、行为教导和后果处理三种策略的干预计划，并根据干预计划对个案实施综合干预。目视分析、显著性检验和老师及家长的评估表明：个案的问题行为明显减少，课堂参与行为显著增加，干预效果较好。积极行为支持对自伤行为的干预有效。

（2）由于孤独症谱系障碍儿童存在社会交往障碍、沟通障碍以及重复刻板行为，导致他们在与人沟通时表现出许多问题行为，或者通过这些问题行为来达到获得关注或实物、逃避任务等目的。孤独症谱系障碍儿童的自伤行为虽然出现率不高，但是其破坏性大，会导致肌肉或组织的直接损伤，并且可能引发感染，对孤独症谱系障碍儿童的身体健康造成严重威胁，社会也很难接纳孤独症谱系障碍儿童的自伤行为，所以有必要对其进行干预。本实例基于上述原因，在自然教学情境中，以孤独症谱系障碍儿童教师的身份对一名个案

的自伤行为进行干预，使儿童的自伤行为减少，积极行为增加，期望此项研究实例能给一线老师干预孤独症谱系障碍儿童的自伤行为提供参考。

第二节　孤独症谱系障碍儿童课堂干扰行为干预实例 [1]

一、案例的基本情况

张某，男，2004 年 9 月出生，父亲高中毕业，修理厂老板，母亲高中毕业，毛纺织厂老板，居家环境比较好，家庭气氛民主。由于父母平时比较忙，有时由爷爷、奶奶、伯父、伯母照看，他们都溺爱他。未对其进行智商检测，根据平时的观察，张某的认知、理解能力较弱，只能够指认部分常见的事物，能够理解一步指令和少许二步指令，健康状况良好。家族无精神病史，母亲孕期和产期正常，剖腹产，各项指标正常。2 岁半时，发现异常，在广州中山三院确诊为儿童孤独症。有少许语言，只有几个词语发音清晰，（阿姨、爸爸、妈妈）其他的发音模糊，上下分别长了两排牙齿。粗大动作发展一般，能跑会双脚跳，但不会单脚跳，不会拍球不会抛接球。父母在家给他安排了一个单独的放满了感统器材的房间供他玩耍，张某很喜欢玩滑板、秋千、波波池等。张某的精细动作发展较弱，不会握笔，不会用剪刀，生活基本上能够自理，能够通过肢体行为用手指或者拉人，并发出咿咿呀呀的声音等方式与人沟通，一直在特殊教育学校就读至今。

通过观察，结合家长和其他老师反映的情况，将张某的基本能力概况如下：

表 10-10　张某的基本能力

能力领域	发展情况
认知能力	认知能力较弱，只能指认部分常见的事物。不能模仿正确发音，只会模仿嘴型，不会写，只能指认 1 ~ 10 的数字，较难参与课堂教学，对课堂教学不感兴趣。
语言能力	有少许语言，只有几个词语发音清晰，其他的发音模糊，只会用简单的几个词语咿呀表达需求，能理解一步指令和少许二步指令，对比较长一点的句子不能理解。
动作能力	粗大动作发展一般，精细动作较弱，动作协调能力弱。好动，喜欢乱跑。有摇摆身体和头等刻板动作，喜欢扯别人的头发。
社交能力	认识家人、老师、同学，能够参与部分集体活动，能够通过肢体行为用手指或者拉人，并发出咿咿呀呀的声音等方式与人沟通，对他人的友好态度有反应。
情绪控制能力	容易兴奋，喜欢用手抓凳子发出很大的声音或者用手敲消防栓发出很大的声音，然后感到很高兴。不顺其意时，有时会大声尖叫。
自理能力	生活基本上能够自理，能够独立完成上厕所、吃饭、喝水、穿脱衣服等简单活动。喜欢跑，遵守常规的能力一般。

---

[1] 本案例的作者为肖艳林、陈燕玲，发表于《中小学心理健康教育》2018 年第 24 期。

分析表 10-10 和收集的资料可以得出，张某的认知能力较弱，语言理解和沟通能力也很弱，较难参与教学活动。张某喜欢用手抓凳子发出很大的声音，或者用手敲消防栓发出很大的声音，高兴时喜欢摇摆身体和头，喜欢扯别人的长头发。张某在课堂上喜欢抓凳子，他一抓凳子就高兴，可是班级的黄某很讨厌这种声音，黄某经常会离座去掐张某的胳膊，课堂纪律常常因此被扰乱。按照 Janney 和 Snell 问题行为处理的先后顺序：破坏的行为、干扰的行为和分心的行为 [1]。张某的问题行为处理的顺序为：扯别人的长头发（破坏的），抓凳子或敲消防栓发出很大的响声（干扰的），摇摆身体和头（分心的）。但考虑到张某总是被同学黄某掐伤，黄某掐伤他的原因是因为他在课堂上抓凳子制造出的声音让他觉得很吵受不了。而张某一般扯的是家长和老师的长头发，相对比较好控制。所以研究者和班级老师讨论，决定以张某在课堂上抓凳子发出很大的响声此问题行为作为本次干预的目标行为。

二、问题行为的界定

综合分析各种途径收集的信息，对张某的目标行为进行操作性定义：

张某的干扰行为是指：在课堂上用手抓凳子发出响声。

并对张某干扰行为的表现给予如下描述：

表 10-11　张某目标行为的描述

	描述
发生过程	一开始低头把头偏向侧面，用手慢慢地小声地抓凳子，脸上没有表情，随后开始兴奋，抓的速度加快，声音慢慢变大，目标行为出现时，变得很兴奋，抓凳子的声音变得很大、很快。
持续时间	情境不同，持续的时间也不同，一般如果没有人制止他，会一直抓下去，如果有人制止或者被黄某攻击，行为会立即停止。
行为强度	频繁，持续的时间长，没有规律性，强度大，情绪易兴奋。
行为历史	已经持续 1 年多，干扰行为的变化不大，保持在一个比较稳定的水平，没有进行过系统的干预。

由表 10-11 可知，张某的干扰行为持续的时间长，发生很频繁，行为发生时伴随有兴奋的情绪出现，没有接受过系统的干预。张某的干扰行为与发生的情境有关，情境不同，持续的时间也不同。

---

[1] 陈郁菁，钮文英．行为支持计划对初中自闭症学生行为问题处理成效之研究 [J]．特殊教育研究学刊，2004, 27:183-205.

三、问题行为功能的评估

（一）量表化访谈

张某的《行为动因评估量表》结果如下：

表 10-12　张某干扰行为动因评估量表得分情况

	满足刺激	逃避任务	寻求关注	得到实物
总分	23	11	18	9
平均分	5.75	2.75	4.5	2.25
排序	1	3	2	4

从表 10-12 可知张某的干扰行为的主要功能是满足刺激。

（二）直接观察

选择干扰行为多发的绘画与手工课、生活语文课、生活数学课和生活适应课记录干扰行为在基线期的发生次数。记录标准为：用手抓凳子发出响声直到停止记为 1 次。同时记录每次干扰行为的前提事件和行为后果并分析其主要功能。

表 10-13　张某在基线期四周的观察数据情况

	第一周	第二周	第三周	第四周
星期一	15	16	17	14
星期二	12	9	14	12
星期三	14	15	11	15
星期四	10	13	8	9
星期五	13	10	12	10
每周总次数	64	63	62	60
平均每天次数	12.8	12.6	12.4	12

从表 10-13 可知，$F=0.076 < F_{0.05}(3, 16)=3.24$，即 $P > 0.05$，差异不显著。因此四周的观察数据不存在显著差异，说明时间、药物、其他教育因素没有对张某的问题行为造成明显的影响。

表 10-14　张某干扰行为观察记录结果分析

	满足刺激	逃避任务	寻求关注	得到实物
总次数	185	0	59	0
百分比	74.30%	0	25.70%	0

从表 10-14 观察记录表可以看出，张某的干扰行为的首要功能是满足刺激，其次是寻求关注。

表 10-15 列举了张某干扰行为发生的主要前提事件、行为表现及功能：

表 10-15　张某干扰行为功能评估结果

前提事件	问题行为	行为结果	功能
老师教同学们用剪刀剪图形，张某不会用剪刀，老师让他坐在座位上。	张某将头转到左边，用手来回抓凳子，并低头看着自己的手，一分钟后，抓的速度加快，声音变大，他也变得很兴奋。	老师忽视他，继续抓凳子，黄某跑过去掐他的胳膊，老师及时制止，张某停止抓凳子。	感官刺激
同学们在描写汉字，老师在巡回指导，张某不会握笔，老师教他读了几遍生字，让他坐在座位上。	张某将头转到远离老师的右侧，用手来回抓凳子。	老师叫他的名字，让他把手放在背后。张某停止抓凳子，把手放在背后。	感官刺激
老师教同学们洗杯子，同学们分组练习，还没有轮到张某，他坐在座位上。	张某看了老师一眼，将头转向了远离老师的左侧，用手慢慢地抓凳子，一分半钟后，突然加快速度，声音变得很大，并笑起来。	黄某突然起身掐了张某，老师批评两人，张某被老师罚站。	感官刺激

从表 10-15 可以看出，张某干扰行为的主要功能是感官刺激。

综合量表化访谈和直接观察的结果可以得出：张某干扰行为的主要功能是感官刺激。

四、积极行为支持干预方案的制定

Janney 和 Snell 认为积极行为支持一般包含三种介入策略：前事控制策略、行为教导策略和后果处理策略 [1]。张某的干预方案也包含这三个方面：

（一）前事控制策略

第一，调换凳子。研究者在基线期反复思考"为什么他喜欢抓凳子和敲消防栓？而不是其他的物品？"后来经观察发现，班级的凳子稍微用力一抓就会发出比较大的响声，消防栓稍微一敲也会发出很大的响声，而且两者抓完和敲完都不会让手觉得疼，张某通过抓凳子和敲消防栓获得感官刺激。研究者商量，将张某的凳子换成一张打磨抛光的木凳，这样抓起来声音会大幅度减少。同时将他的座位安排在老师比较容易看到，并且方便指导的离讲台较近的中间位置。还将一个语言能力最好的同学安排在他的另一边，给他一个模仿学习的榜样。

第二，重视课堂常规的建立。老师在上课前，先用积极语言对学生提出行为要求。例如，学生一起跟着老师说"脚放好，手放好，腰挺直，眼睛看着某老师。"张某虽然不会完全

---

[1]Janney,R.,Snell,M.E.,&Elliott,J.Behavioral supports [M].Baltimore,MD:Paul H.Brookes.Publishing Co.2000.

跟着有节奏地说，但是他会模仿老师的动作做到。教学过程中，老师可以采用恰当的方式提醒。例如"一二三，坐端正""小眼睛，看黑板""小脑袋，抬起来"等。在张某的课桌上，贴上两张图片，一张认真听课的图片，下面打钩，表示应该这样做，一张用手抓凳子的图片，打叉，表示不能这样做。

第三，实施个别化教学。张某各方面的能力都比班级其他学生弱，没有办法参与很多课堂教学活动。老师应该分析他的能力状况，学习风格，选择适合他的教学内容，采用恰当的教学方式促进他的发展。例如，绘画与手工课，他不会用剪刀，老师担心他的安全，没有给他发剪刀，无聊的他就会出现抓凳子的问题行为。老师可以让他学习撕纸、粘贴碎纸，这样不仅可以训练他的手指精细能力，还可以避免问题行为的发生。老师的教学活动不仅要适合班级大部分学生的教学目标，而且还要照顾到少数学生的个别化目标。老师可以通过提供涵盖同一主题、难度不同的学习任务单或个别化学习材料等来实现兼顾全部与个别的目的。

第四，课间安排丰富的活动。研究者和班级老师商量，课间安排一个助教带领张某在走廊里跑步或学青蛙跳，或在教室里和老师玩转转停的游戏等，增加他的活动量，消耗他多余的精力，同时也满足他的感官刺激和获得关注的需要。

第五，陪读家长提供及时恰当的辅助。张某的妈妈每天都在学校陪读，但是很多时候都没有在教室，即使在教室也是在玩手机，没有发挥陪读的作用。研究者和他妈妈协商，让她坐在张某的后面，当张某学习有困难时，给他提供辅助，当问题行为要出现时，及时提醒制止。

第六，保持课堂的兴奋水平。有些特殊儿童通过干扰行为来提高自己的生理兴奋水平，课堂很沉闷，学生总是保持安静地上课状态的话，很容易使他们生理兴奋水平下降，学生很可能通过某些行为来提高自己的兴奋水平，这个时候干扰的问题行为随之发生[1]。因此，老师要保持课堂的适当兴奋水平，合理平衡动静的比例，让他的兴奋水平保持在适当的范围。例如，张某喜欢跟着节奏摇摆身体，课堂上可以在适当的时候将知识融入音乐节奏游戏中，提高他的课堂参与度。

（二）行为教导策略

第一，制作对错牌，帮助判断行为的对错。张某很喜欢扑克牌，每天来上学书包里面都装着一副扑克牌。张某的认知能力很弱，不知道行为的对错，因此帮助他提高行为对错的判断能力有助于他的行为改变。为了提高他这方面的能力，研究者制作了一副可以打钩和叉的对错牌。将他的好的行为，与不好的行为拍照制成扑克牌，告诉他哪些是对的，哪些是错的，同时引导他在牌上打钩和叉。并且将对错牌与代币制结合起来，当他出现错误的行为时，在扑克牌的背面打叉，当出现对的行为时在另一张扑克牌的背面打钩，当出现

---

[1] 昝飞，张琴. 特殊儿童的问题行为干预 [M]. 北京：中国轻工业出版社，2014:28.

5个勾时，允许他去教室对面的感统室玩10分钟的滑板。

第二，允许其他时间部分刺激行为的存在。Guess 和 Carr 提出恒定机转，认为自我刺激行为有时是个体本身对身体的一种调节，因此下课期间，允许张某有适度的自我刺激，这样避免他上课时一次爆发得太多而拉长自我刺激的时间。

第三，提高非口语沟通能力。学习口语可能对低功能孤独症谱系障碍儿童来说不是最好的沟通方式。有相关研究证实通过辅助沟通系统如手势、图片、文字和语音沟通板等能代替口语有效提高沟通能力，并且能改善孤独症谱系障碍儿童的问题行为[1]。研究者讨论达成一致意见，通过运用图片交换沟通系统来提高张某的沟通能力。将他平时生活、学习的情境拍摄成图片，并在图片下方配上简单的文字，通过多次训练强化，帮助他用图片学会与不同课上的老师沟通，表达不同需求，理解不同老师的指令。同时也教给他简单的手势语，帮助他更直观地理解和表达自己的基本需求，提高他与人沟通的意识。

第四，提供满足触觉刺激的替代活动。张某的抓凳子干扰行为是为了满足手部的触觉刺激，可以给他提供许多需要借助手部操作才能进行的活动。例如，玩橡皮泥，玩触觉球、搭积木、操作教具、搬凳子、擦黑板等，用能吸引张某兴趣且功能等值的活动来替代抓凳子的行为。

（三）后果处理策略

第一，区别性强化策略。使用区别性强化增强其他适宜行为，当张某用手势或者图片表达，"我不会""帮帮我"或"我想要……"等句子时，老师给予口头的强化，并且给予他喜欢的二片山楂片进行奖励强化。同时区别性强化低频率行为，当张某一节课没有出现抓凳子的干扰行为时，就给予三片山楂片作为立即性强化。

第二，反应中断策略。张某的干扰行为有一定的先兆，先低头将头转向一侧（有时先看老师），然后慢慢地抓，1分钟至1分半钟左右，如果无人制止，速度变快，声音变大，他也变得很兴奋。考虑到这些特点，采用反应中断策略，这种策略主要针对有先兆的问题行为，干预者在发现这些先兆时立即采取方法打断行为的锁链或者中断行为产生的增强效果。当张某开始出现干扰行为的先兆时，干预者马上用口语或者手势打断干扰行为的锁链，使该行为不能继续进行下去。

五、干预方案的实施

针对张某的干预方案是在自然的学校情境中实施的，实施者为两位研究者和班级老师，大家一起讨论研究了干预计划并且达成了一致意见后才开始实施。干预过程共持续了12周。

基线期张某表现出的干扰行为为平均62.25次/周，经过12周的处理干预后，降至18次/周，则撤除部分行为支持策略进入追踪期。

---

[1] 孔逸帆，钟莉娟，杨炼康. 手势沟通介入方案对无口语自闭症儿童沟通行为成效之研究 [J]. 东台湾特殊教育学报，2012, 14: 71-104.

六、干预效果的评估

（一）目视分析

1. 阶段内目视分析

张某干扰行为变化曲线图

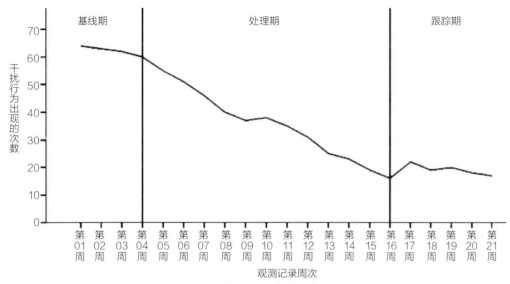

图 10-2　张某干扰行为变化曲线图

图 10-2 表明，张某在基线期的四周干扰行为没有明显变化，说明已有的教育因素对他的问题行为没有明显的干预效果，研究者的观察也没有影响他的行为。处理期的第一周干预就产生了效果，张某的干扰行为开始下降，可能是由熟悉的人来干预他的行为，并且干预是在自然情景中进行，用替代的行为满足他的感官刺激需求的缘故。一直到处理期的第五周干扰行为都在逐渐减少，第六周出现了少许上升，没有继续下降，可能与第六周张某的妈妈有事情没有来学校陪读有关。第七周张某的妈妈继续陪读，研究者和班级老师按照干预方案继续干预，目标行为继续减少，到干预的第十二周目标行为减少到 16 次，达到预期的目标（少于每周 18 次），于是结束干预。进入追踪期，撤销部分干预措施，保留少部分干预策略，张某的干扰行为在第一周出现回升，达到 22 次，第二周为 19 次，第三周为 20 次，第四周减少至 18 次，第五周继续减少至 17 次。下降的趋势表明张某适应了干预策略的部分撤销，研究过程中采用的干预措施有效，并且效果的维持性比较好，张某的行为表现渐趋向于正常，每天只有 3 次左右的课堂干扰行为出现，参与课堂的积极行为显著增多。因为工作的原因，对张某的课堂干扰行为，研究者还会继续关注。

表 10-16　张某干扰行为阶段内分析摘要表

	基线期	处理期	追踪期
处理阶段	A	B	C

续表

	基线期	处理期	追踪期
阶段顺序	一	二	三
评估天数	20	60	25
水准范围	64 ~ 60	55 ~ 16	22 ~ 17
水准变化	4 (+)	39 (+)	5 (+)
平均水准	62.25	34.67	19.2
水准稳定度 100%	25%	80%	

注:(+)表示进步,(-)表示退步,(=)表示无变化。

表 10-16 显示张某的干扰行为在基线期的变化范围为 64 ~ 60,基线期的水准稳定度为 100%,表明基线期数据没有显著性差异,处于稳定状态,可以进入处理期。处理期的变化范围为 55 ~ 16,平均水准由基线期的 62.25 下降到处理期的 34.67,变化明显,整体上干扰行为的次数在减少,并呈下降趋势,水准稳定度为 25%,处于不稳定状态。追踪期的平均水准下降到 19.2,水准稳定度为 80%,说明干预的效果维持较好。

2. 阶段间目视分析

张某干扰行为阶段间变化分析摘要如表 10-17:

表 10-17 张某干扰行为阶段间分析摘要表

	基线期 / 处理期 A/B	处理期 / 追踪期 B/C
效果变化	正向	负向
趋势稳定度	稳定至不稳定	不稳定至稳定
水准变化	+	-
重叠百分比	0%	100%
平均数变化	- 27.58	- 15.47
C 值	0.974	0.955
Z 值	4.15**	4.19**

表 10-17 显示,张某基线期和处理期数据重叠度为 0%,处理期和追踪期的数据重叠度为 100%,表明干预有明显的效果且有比较好的持续效果。张某积极行为由基线期到处理期呈正向趋势,C 统计结果 C=0.974,Z=4.15,$P < 0.01$,张某积极行为由处理期到追踪期趋势走向仍呈正向趋势,C 统计结果为 "C=0.955,Z=4.19,$P < 0.01$",表明阶段间的

趋势变化差异显著，说明张某处理期的干预效果显著，追踪期的维持效果也显著，积极行为支持计划对张某的积极行为的增加有很大的成效。

总之，视觉分析的结果显示，张某的课堂干扰行为经过积极干预后明显减少，问题行为的平均水准显著降低。在处理期阶段，其干扰行为呈正向递减趋势，并且追踪期能够维持处理期的干预效果，平均水准继续下降，仍呈稳定状态，并没有因为撤除部分干预策略而明显增加。因此该积极行为干预策略能减少张某的干扰行为。

（二）显著性检验

本研究采用的是单一被试实验设计，实验数据处理的方法可采用单因素完全随机试验设计的方法，因此采用spss18.0对张某基线期、处理期和维持期三个阶段的数据进行F检验，以帮助验证目视分析和C统计分析的结果。

统计处理结果见表10-18：

表10-18　张某各阶段数据统计处理结果

	样本容量 N	平均数 M	标准差 SD	显著性 F 值	Sig
基线期	4	62.25	1.708	21.986**	0.000
处理期	12	34.67	12.392		
追踪期	5	19.20	1.924		

表10-18显示，张某干扰行为在基线期平均发生率达到62.25次/周，处理期干扰行为的平均发生率为34.67次/周，比基线期大幅度减少，追踪期干扰行为平均发生率为19.20次/周，小于处理期。F检验结果显示，张某的干扰行为数据在基线期、处理期和追踪期差异显著［F=21.986，F0.01（2，18）=6.01，即 P < 0.01］，说明积极行为支持策略有效。

（三）老师及家长的评价

对张某的干预主要是研究者和班级老师，妈妈在干预中也发挥了重要的作用，能够及时恰当地给予孩子辅助。班级老师反映，对张某干预后，他在课堂中的抓凳子行为明显减少，张某能够：用固定的手势符号表达自己的需求；用轻轻地拍老师与妈妈的胳膊或肩膀引起对方的注意；用固定的手势符号回答老师或妈妈的要与不要的问题；用伸出手指指向事物的方向回答选择性的问题。同时张某也会自发性地从图片沟通卡上撕下所需的图片进行沟通。张某在课堂上的参与度也有明显的提高，会在妈妈的辅助下指认老师教的内容，也会高兴地和同学们跟着节奏蹦蹦跳跳，也能够在妈妈的辅助下操作数学教具，早上能够把班级的凳子摆好，放学前能够把它们再搬到课桌上……各科老师也反映，张某现在发生了很大的变化，会参与课堂了，抓凳子的行为减少了很多，有时即使发生，也能够在不严重时被制止，不用再担心课堂被他和黄某打断了。妈妈对干预的效果也很满意，张某现在交流沟通的愿望很强烈，会用手势和图片表达需要，有时还会结合一些不太清晰的语言来表达，例如，有时会说"我要画画""我要积木""玩游戏"等。张某现在上课能够做的事情增加了，他的抓凳子行为明显地减少了。

综上，张某在处理期，干扰行为变化明显，取得了较好的干预效果，同时在追踪期也取得了较好的维持效果。

七、研究的结论

研究者对张某的干扰行为进行了持续性的研究，取得了较好的干预效果，张某抓凳子的行为明显减少。反思干预的整个过程，得到如下几方面的启示：

（一）采用动静结合的教学组织形式，满足儿童的生理需求

一些孤独症谱系障碍儿童无法长时间保持比较安静的状态，当他们的神经兴奋水平下降时，他们就会通过课堂干扰行为来调节自己的生理兴奋水平。因此老师要采用生动活泼的教学形式，主动帮助儿童保持理想的神经兴奋水平，避免课堂干扰行为的产生。在干预张某的课堂干扰行为的过程中，老师在教学过程中适时地将教学内容融入奥尔夫音乐的节奏游戏中，这可以提高课堂的兴奋度，并帮助张某参与课堂教学，从而有效地减少了他抓凳子的课堂干扰行为。

（二）建立孤独症谱系障碍儿童集体课教学的常规，提高他们的控制能力

对于比较容易在课堂上出现扰乱行为的孤独症谱系障碍儿童，老师在开展教学之前，要对他们提出明确的要求，告诉他们应该怎样做；在进行教学的过程中，老师可采用视觉提示的方式，提醒他们可以做什么，不可以做什么。研究者在对张某进行干预时，就利用了照片的形式告诉他正确的行为和错误的行为，并且在上课初就利用简单、形象、易记的语言强化他的正确行为。研究者还借助他喜欢扑克牌的特点，在扑克牌上打钩与叉，帮助他监控自己的行为。

（三）运用图片交换辅助沟通系统，提高儿童的沟通能力

孤独症谱系障碍儿童一般存在社会沟通和交往障碍，课堂教学的过程中，他们遇到困难需要帮助，但是又无法采用合适的方式表达时，有些儿童就会出现课堂干扰行为。研究者在干预张某的问题行为时，充分考虑到张某的实际情况，为张某设计了不同情境的图片交换沟通系统，帮助他遇到困难时，向教师及时寻求帮助，从而减少了他因为无聊而沉迷于抓凳子的感官刺激行为。

研究简评：

（1）Janney 和 Snell 把行为问题按优先处理的顺序分为三类：破坏的、干扰的、分心的。干扰行为被列为需第二优先处理的位置上。被列于中间位置的干扰行为虽没有对儿童的安全构成严重威胁，却毫无疑问地妨碍了儿童正常的学习、人际交往和日常生活，对其社会化发展产生了不利影响。

（2）该干预实例中研究者在对个案课堂干扰行为观察和结构化访谈的基础上进行功能分析，得出个案问题行为的功能是感官刺激。根据干扰行为的功能制定有针对性的前事控制、行为教导以及后果处理等多种策略对个案的问题行为进行干预，并综合分析干预的效果，表明：个案抓凳子的课堂干扰行为明显减少，运用手势及图片表达的积极行为显著增多，并且口语能力也有所提高，干预取得了较好的效果。

第三节　孤独症谱系障碍儿童攻击行为干预实例 [1]

一、个案的基本情况

王某，男，2003 年 11 月出生。他母亲是大专学历，是某企业的会计。他父亲是本科学历，是某建筑公司的经理。他的父母分居两地，关系紧张，王某以前与爷爷奶奶住在农村，2013 年开始与母亲一起生活。家族无精神病史，母亲孕期和产期正常，顺产，各项指标正常。4 岁时，父母发现王某异常，在广州中山三院确诊为孤独症。王某无语言能力，能够理解一些简单的词语和短句，能够指认一些常见的物品，对简单的指令有反应。王某的粗大动作和精细动作都发展得比较好，动作模仿能力强，生活能够自理。王某有一定的社交需求，对别人的友好态度有反应，在普通小学随班就读过三年，2014 年开始在特殊教育学校就读五年级。

通过平时的观察，结合家长和其他老师反映的情况，将王某的基本能力概况如下：

表 10-19　王某的基本能力

能力领域	发展情况
认知能力	认知能力较弱，除了奥尔夫音乐和运动与保健课，其他课较少参与，能够指认一些常见的物品。
言语能力	没有语言，偶尔会用拉人去某个地方表达需求。
动作能力	粗大动作和精细动作都发展得比较好，动作协调性较好，动作模仿能力强。喜欢跟着音乐模仿动作，上体育课也能模仿老师的动作。
社交能力	认识家人、老师、同学，能够参与集体活动，但是一般用打人来表达拒绝。有一定的社交需求，有时会主动拉老师或同学的手，对别人的友好态度有反应。

---

[1] 本案例的作者为肖艳林、文娜，发表于《绥化学院学报》2018 年第 10 期。

续表

能力领域	发展情况
情绪控制能力	情绪控制能力较弱,有时会大叫、哭闹,且持续的时间较长。
自理能力	生活能够自理,能够独立完成生活中的一些简单活动,如,吃饭、穿衣、如厕、扫地、拖地、擦桌子等。但不能够遵守时间和常规。

从表10-19和收集的资料中可以得出,王某除了奥尔夫音乐课和运动与保健课,其他课较少参与,这与王某自身的认知能力弱、没有语言能力有关,也与课堂教学内容的设置有关,老师在教学内容的选择上没有考虑到每个学生的现有能力,没有因材施教。王某在其他课堂上很无聊,经常会攻击同学,甚至教师,班主任老师除了把他和其他同学隔开坐,没有采取其他干预措施。王某身体健康,无既往病史,可以排除由医学因素引发攻击性行为的可能。

二、目标行为的确定

根据研究者平时的观察和其他老师反映的情况,发现王某攻击性行为比较频繁,而且比较突然。王某的具体表现为有时迅速起身用一只手抓同学或是老师,很多时候皮肤都被他抓出血来,留下深深的指甲印;有时快速伸出拳头重重地打人。王某在音乐课和运动与保健课上没有出现攻击性行为,而且王某不攻击音乐老师。据他妈妈反映,王某在家也经常打她,她被打后往往采取忽视的方法,王某打她的次数越来越多。

研究者将王某对同学和老师的攻击性行为作为需要干预的目标行为。

目标行为的操作定义如下:

王某的攻击性行为是指用手指抓同学或老师的皮肤至留下血痕,或伸出拳头打人,对方觉得很痛。

表10-20 王某的目标行为描述

	王某
发生情境	一般发生在他很少参与的课堂上,而且大多发生在一堂课的中间,较少发生在刚开始上课或一堂课快要结束的时候。
行为强度	发生的时间很短,抓人的速度很快,抓出血并留下印痕。
行为历史	离开老家到新的地方和妈妈一起生活开始,持续一年多的时间。
处理历史	老师将他与其他同学隔开来坐,单独一个人坐在讲台下,或者让他在冷静区罚站。妈妈忽视他的行为。
行为周期	无,没有规律性。

由表 10-20 可知，王某的攻击性行为持续的时间不是很长，仅有一年的时间。王某的攻击性行为与情境关系密切，在他参与度低的课堂中发生频率高，基本上没有进行过干预，且行为发生没有规律性，周期性不明显。

三、问题行为功能的评估

通过前两个阶段的资料收集，已经比较全面地了解了王某的基本情况，在此基础上分析评估攻击性行为的功能。

（一）量表化访谈

采用 Durand 的《行为动因评估量表》对班级老师进行访谈，了解王某攻击性行为的功能，王某的《行为动因评估量表》结果如下：

表 10-21　王某攻击性行为动因评估量表得分情况

	满足刺激	逃避任务	寻求关注	得到实物
总分	8	19	21	10
平均分	2	4.75	5.25	2.5
排序	4	2	1	3

从表 10-21 可知，王某的攻击性行为的主要功能是寻求关注和逃避任务。

（二）直接观察

基线期对王某的观察持续四周，以 1 周为一个周期，连续观察四个周期，排除时间、药物、其他教育因素等对实验结果的影响。选择在攻击性行为多发的生活语文课、生活数学课、生活适应课和康复训练课上做观察，记录攻击性行为在基线期的发生次数，记录标准为：用手抓同学或老师的皮肤或伸出拳头打人记为 1 次。同时记录王某每次攻击性行为的前提事件和行为后果并分析其主要功能。

表 10-22　王某在基线期四周的观察数据情况

	第一周	第二周	第三周	第四周
星期一	5	6	7	8
星期二	6	7	5	7
星期三	7	5	6	4
星期四	5	4	8	5
星期五	8	7	6	6
每周总次数	61	29	32	28
平均每天次	6.2	5.80	6.40	5.60

从表 10-22 可知，$F=0.444 < F_{0.05}(3, 16)=3.24$，即 $P > 0.05$，差异不显著。因此四周的观察数据不存在显著差异，说明时间、药物、其他教育因素没有对王某的问题行为造成明显的影响。

统计分析观察记录了王某的 120 个攻击行为的功能，结果如下：

表 10-23　王某攻击性行为观察记录结果分析

	满足刺激	逃避任务	寻求关注	得到实物
总次数	0	49	71	0
百分比	0	40.83%	59.17%	0

从表 10-23 可以看出，王某攻击性行为的首要功能是寻求关注，其次是逃避任务。

研究者采用 ABC 观察法对王某在生活语文课、生活数学课、生活适应课和康复训练课上的行为进行了观察，表 10-24 列举了王某攻击性行为发生的主要前提事件、行为表现及功能：

表 10-24　王某攻击性行为功能评估结果

前提事件	问题行为	行为结果	功能
同学们在描写汉字，老师在教一个同学握笔描写汉字，王某拿笔乱涂乱画。	用拳头打同学并用手掌拍胸脯，微笑。	被打的同学尖叫，老师大声呵斥他，叫他站到冷静区，王某站到后面的冷静区。	寻求关注
老师讲解示范完拖地的方法，叫王某练习拖地。	坐在座位上不起来，老师硬拉他起来，用手抓老师的手背，出现血印。	2 个老师强拉他起来，他大声尖叫，被迫按老师的要求练习拖地。	逃避任务
同学们在上言语康复课，王某坐在座位上，用脚踢讲台。	迅速抓了靠近他的一个同学，返回座位上。	老师没有理他，把同学们的座位搬得离他更远。	寻求关注

从表 10-24 可以看出，王某攻击性行为的主要功能是寻求关注和逃避任务。

综合量表化访谈和直接观察的结果可以得出：王某攻击性行为的主要功能是寻求关注和逃避任务。

四、积极行为支持干预方案的制定

根据访谈、观察和功能性行为分析评估的结果，研究者和班级老师、课题组成员、家长共同制定了干预方案。

制定干预方案时，以功能性分析为基础，充分考虑王某现有的优势和弱势能力、情感需要以及家庭环境等，注重问题行为的预防。干预策略的选择主要采用前事控制和教育引导的策略，积极发展个案的替代行为，挖掘他的潜在能力，使他能更好地发展。以下为干预方案：

（一）前事控制策略

前事控制策略主要是通过控制引发王某的攻击性行为发生的前事来预防攻击性行为的发生，同时诱发积极行为的产生。

第一，调整座位。很多问题行为的产生与物理环境有关。王某因为经常攻击同学和老师，长期被安排在讲台下面和同学隔开一段距离的地方坐。王某虽然坐在讲台下面，除了音乐课和运动与保健课，其他老师很少关注他，坐在老师的眼皮底下，却被老师漠视。王某远离同学，也被同学忽视。他经常坐在座位上无所事事，有时扣手指甲，把手指甲扣得不能再扣为止；有时踢讲台，如果声音不是很大，老师一般对他漠视；有时把自己的衣服撕出一个洞，然后把撕掉的布料再撕得细细的。研究者和班级老师商量，决定调整王某的座位，让他重新和同学们坐在一起，考虑到他的攻击行为，让王某不太敢攻击的余某坐在他的旁边，他坐在边上。王某攻击余某时，余某和其他同学不一样，他会还手，而且他不会大叫。余某是班上被王某攻击次数最少的人，有时王某还会拉着余某的手玩一会。而且余某是班上能力很强、表现最好的学生，王某的模仿能力不错，可以模仿余某的一些好行为。

第二，调整教学策略。生活语文课、生活适应课、生活数学课和康复训练课老师根据王某的能力发展现状，选择适合他的教学内容。王某没有语言能力，他也抗拒训练语言能力，考虑到他年龄比较大了，语言康复对他的作用不是很大，如果强迫他的话，会产生更多的问题行为，反而影响他的发展。所以教学中结合图片、实物、手势语教他认识常见的各种事物[1]，掌握生活中一些常见的技能。教学方法的选择可以从奥尔夫音乐和运动与保健课中受到启发，王某在音乐课和运动与保健课上，能够参与老师的教学活动，老师经常表扬他。特别是音乐老师，经常会真诚地对他竖起大拇指，然后微笑着说"某某，你真棒！"他也没有打人的行为出现。王某的动作模仿能力比较强，粗大动作、精细动作都发展得比较好，对音乐的节奏有一定的感知能力。老师可以在这方面多给他提供表现的机会，生活语文课、生活数学课可以加入一些动的元素和节奏的元素，动静结合，寓教于乐。当王某积极参与时，老师可以给他一些积极的评价和热情的鼓励来强化他的表现。例如在一堂课的中间王某问题行为多发的时间段，老师可以加入一些韵律操，将所教的知识融入进去，让王某动起来，参与课堂，从而预防他的问题行为的出现。

第三，助教给予辅助教学。由专门的辅助老师对中重度孤独症谱系障碍学生进行辅助教学，国内的问题行为处理中较多使用这种干预方法。例如一些在课堂情境中的干预，辅助老师在处理期对中重度孤独症谱系障碍学生的学习提供辅助，帮助预防问题行为的发生，然后在追踪期撤出辅助教师的帮助。当老师教的内容王某不能理解掌握时，助教老师根据他的情况给他提供语言和动作方面的帮助，协助他完成。老师在给予辅助时，要根据

---

[1] 孔逸帆，钟莉娟，杨炼康．手势沟通介入方案对无口语自闭症儿童沟通行为成效之研究［J］．东台湾特殊教育学报，2012，14：71-104.

王某的实际能力来决定采用全辅助还是半辅助？随着王某能力的提高，辅助要逐渐弱化直至退出。

第四，增加王某的表现机会。课间休息和课间操时给他提供表现的机会，老师播放节奏感强、动作简单的舞蹈视频让王某和大家一起跳舞，增进他与同学间的互动。王某的生活自理能力不错，老师可以让王某为班级打水、擦黑板、扫地、帮老师拿东西等，并真诚地赞扬他的行为，同时给予奖励。这能提高他对学校生活的适应，帮助他改善与同学、老师间的关系。

第五，改善生态环境。环境生态理论强调在自然、真实的环境下干预儿童的问题行为，强调改变个体的生存环境来促使儿童的问题行为发生改变。儿童渴望获得老师或父母的关注，这种功能具有合理性。但是王某采取的方式不恰当。研究者在观察和访谈中发现，王某不表现出问题行为时，获得的关注很少。爸爸长期不在家，妈妈一个人养育他的同时还要工作，每天上下学的接送都是请别人代劳。王某从乡下到城里的这一年里，妈妈很少有机会陪他，加之王某没有语言能力，认知能力弱，大多数的课程很难参与，也很难获得老师的关注、肯定。在缺乏爱与关注的环境中成长的孩子，他们有时会对其他人的爱与关注产生过度的需求。他们可能采用攻击他人的行为方式来寻求他人的关注[1]。因此，研究者建议，妈妈平时要多陪陪孩子，增进亲子间的感情。妈妈可以和孩子一起做一些简单的家务，陪孩子说说话，带孩子出去走走。王某所在班级的老师平时也要多关注孩子，上课和孩子要有目光的对视，有善意的提醒，也要有温暖的牵手、拥抱。让孩子充分体会到有很多人在关注他，满足他情感上对爱的需求，孩子采用问题行为的方式获得关注的几率就会减少。

（二）行为教导策略

第一，替代性沟通方式训练。以有效方式教导王某用替代性沟通行为来改善攻击性行为[2]。王某没有语言能力，沟通受到很大的限制，这是他的问题行为产生的一个很重要的原因。问题行为具有沟通的功能，老师应该着重于对能力受限制的个体教授如何运用适当的方式表达自己的需求[3]。因此，根据王某的认知能力和兴趣，老师采用图片和手势语帮助他与人沟通。例如，当他需要帮助时，可以用手势语告诉老师。老师也可以用手势语提示他，上课要认真坐好。

第二，课堂常规训练。针对王某上课喜欢抠指甲、捏东西，用脚踢东西的相关行为，运用计时器帮助训练，用简单的指令和他协商，能够完成预定的静坐时间，就可以获得强化物（王某喜欢吃的 QQ 糖。）。静坐时间由先前的几分钟逐渐延长至一节课的时间，干预过程中注意王某的情绪状况。

---

[1] 昝飞，张琴著. 特殊儿童的问题行为干预 [M] . 北京：中国轻工业出版社，2014:135.

[2] 吕建志，李永昌. 正向行为支持计划对改善小学轻度自闭症学生上课分心行为之成效 [J] . 障碍者理解学会半年刊，2014,13（2）:19-34.

[3] 昝飞. 自闭症儿童行为功能评估的个案分析 [J] . 中国特殊教育，2007,5:62-67.

第三，适当吸引他人注意的方式训练。针对他，打同学或者老师以引起他人注意的不恰当方式，老师教导其以积极的表现去吸引老师与同学注意。老师将班级中上课表现很好的学生拍成图片，制作成简单的社交故事书，告诉王某上课可以怎样表现得很棒，表现得很棒后会得到什么（老师的表扬，还有奖励物，以及同学们的肯定。）同时老师还把王某上课表现好的情况与表现不好的情况拍成图片制作成社交故事书，从而加深他应该表现得很棒来吸引老师注意的意识。

（三）后果处理策略

第一，当表现出积极行为时应立即给予积极回应。当王某上课能够安静地坐好，能够参与老师的课堂教学，能够友好地和同学们坐在一起时，老师应该表扬肯定王某的这些积极行为，给予他更多的关注。老师在实施正强化策略表扬时，一定要真诚，如真诚地微笑、点头、拍拍他的肩膀、给他一个爱的拥抱；表扬一定要及时，这样有利于个案维持良好的行为，减少直至消除问题行为。

第二，实施代币制。代币制就是儿童以良好的行为或表现来赚取代币或筹码，然后用这些代币去换取权利、活动或具体实物[1]。老师和王某事先约定，王某如果在一节课内没有打人或抓人，就可以得到一朵红花，六朵红花就可以换一包QQ糖。同时老师要王某的妈妈在家不要给他买他喜欢的QQ糖。如果王某在一节课内出现了打人行为，就扣除一朵红花。当王某的良好行为慢慢形成后，逐渐撤除代币制。

第三，区别处理不同功能的攻击性行为。针对王某为逃避任务而出现的攻击性行为，老师要坚持让其完成任务，要灵活分清情况，当完成任务对于他很难时，老师要给予适当的帮助，但是一定要坚持让他把任务完成。如果王某的情绪非常激动，老师一方面告诉他打人不对，等他安静下来还要继续完成任务；另一方面让他暂时隔离，站在教室的冷静区内。王某情绪稳定下来后，继续完成任务。针对王某为寻求关注而出现的攻击性行为，老师要忽略他的行为，直接告诉他因为他打人，所以扣除代币红花一朵，继续引导其他学生进行教学活动，并且奖励其他上课表现好的学生。老师不要非常生气地停止上课，批评他的行为，那样强化了他的攻击性行为。

积极行为支持认为，如果干预对象能够运用恰当的方式满足自己的需求，他们的攻击性行为必然随之减少。因此，干预人员在使用后果处理策略时，要积极引导孤独症谱系障碍学生运用合适的行为达到与攻击性行为相同的目的[2]。

五、干预方案的实施

基线期：对王某的观察及各方面数据、信息的收集，持续了四周。完成王某的信息收

---

[1] 李芳，李丹．特殊儿童应用行为分析 [M]．北京：北京大学出版社，2011:129.

[2] 林云强，张福娟．自闭症儿童攻击行为功能评估及干预策略研究进展 [J]．中国特殊教育，2012,11:47-52.

集工作，分析问题行为的功能，制定好干预方案后进入问题行为处理阶段。

处理期：干预方案的实施在处理期开始，处理期持续 12 周，在学校自然情境中进行。研究者和王某的班主任是主要的实施者。

方案实施前，先让班主任熟悉干预方案的内容，明确干预方案的宗旨，掌握具体的干预策略。研究者要和班主任老师讨论干预中可能出现的问题及应对的方式。方案实施时间为星期一至星期五生活语文课、生活数学课、康复训练课和生活适应课。研究者和班主任老师及家长商议，将王某的攻击性行为减少至平均每天 2 次（包含 2 次），且持续两周以上才算达到预期目标。如果王某的行为能够达成上述目标，则进入追踪期。

追踪期：处理期结束后，进入追踪期评量，追踪期持续五周[1]。此阶段保留前事控制策略和后果处理策略，撤除教育引导策略的部分策略，使行为支持计划能够达到自然的教学状态，符合自然的学校教学情境。如果王某的行为表现能够在追踪期内维持五周目标行为标准（即攻击行为在每天 2 次以下），就结束行为支持计划，但是研究者还会继续关注他的发展。

六、干预效果的评估

（一）目视分析

1. 阶段内目视分析

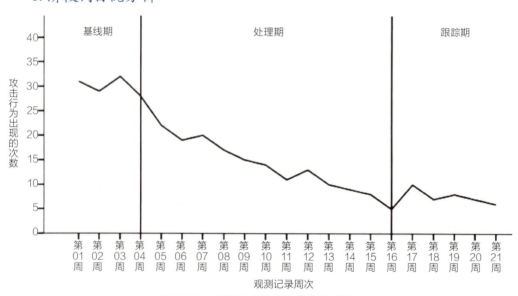

图 10-3　王某攻击性行为变化曲线图

从图 10-3 可以看出，基线期的四周攻击性行为没有明显变化，因为研究者在自然情况下观察收集王某攻击行为的信息，没有对王某的行为造成影响。处理期的第一周，王某

[1] 李芳，李丹 . 特殊儿童应用行为分析 [M] . 北京：北京大学出版社，2011:129.

的攻击性行为数量大幅度减少，以后都逐渐减少，中间虽然有小幅度的反弹，但是整个趋势是减少的，处理期结束后，王某每周攻击性行为的数量减少至每周6次，达到预期的干预目标（攻击性行为减少到每天2次以下）。进入追踪期后，我们撤销了部分干预措施，只保留了部分干预策略，王某的攻击性行为在第一周出现回升，第一周攻击数量达到10次，第二周至第五周王某的攻击性行为逐渐减少至一周6次。这表明王某适应了干预策略的部分撤退，研究过程中采用的干预措施有效，并且效果持续性较好，王某的行为表现渐趋向于正常，攻击性行为明显减少，积极行为显著增多。王某还会间或出现攻击性行为，我们还会继续关注他，帮助他消除攻击性行为，使他能积极参与课堂，体会课堂教学的乐趣，习惯用大家都能接受的方式获得关注。

表 10-25　王某攻击性行为阶段内分析摘要表

	基线期	处理期	追踪期
处理阶段	A	B	C
阶段顺序	一	二	三
评估天数	20	60	25
水准范围	32 ~ 28	22 ~ 5	10 ~ 6
水准变化	3（+）	17（+）	4（+）
平均水准	30	13.6	7.6
水准稳定度	100%	25%	60%

注：（+）表示进步，（-）表示退步，（=）表示无变化。

表 10-25 显示王某的攻击性行为在基线期的变化范围为 32 ~ 28，基线期水准稳定度为 100%，表明基线期数据没有显著性差异，处于稳定状态，可以进入处理期。处理期变化范围为 22 ~ 5，平均水准由基线期的 30 下降到处理期的 13.6，变化明显，整体上攻击性行为的次数在减少，并呈下降趋势，水准稳定度为 25%，处于不稳定状态。追踪期的平均水准下降到 7.6，说明干预的效果维持较好。

2. 阶段间目视分析

王某攻击性行为阶段间变化分析摘要如表 10-26 所示：

表 10-26　王某攻击性行为阶段间分析摘要表

	基线期 / 处理期 A/B	处理期 / 追踪期 B/C
效果变化	正向	负向
趋势稳定度	稳定至不稳定	不稳定至稳定

续表

	基线期 / 处理期 A/B	处理期 / 追踪期 B/C
水准变化	+	-
重叠百分比	0%	100%
平均数变化	- 16.4	- 6
C 值	0.946	0.892
Z 值	4.038**	3.912**

注: **$P < 0.01$, 重叠百分比指后一阶段资料点, 有多少比例资料点落在前一阶段资料点的范围。一般而言, 基线期与处理期重叠的比例越低, 表示处理的效果越好。

表 10-26 显示, 王某基线期和处理期数据重叠度为 0%, 处理期和追踪期的数据重叠度为 100%, 同时基线期 / 处理期的 C 统计结果 C=0.946, Z=4.038, $P < 0.01$, 处理期 / 追踪期的 C 统计结果 C=0.892, Z=3.912, $P < 0.01$, 表明差异显著, 说明王某处理期的干预效果显著, 追踪期的维持效果也显著。

总之, 视觉分析的结果显示, 王某的攻击性行为经过积极干预后明显减少, 问题行为的平均水准明显降低。在处理期, 其攻击性行为呈正向递减趋势, 并且追踪期能够维持处理期的干预效果, 平均水准继续下降, 且呈稳定状态, 并没有因为撤除部分干预策略而明显增加, 因此该积极行为干预策略能够有效减少王某的问题行为。

（二）显著性检验

王某各阶段数据统计处理结果如表 10-27 所示:

表 10-27　王某各阶段数据统计处理结果

	样本容量 N	平均数 M	标准差 SD	显著性检验 F 值	Sig
基线期	4	30	1.826	33.630**	0.000
处理期	12	13.58	5.230		
追踪期	5	7.60	1.517		

表 10-27 显示, 王某攻击性行为在基线期平均发生率达到 30 次 / 周, 处理期攻击行为平均发生率为 13.58 次 / 周, 比基线期大幅度减少, 追踪期攻击性行为平均发生率为 7.60 次 / 周, 小于处理期。F 检验结果显示, 王某的攻击性行为数据在基线期、处理期和追踪期差异显著 [F=33.630, $F_{0.01}(2, 18)$=6.01, 即 $P < 0.01$], 说明积极行为支持策略有效。

（三）老师及家长的评价

根据各科老师反映的情况，对王某实施干预后，他的攻击性行为明显减少，也很少将别人的皮肤抓出血了；课堂的参与度明显提高，每节课都能够参与一些课堂的内容，不再坐在座位上干无聊的事情打发时间了；与人互动的能力也有所发展，能够用简单的手势语表达自己的需求，也能够明白对方用手势语传递的信息，例如，会主动轻轻拍拍同学或老师的手臂，表达自己想玩的意愿；自我控制的能力得到了改善，能够听从老师的指令。王某与妈妈的关系也得到了改善，妈妈每个星期会选择几天接送他上学，他会牵着妈妈的手来到教室，也几乎很少再抓或者打妈妈了。王某的情绪状态变得越来越好了，同学们也不再害怕他了，他与同学们的关系也得到了改善。

综上所述，王某进入处理期后，攻击性行为变化明显，取得了较好的干预效果，同时也在追踪期取得了较好的维持效果。

七、研究的结论

通过对王某的攻击性行为进行研究，我们认为在处理孤独症谱系障碍儿童的问题行为时，要注意以下几个方面：

（一）有针对性地干预孤独症谱系障碍儿童的问题行为

本研究采用了积极行为支持的方法干预孤独症谱系障碍儿童的问题行为，对个案攻击性行为的功能进行了分析，并依据攻击性行为的功能，采用了综合性的干预策略，减少了个案的问题行为。就本研究而言，这些综合策略是基于王某的认知、个性特点以及问题行为的功能设计的，针对性很强，因而能顺利有效地实施。孤独症谱系障碍儿童之间存在很大的差异性，适用于王某的方法，不一定适用其他孤独症谱系障碍儿童。因此，我们在干预孤独症谱系障碍儿童的问题行为时，要根据每个儿童的具体情况，设计适宜的干预方案，否则干预很难取得理想的效果。

（二）给予孤独症谱系障碍儿童积极关注的成长环境

积极行为支持非常重视减少或调整干预对象所处环境中的不良因素，以减少问题行为的发生，从而使干预对象能与周围环境保持更适切的关系。因此实施干预时，强调通过调整环境达到改善问题行为的目的。本研究中，研究者及时调整王某的座位，及时地给予他关注，避免或减少他通过攻击性行为获得关注，并且建议王某的家长多陪伴孩子，多关注和疼爱孩子，为孩子的成长创设温暖、平静、和谐的家庭氛围，让孩子体会到父母的爱与关注。于是，他的情绪渐趋稳定，攻击性行为也随之减少。因此，我们在干预孤独症谱系障碍儿童的问题行为时，要分析儿童所处的学校、家庭、教室内以及教室外环境，要充分利用有利的因素优化他们成长的环境，为他们提供充满关注和爱的环境，避免孤独症谱系障碍儿童通过问题行为获得关注。

（三）为孤独症谱系障碍儿童提供感兴趣、有价值的事情

本研究中的王某因为能力受限，加之老师又没有及时地提供恰当的辅助，所以他经常无法参与课堂教学，只能无聊地坐在座位上，因此他感到无聊、没有被重视和关注，抓人、打人的攻击行为随之发生。老师在干预王某的问题行为时，不仅在课堂上为他提供适合他的能力和兴趣的教学内容，还安排助教给予他及时恰当的辅助，课间休息和课间操也给他提供他能做，并且很有兴趣做的事情，让他体会到成就感和被重视感，从而减少了他的攻击性行为。所以，孤独症谱系障碍儿童的老师一定要为孩子设计他们感兴趣的事情，让他们在忙碌的过程中获得成就感和被重视感。对于孤独症谱系障碍儿童有难度、他们想逃避的任务，老师一定要及时地提供适宜的辅助，减少他们的挫败感，从而避免或降低问题行为的发生。"无聊是问题行为产生的温床。"作为特殊教育工作者一定要牢记于心。

研究简评：

（1）台湾地区学者张正芬的研究认为，攻击性行为在孤独症谱系障碍儿童的问题行为中的出现率、频率和强度都最低，但此类问题行为一旦出现，通常比较严重。其调查研究发现，在老师最期待儿童改善的十大类问题行为选择排序中，攻击性行为占据三项，由此可见，攻击性行为是影响孤独症谱系障碍儿童发展的主要障碍之一，这类问题行为特殊教育工作者需引起重视。本研究是一线特殊教育工作者运用积极行为支持对孤独症谱系障碍儿童的攻击性行为进行的干预研究。

（2）研究者通过观察和结构化访谈收集个案王某攻击性行为的相关信息，并对个案的问题行为进行功能分析，得出个案的攻击性行为的主要功能是寻求关注和逃避任务，在此基础上制定前事控制、行为教导和后果处理的综合策略对其进行干预，最后采用目视分析、显著性检验对干预的效果进行评价，并结合老师及家长的评估，结果表明：王某的攻击性行为显著减少，能适当参与课堂教学，沟通能力得到改善，干预取得了较好的效果。

第四节　基于功能分析的孤独症谱系障碍儿童干扰行为干预实例 [1]

在第一部分的理论部分，我们介绍了功能评估的三种方法，分别是间接法、直接观察法和实验法。这一章的前面三个实例均采用间接法和直接观察法来搜集问题行为的相关信息，并基于这些信息分析出问题行为的功能。这一节我们介绍的实例将采用实验法，也就是功能分析的方法来得出问题行为的功能，案例中研究者通过控制问题行为发生之前的前提事件与行为产生之后的后果事件，来验证问题行为的功能。接下来请看实例：

---

[1] 本案例的作者为王曙光、肖艳林，被中国心理卫生协会残疾人心理卫生分会第十一届年会暨20周年会庆论文集收录。

一、案例的基本情况

小韦，男，12 岁，某特殊教育学校孤独症部六年级学生。他的父亲为某饭店经理，他的母亲为某培训机构老板，他家中还有一个妹妹。他家族中无精神病史。小韦四岁时父母发现其行为异常，在广州中山三院被确诊为孤独症，智商为 60。小韦有语言能力，会用简单的短句表达自己的需求。结合平时的观察及生活老师反映的情况发现：小韦上课喜欢离开座位，一节课的时间比较难安静地坐在座位上，一般会离座站起来走动 3 次左右；值班老师反映小韦午休时会大声持续地发出"嗯嗯嗯嗯……"的声音；生活老师也反映，小韦晚上睡觉时有午睡时相同的情况，有时持续到凌晨 5 点多钟才开始睡觉。老师的呵斥能使他停止几分钟，接着又继续叫，如果守在他的床边，他叫的次数会减少，但是一起身，他又开始叫；小韦在家午休和晚上睡觉时也会发出"嗯嗯嗯嗯……"的声音，父母呵斥，甚至打骂都不能减少他的行为。

二、研究的设计

本研究采用单一被试研究中的"A-B-A"实验设计，实验过程包括基线期（A1 评量实施干预之前个案的干扰行为，为期 5 天）、处理期（B 评量干预期个案的干扰行为，共持续 20 天）和维持期（A2，为期 5 天）三个阶段。处理期达到干预目标，连续三周问题行为都维持在每天 3 次以下时，取消部分干预措施，（干预者不再对小韦进行社交故事教育，也不再直接监督小韦的行为，而改成小韦自己监控自己的行为，如果能在约定的时间内没有发出干扰的声音，就可以获得奖励。）进入维持期。

三、研究的过程

（一）确定目标行为

从访谈和行为观察的结果可以得知：小韦午休和晚上睡觉时发出的"嗯嗯嗯嗯……"干扰别人睡觉的行为是急需解决的问题行为。在老师要求大家躺下休息时，小韦的干扰行为就会发生，宿舍里每个地方都能听见，对同学和老师的休息造成了严重的影响。这种情况半年内维持在较稳定的状态，发出的声音没有增大，也没有减小，持续的时间也没有发生变化。干扰行为发生后，小韦没有明显的情绪变化。

小韦干扰行为的操作化定义为：干扰行为是指午休或晚上睡觉时，发出"嗯嗯嗯嗯……"的声音，且持续 10 秒以上，影响同学以及老师的睡眠。

（二）干扰行为的功能分析

1. 功能分析

基线期结束后，采用功能分析的方法，对小韦的干扰行为进行功能评估，以探讨个案睡觉时不断发出"嗯嗯嗯嗯……"的干扰声音的原因。

2. 实验设计

在确定目标行为的基础上，首先观察并形成假设，通过实验操作验证假设来完成功能分析。

（1）观察形成假设

通过观察，发现：①罗老师中午值班时，小韦的干扰行为明显减少。可能有两个方面的原因：罗老师会给他手机玩；罗老师性格温和，很少对他发脾气，耐心地坐在他的床旁边。（小韦的问题行为可能想获得实物手机，以及得到关注）②生活老师王老师值班时，小韦的干扰行为也相对少一些，生活老师不理会小韦的干扰声音，"他叫得没有意思就不会叫了。"（小韦的干扰行为可能是想获得关注）③张老师中午值班时，会和小韦以及其他有语言的学生聊会儿天，不会严格要求按时就寝，小韦的干扰行为也会少一些。（小韦的问题行为可能是逃避任务，获得关注。）④李老师一到宿舍就要求学生上床睡觉，小韦一叫就要他"闭嘴，睡觉。"小韦的干扰行为发生最多。（获得关注，逃避任务。）

（2）功能分析验证假设

①罗老师值班，不给他手机玩，要求他按时就寝。

②罗老师值班，他一叫就呵斥他。

③李老师值班，忽视他的干扰行为。

④李老师值班，给他手机玩。

⑤李老师值班，不要求他按时就寝，陪他聊天，耐心地坐在他的床边。

表 10-28　小韦目标行为记录表

实验情境	①	②	③	④	⑤
目标行为次数	5	7	4	3	2

从表 10-28 可以看出，在情境②中，目标行为出现得最多，老师对小韦干扰行为的呵斥强化了他的行为，满足了他获得关注的需要。情境①中，要求他按时就寝，目标行为出现得也比较多，表明小韦的干扰行为有逃避睡觉这个行为的目的。情境③④⑤表明，适当忽视小韦的干扰行为能够减少对他的干扰行为的强化，手机在干预小韦的问题行为中，是一个不错的强化物，可以和其他干预策略结合起来使用。同时，满足小韦关注的需要也能够减少目标行为的出现。

从以上的实验分析可得出，小韦干扰行为的功能是获得关注与逃避任务。

（三）实施干预

根据功能分析的结果，研究者和小韦的班主任老师制定了干预方案。

制定干预方案时，以功能分析为基础，采用前事控制、行为引导和后果处理等综合策略系统地干预小韦的干扰行为，以达到减少干扰行为，积极发展小韦的替代行为，促进他更好地发展的目的。整个干预过程由研究者、班主任老师和其他值班老师以及生活老师一起完成，并且大家就具体的操作策略达成了一致意见，以下为 20 天的干预过程：

1. 前事控制策略

（1）提供适宜的宣泄渠道。小韦属于比较好动的孩子，大课间和放学后，班主任老师带着他跑步，一方面消耗他过剩的精力，另一方面通过互动加强师生之间的联系，他从老师这里获得了较多的关注，满足了他情感方面的需求。

（2）改变生态环境。小韦的爸爸妈妈以前会花很多时间在小韦身上，希望他能够彻底康复。可是他的孤独症谱系症状并没有多大的改善，父母对他的希望也逐渐变淡。随着妹妹的诞生，父母把大部分的时间花在工作和妹妹身上，对小韦的关注越来越少。父母让他在学校寄宿，星期五的下午才接他回去，他很渴望获得别人的关注，特别是父母和老师的关注，可是他不会运用恰当的方式表达。因此，班主任向小韦的父母建议，在家里多给小韦一些关爱，星期三的下午把孩子接回家，让孩子体会父母的爱。老师平时上课时，给小韦也尽可能地提供表现的机会，满足他关注的需要。

（3）推迟上床睡觉的时间。中午吃完饭后，老师先带着学生在校园里散步 20 分钟，推迟到 12 点 30 分再要求学生睡午觉。刚吃完饭，学生还没有睡意，硬让他们上床睡觉学生们很难入睡，何况孤独症谱系障碍学生有很大部分本身就存在睡眠障碍，特别是对小韦这种好动型的学生来说更难入睡。老师带着学生散会步，有利于消耗掉部分精力，增加师生间的感情，帮助他们更快地入睡。

（4）改善睡眠环境。将睡眠质量好的丁某和黎某安排在他的左右边床铺，一方面，这两个学生无论环境多么嘈杂，他们都能很快入睡，减少小韦对其他学生的影响；另一方面，两位学生不会关注小韦的干扰行为，不会对他的不良行为给予强化，而且还会给小韦起到榜样的作用。

2. 行为教导策略

（1）教导小韦恰当的替代行为。替代行为是与问题行为相反的帮助个体更好地适应环境的积极行为 [1]。教导小韦他不想睡觉时，可以和老师说"老师，我不想睡觉。"老师允许他可以不睡觉，但是要躺在床上，不发出声音。如果他能够安静地躺在床上 5 分钟，老师将允许他安静地玩 5 分钟的手机。这样持续了 3 天，将要求改为了如果能够安静地躺在床上 8 分钟，老师将允许他安静地玩 8 分钟的手机。持续了 2 天，到了干预的第一个星期六、星期天，研究者和小韦的父母达成一致意见，建议他们在家也这样要求他并延长至安静地躺在床上 10 分钟，允许他安静地玩手机 8 分钟。干预过程中，干预者慢慢地将安静地躺在床上的时间延长，玩手机的时间缩短为一个定值 8 分钟。到干预的第三周的星期五，

---

[1] 王碧涵，王碧霞. 自闭症儿童攻击性行为的功能性评估及干预个案研究 [J]. 现代特殊教育（高教），2015（2）：52-56.

研究者和小韦约定，如果整个午休的时间他都能安静地躺在床上，下午就可以玩20分钟的手机。如果整个晚上都能安静地躺在床上，白天可以玩40分钟的手机，并且星期三和星期五爸爸会提前一个小时来接他回家，小韦高兴地答应。

（2）用社交故事训练小韦的规则意识。小韦的认知能力较好，能够阅读、理解简单的故事。研究者和班主任老师把小韦在宿舍的表现拍成图片，同时把表现好的同学也拍成图片，制作成简单的社交故事。例如《睡觉的时候，我可以这样做》：12:30了，我们要午睡了。我不困，不想睡觉。可是，小丁、小黎、小钟他们要睡觉。如果不睡觉，他们下午会，打呵欠、生气、难受。所以，我不能叫，那样他们会睡不着。我可以安静地躺在床上，也可以闭上我的眼睛。这样不会吵到他们睡觉，他们会睡得很香。下午他们会和我一起高兴地玩，老师也会表扬我，我会感到很高兴。通过社交故事训练小韦的规则意识，提高他遵守规则的能力。

3. 后果控制策略

（1）积极忽视法。如果学生表现出问题行为，老师就停止对他的有关鼓励与强化，同时要密切关注他的行为变化，并采取恰当的应对方式[1]。考虑到小韦发出"嗯嗯嗯嗯……"的干扰声时，宿舍里有三个学生会强化他的行为（一个学生会跑到他的床边喊"不要叫了，不要叫了。"往往这个时候小韦叫得更欢了；还有个学生会大声地向老师告状"老师，他又叫了，他又叫了。"还有个学生小韦一叫，他就拍手。）所以研究者和生活老师商量，把这三个学生暂时安排在其他宿舍。相关老师达成一致意见，小韦睡觉时再发出"嗯嗯嗯嗯……"的声音，不要理他，不要批评他，随他一个人在那里叫。当他停止发出"嗯嗯嗯嗯……"的声音达到约定的时间后，奖励他玩手机，并且告诉他"因为你安静地躺了×分钟，所以现在可以玩手机×分钟"。如果你再安静地躺×分钟，你还可以玩手机×分钟。干预的第一天中午午休，刚开始小韦叫一次的持续时间比以前还长，到了晚上叫一次的持续时间逐渐变短。

（2）区别性强化。使用区别性强化增强积极行为。当小韦能用口语表达"老师，我不想睡觉。"时，允许其安静地躺在床上；当他能够安静地躺满约定的时间，奖励他玩手机，并让他爸爸提前接他回家来增强他的积极行为。而对他发出"嗯嗯嗯嗯……"的干扰声，则忽视不理睬。

四、研究的结果与分析

（一）资料处理

资料分析主要采用视觉分析，显著性检验并结合老师及家长的评价来综合分析干预效果。

---

[1] 黄伟合，贺萃中. 功能性行为评估与干预 [M]. 北京：华夏出版社，2013:97-98,157.

运用视觉分析时，应留意：①阶段内的资料点数目；②水准稳定性及阶段内与阶段间的水准变化；③阶段内与阶段间的趋向走势、趋向稳定性及趋向变化；④资料点重叠的百分比[1]。

（二）结果与分析

1. 目视分析

（1）小韦干扰行为阶段内变化分析

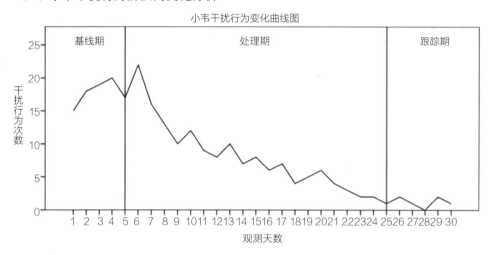

图 10-4　小韦干扰行为变化曲线图

从图 10-4 可以看出，小韦干扰行为在基线期基本保持稳定状态。处理期的第一天小韦的干扰行为增加，比基线期的最高值还要高，这是因为采用了积极忽视的处理策略，后来随着其他综合策略的积极跟进和干预者的坚持，小韦的干扰行为呈下降趋势。到处理期的第 18 天减少至 2 次，第 19 天减少至 2 次，第 20 天减少至 1 次，进入维持期。小韦在维持期干扰行为保持在 2 次及以下，仍保持在干预目标之下，达到了较好的维持效果。

表 10-29　小韦干扰行为阶段内分析摘要表[2]

	基线期	处理期	维持期
处理阶段	A	B	A
阶段顺序	一	二	三
评估天数	5	20	5
趋向走势	╱（-）	╲（+）	╲（+）

[1] 杜正治. 单一受试研究法 [M]. 台北：心理出版社股份有限公司，2006:47.

[2] 李芳，李丹. 特殊儿童应用行为分析 [M]. 北京：北京大学出版社，2011:61.

续表

	基线期	处理期	维持期
水准范围	15 ~ 20	22 ~ 1	2 ~ 0
水准变化	2（-）	21（+）	1（+）
平均水准	17.8	7.75	1.2
水准稳定度	60%	35%	40%
C 值	0.590	0.896	0.25
Z 值	1.627	4.219**	0.756

注:（+）表示进步,（-）表示退步,（=）表示无变化。

图 10-4 显示小韦的干扰行为在基线期变化范围介于 15 ~ 20 之间，表 10-29 可以看出，基线期的水准稳定度为 60%，基本上处于稳定状态，C 统计结果为（C=0.590，Z=1.627，P > 0.05）表明数据没有显著差异，可以进入处理期。处理期的水准稳定度为 35%，水准变化为 21，表明小韦的干扰行为显著减少，安静躺在床上的积极行为增加。平均水准由基线期的 17.8 降至处理期的 7.75，最后降至维持期的 1.2，表明干预取得了预期的效果，小韦的干扰行为不断减少。维持期的水准稳定度为 40%，但 C 统计结果为（C=0.25，Z=0.756，P > 0.05）差异不显著，表明维持期取得了较好的维持效果。

（2）小韦干扰行为阶段间变化分析

表 10-30　小韦干扰行为阶段间分析摘要表

	基线期 / 处理期 A/B	处理期 / 追踪期 B/C
效果变化	正向	正向
趋向走势	／（-）至＼（+）	＼（+）至＼（+）
趋势稳定度	较稳定至不稳定	不稳定至不稳定
水准变化	+	=
重叠百分比	5%	80%
平均数变化	- 10.05	- 6.55

注: 重叠百分比指后一阶段资料点, 有多少比例资料点落在前一阶段资料点的范围。一般而言, 基线期与处理期重叠的比例越低, 表示处理的效果越好。

从表 10-30 可以看出基线期与处理期重叠百分比为 5%，表明小韦进入处理期后干预效果显著。处理期与维持期重叠百分比为 80%，表明对小韦的干预取得了较好的维持效果。

2. 显著性检验

小韦各阶段数据统计处理结果如表 10-31：

表 10-31　小韦各阶段数据统计处理结果

	样本容量 N	平均数 M	标准差 SD	显著性检验 F 值	sig
基线期	5	17.8	1.924	18.297**	0.000
处理期	20	7.75	5.519		
维持期	5	1.20	0.837		

F 检验结果显示，基线期、处理期和维持期三个阶段间的数据差异显著（F=33.630，P < 0.01）表明干预效果显著，对小韦的干预有效。

3. 老师及家长的评价

值班老师、小韦的班主任、生活老师反映，小韦现在睡觉时很少发出"嗯嗯嗯嗯……"的干扰声音了，会安静地躺在那里，虽然午休时很少睡着，但是对其他同学不再造成影响了，另外三名同学也搬回了宿舍，对小韦的行为也没有产生影响。班主任老师反映，小韦现在在班上的表现比以前也好了很多，参与课堂的机会增多了，而且对体育活动比以前喜欢了，情绪也稳定了很多。小韦的妈妈反映，小韦现在中午和晚上睡觉时几乎很少发出干扰声音了，不再影响家人的睡眠，有时还会主动和家人简单沟通，和爸爸、妈妈以及妹妹的关系也改善了很多。

五、研究的结论与建议

（一）研究的结论

通过分析研究结果，得出以下结论：

对小韦的干扰行为进行功能分析，并在功能分析的基础上制定了包含前事控制、行为教导和后果处理等干预策略，对小韦实施干预，他的干扰行为显著减少，积极行为明显增加，取得了明显的干预效果。

1. 综合性的干预策略对干扰行为的介入成效

对小韦实施综合性的干预策略后，他安静地躺在床上的行为增加，发出"嗯嗯嗯嗯……"的干扰行为显著减少，表明干预是有成效的。此外，小韦会用语言表达自己的想法，积极参与体育活动和班级教学活动的行为增加，与同学、老师以及父母的关系也得到了改善。

2. 综合性的干预策略对干扰行为的维持成效

维持期的平均水准明显低于处理期，维持期与处理期的重叠百分比较高，表明虽然撤退了部分干预措施，但是干预的维持效果较好，维持期没有发生较大的变化。

3. 功能分析对制定系统的干扰行为方案的成效

本研究采用实验性的功能分析的方法发现小韦的问题行为是为了获得关注与逃避任务。根据小韦的问题行为制定了系统的干预方案，才取得了预期的干预效果。不管是问题行为，还是合适的行为都有它的原因，所以对于教育者来说，一定要分析问题行为的原因才能有的放矢地干预问题行为。

（二）后续研究的建议

（1）延长研究周期，对小韦做更长的追踪研究，对个案的干扰行为做进一步的深入研究，探讨它能否被积极行为完全取代以致消失。

（2）小韦的干扰行为减少后，可设计改善小韦睡眠问题的策略，提高他午休和晚上睡觉的质量。

研究简评：

（1）问题行为的产生是有目的的，不同的问题行为它的功能不同，我们要对这些干扰行为进行有针对性的干预，必须先分析其功能。功能分析是一种实验性地分析问题行为功能的方法，需要对目标行为进行功能假设，然后运用实验的方法验证假设。总而言之，就是先提出假设，再验证假设，然后根据假设设计干预方案对目标行为进行干预。

（2）孤独症谱系障碍儿童的问题行为不仅影响其自身的发展，还会对周围的同学、老师以及家长产生严重的影响。本研究实例在功能分析的基础上，对一名个案睡觉时的问题行为进行干预研究。首先通过观察对个案的问题行为形成功能假设，然后通过实验操作验证假设来分析个案问题行为的功能。并基于功能分析的结果，运用包含前事控制、行为教导和后果处理等策略对个案的问题行为进行干预。在综合策略的系统干预下，个案的问题行为明显减少，积极行为显著增多，干预取得了预期的效果。

第十一章 行为教导策略在孤独症谱系障碍儿童问题行为干预中的应用实例

　　行为教导策略有利于增加孤独症谱系障碍儿童的能力和独立性，从而帮助他们应对问题行为的前事。特别是当儿童的良好行为已经出现，只是在程度上还不足时，需要干预者采用行为教导策略增强和塑造这些良好行为，提高它们出现的频率，从而有效地避免和减少问题行为的出现。从教育与发展的角度而言，行为教导策略比单纯地干预问题行为更能取得较好的效果。即使儿童还未表现出良好的行为，我们也不是单纯地消除问题行为，而是培养良好的行为代替问题行为。常用的行为教导策略有行为塑造、区别强化、行为契约、自我管理和代币制等，前面的章节我们已经介绍了这些策略的原理和使用方法。接下来我们将以具体实例介绍行为教导策略的运用。

第一节　代币制对孤独症谱系障碍儿童情绪问题的干预实例 [1]

一、案例的基本情况

　　刘某，男，9岁，足月顺产，家族无精神病史，现为某特殊教育学校三年级学生。2010年，经广州中山三院诊断为中度孤独症。刘某喜欢吃零食，爱看动画片《托马斯火车》，喜欢去感统室冲滑板和去沙盘游戏室玩沙盘游戏，对圆形的物品比较偏爱。刘某的认知能力较好，能够辨认常见的事物，会简单的两位数以内的加减法。刘某的粗大动作和精细动作发展得比较好，生活基本能够自理，有一定的语言表达能力和理解能力，能进行简单的沟通，但用语言表达需求的能力较缺乏，喜欢用手指的方式获得想要的事物，当不能满足其需求时，会躺在地上大声哭闹。刘某回答不出老师的提问、不能完成老师布置的任务或不愿意完成老师布置的任务时，会边跳边大声尖叫。刘某的情绪问题不仅影响他参与课堂教学，而且大声尖叫、哭闹也严重影响同班同学及楼层其他班级同学的学习生活。

---

[1] 本案例的作者为肖艳林，发表于《中小学心理健康教育》2016年第20期。

二、案例研究的过程

（一）确定目标行为

根据观察及对老师的访谈，确定刘某需要干预的目标行为，其操作化定义为：1. 哭闹行为，突然躺到地上，双腿乱蹬，同时大声嚎哭，用双手不断地擦眼泪。2. 尖叫行为，一边双腿向上齐跳，一边大声尖叫，同时右手伴随着跳的节奏不断地击打胸脯。

（二）分析问题行为的功能

根据自编的《情绪问题观察记录表》在学校自然情境中对刘某的情绪问题进行观察记录，并分析其功能。通过分析 5 天的基线期记录的观察情况，得出刘某情绪问题的功能为：①哭闹行为的功能主要是为了获得注意（引起老师或同学对他的关注）和得到实物（想吃的东西和想玩的东西）。②尖叫行为的功能主要是为了逃避任务（回答问题，完成不同的任务等）和感官刺激（获得前庭刺激和本体觉刺激，同时跳的过程中的尖叫行为不仅宣泄情绪，还满足他的听觉感官刺激）。

（三）代币制对情绪问题的干预方案

根据功能性行为分析的结果，运用代币制帮助刘某控制情绪，减少哭闹和尖叫行为的发生频率。同时还运用代币制塑造刘某良好的行为，如表达需求、引起注意、寻求帮助、释放情绪、满足感官需求等。具体如下：

1. 确定代币

刘某喜欢的形状是圆形，非常痴迷敲击或旋转能发出清脆声音的圆形硬状物，因此选择敲不响、不方便旋转的过完塑的圆形图片作为次级强化物，即代币。

2. 确定后援强化物

首先，根据对老师和家长的调查结果以及观察的情况，研究者选择干预实验中的强化物。然后让刘某根据自己的喜爱程度对这些强化物进行筛选，得出个案最喜欢的食物强化物依次是薯片、QQ糖和旺仔小馒头，最喜欢的活动分别是冲滑板、玩沙盘游戏和看动画片《托马斯火车》。实验中研究者选择这些食物和活动作为后援强化物。

3. 制定代币交换系统

研究者根据要干预的目标行为的难易程度、刘某对后援强化物的喜好程度，和他的情绪问题发生的时间，制定代币交换系统[1]。内容包括：（1）在约定的时间内没有发生情绪问题或表现出积极的行为就可以获得相应数量的代币（获得 2 个代币的有：①一节课没有哭闹/尖叫；②中午午休没有哭闹/尖叫。获得 1 个代币的有：①课间休息没有哭闹/尖叫；②需要帮助时能请老师帮忙；③会回答问题或做练习时能举手；④完成老师布置的任务；

---

[1] 韩萍. 代币制在培智学校学生行为矫正中的应用 [J]. 中小学心理健康教育，2014,10（249）:39-40.

⑤课间和老师一起跑步；⑥课间和老师一起去音乐室敲鼓；⑦想玩玩具时能和老师说；⑧点心时间和老师说想要的东西）。（2）积累一定数量的代币就可以兑换相应的后援强化物（①1个代币可以换一个旺仔小馒头；②2个代币可以换一片薯片或一颗QQ糖；③10个代币可以看《托马斯火车》15分钟；④15个代币可以冲滑板20分钟；⑤18个代币可以玩沙盘游戏35分钟）。（3）每天10点、11点30、14点15分和16点30分是兑换代币的时间。

4.干预过程

（1）帮助刘某理解代币与后援强化物的关联

第一阶段，先使用原级强化物，利用刘某喜欢的食物薯片、QQ糖和旺仔小馒头，最喜欢的活动冲滑板、玩沙盘游戏和看动画片《托马斯火车》等进行奖励强化。一方面，当刘某在约定的时间内没有表现出哭闹或者尖叫的行为时，干预者立即给予食物或者活动强化；另一方面，当刘某能用语言表达需求和用运动来调节情绪以及寻求帮助完成任务等时，干预者也立即给予食物或者活动强化。通过原级强化物的使用帮助刘某建立"不哭闹、尖叫，做到老师要求的就可以获得奖励"的意识。

第二阶段，由实物强化过渡到代币，帮助刘某明白代币和实物之间的关系——可以用代币换取自己喜欢的实物[1]。老师通过同时呈现实物和代币，而且不断重复刺激，帮助学生理解代币的作用，同时利用视觉提示，用图片和文字相结合的方式呈现代币交换系统并把它粘贴在黑板上。老师反复指导刘某认识，让他明白兑换的规则。

（2）利用代币制干预刘某的情绪问题

刘某的情绪问题一旦暴发，程度非常强烈，持续的时间长，对周围同学的学习生活产生严重的影响。因此，在对他的情绪问题干预时，尽量防患于未然，尽可能让其不暴发或者少发生。主要采用了以下策略：

第一，强化意识。每天早上刘某一来到学校，老师就让其重新摆放代币交换系统的各项内容并粘贴在黑板上，不断强化他按"要求做就可以获得奖励物"的意识，暗示他不能发脾气。干预的前5天，约定的时间一结束就让刘某换取代币，及时强化。当刘某熟知代币的作用，并对代币很感兴趣时，将兑换代币的时间固定。

第二，转移注意。观察中发现，刘某情绪问题爆发前，会用眼睛偷偷斜视坐在他旁边的人，然后身体开始前后摇动，接着手开始举起来（掌心对着自己）伴随着身体摇的节奏前后晃动。老师发现刘某开始斜视旁边时，及时给他一个任务，转移他的注意力。刘某的认知能力比较好，喜欢认字、在黑板上写生字。研究中安排他写字、读生字或念题目，如果他能按要求完成任务，立即给予1个代币奖励。通过转移他的注意力，有效地避免了情绪问题的发生，同时代币的使用帮助逐渐塑造完成老师任务的良好行为。

---

[1] 陈榕娥. 代币制在培智一年级课堂教学中的应用 [J]. 现代特殊教育，2015,2:24-26.

第三，提示策略。上课的过程中，留心观察刘某的情绪变化。当发现他出现情绪问题的先兆情况时，助教及时用图片结合语言提示他，不发脾气可以得到代币，得到代币可以换取想要的东西或活动。同时助教根据引发先兆情况的不同立即前事，采用不同的策略预防情绪问题的发生。如果刘某想要得到老师的关注，希望回答老师的提问或完成老师布置的任务，助教可以用语言结合动作示范提示刘某"举手。"老师及时关注刘某，给予他参与的机会，并奖励他代币，肯定他的举手行为。如果是午休起床后的点心时间想得到老师分发的点心或水果，老师要提示刘某用语言表达"我想吃……"如果他能够向老师表达，就给予他食物并奖励代币。刘某长得比同龄人高大，容易饿，吃得比较多而且快，以前老师都是平均分配食物，刘某吃不饱，就会抢东西，老师不给就会躺到地上哭闹。老师帮助他用语言表达需求，并满足他的合理需要能减少情绪问题的产生。如果刘某是在下午的玩具时间想得到自己喜欢的玩具，老师也要提示刘某告诉老师"我想玩……"如果他能恰当表达，老师给予他喜欢的玩具并奖励他代币强化他表达需要的行为。刘某的性子有点急，当他反复尝试某事，还是不会，又没有人帮他时，他就会尖叫。老师反复教育刘某，当不会时，可以和老师说"老师，帮帮我。"当刘某能独立或少许提示下向老师寻求帮助时老师不仅要口头表扬他的求助行为，还要给予代币奖励，帮助他明白，不会没有关系，可以向老师求助，求助还可以获得代币。

第四，感官刺激。刘某的尖叫行为不仅有满足感官刺激的功能，还能帮助他宣泄情绪，但是尖叫的方式会影响课堂教学的正常进行，对其他同学的身心健康也会造成很大的影响。因此，研究者采用跑步和敲鼓的方式来代替尖叫的行为，满足刘某的感官需求，帮助他发泄情绪。课间，老师和刘某一起玩跨障碍物跑的游戏，老师利用语言、动作引导刘某和老师一起互动跑。跑的过程中注意激发他参与的积极性，并且也注重跑的速度以便给刘某提供足够的运动量满足他的感官需求和帮助他发泄情绪。考虑到刘某的尖叫行为还有听觉方面的感官刺激，干预的过程中将跨障碍物跑和敲鼓在不同的课间交替进行。老师带领刘某到音乐室敲鼓，老师先示范敲鼓的方法，给刘某模仿的对象，也允许刘某采用自己喜欢的方式随意敲。刘某在音乐室大声地敲击鼓，一方面发泄了情绪，另一方面也满足了听觉方面的刺激。跑步和敲鼓的积极参与，都可以获得代币奖励，以强化刘某采用积极的方式来满足自己的需求。

第五，区别强化。当刘某表现出积极的行为时老师及时给予代币奖励，让其能用获得的代币换取喜欢的食物或从事喜欢的活动；当刘某出现情绪问题时老师取消对他的关注。例如，刘某为了获得老师和同学的关注或得到想吃和想玩的东西而哭闹时，老师引导学生忽视他的行为，对他的行为不作评价，并且不给予他想要的东西。当其停止哭泣，并且能向老师表达自己的需求时，老师给予他代币奖励强化，并且告诉他因为他向老师表达想要的东西，所以老师要奖励他。当刘某为了逃避任务尖叫时，老师制止其尖叫行为同时坚持让其完成任务，当其能完成任务，即使在老师的帮助下完成任务，也要给予他代币强化。

第六，隔离冷静。当刘某出现严重的哭闹或尖叫行为时，助教把刘某带到情绪宣泄室，让其独自在宣泄室冷静，不让他获得想要的事物。助教要密切关注刘某的情况，当他能冷静下来并且能持续五分钟左右，再带其进教室。

三、干预的效果

处理期对个案刘某的哭闹行为和尖叫行为的干预共持续 8 周，共计 40 天。刘某的哭闹行为：基线期平均值为 6.6 次 / 天，处理期平均值为 2.2 次 / 天；基线期最高一天出现 9 次，最低为一天 5 次，处理期最高一天出现 6 次，最低一天出现 0 次。刘某的尖叫行为：基线期平均值为 7.4 次 / 天，处理期平均值为 2.9 次 / 天；基线期最高一天出现 10 次，最低一天 6 次，处理期最高一天出现 7 次，最低一天出现 0 次。分析刘某的哭闹行为和尖叫行为两个阶段的数据可以得出，刘某哭闹行为和尖叫行为平均每天出现的次数大幅度减少，出现的最高值和最低值也大幅度减少，表明运用代币制干预刘某的情绪问题取得了较好的效果。研究者从对其他老师的访谈中得知，运用代币制不仅减少了刘某的哭闹行为和尖叫行为，而且还帮助刘某塑造了一些积极行为：刘某会主动向老师表达自己想要的东西，控制自己情绪的能力有了较大的提高，会运用一些合理的方式发泄情绪，和老师、同学的关系也有了较大的改善。虽然刘某有时还会出现一些情绪问题，但是出现的频率和强度都降低了很多。

研究简评：

（1）情绪问题的产生是因为欠缺控制情绪的能力，控制情绪的能力是个体处理自身情绪、理解以及应对他人情绪的能力。孤独症谱系障碍儿童由于存在社会沟通与交往的障碍，致使他人很难理解其需求，当他们的需求很难得到满足时，往往产生尖叫、哭闹、攻击以及自伤等情绪问题。孤独症谱系障碍儿童情绪能力缺乏，无法恰当地处理自己的情绪问题，致使他们的情绪问题越来越严重，不仅干扰学校的教育教学，也给其他儿童的身心带来了伤害。

（2）情绪问题的处理是孤独症谱系障碍儿童研究中的一个非常关键的问题，代币制能矫正不良行为，塑造积极行为。本研究实例基于功能分析的结果，运用代币制对一名孤独症谱系障碍儿童的哭闹和尖叫情绪问题进行干预。干预的过程中将代币制与强化意识、转移注意、提示、感官刺激、区别强化和隔离冷静等策略相结合，对个案的情绪问题进行系统的干预。经过为期 8 周的干预，个案的情绪问题减少，积极行为增多，能用合理的方式表达需求，释放情绪，干预取得了良好的效果。

第二节 相片故事教学对孤独症谱系障碍儿童情绪问题的干预实例 [1]

一、案例的基本情况

张某，男，7 岁，某特殊教育学校一年级学生，足月顺产，家族无精神病史。三岁时被广州中山三院确诊为中度孤独症。张某的认知能力较好，能认识常见的事物，他有一定的识字量，喜欢写字，但不能理解含义。父母工作较忙，每天主要由奶奶陪伴上学，平时在家主要由父亲管教，妈妈没有耐心，管得很少，且采用打骂的方式。张某喜欢玩拼图，也喜欢玩沙盘游戏，爱看广告，经常自言自语地说广告词。上课的内容不喜欢时，会发呆，接着就会敲打屁股，然后倒到地上嚎啕大哭。张某在想要的事物不能满足时，也会敲打屁股，然后倒地大哭。张某每天都会重复敲打屁股、倒地哭闹的行为，老师不仅担心他会摔伤，也常常被他的哭闹搅乱了正常的课堂教学，还担心其他学生会模仿他的不良行为。

二、案例研究的工具

本研究所使用的研究工具有学生相片、学生学习单、学生学习情况记录表、教学记录表、访谈收集的相关资料等。

三、研究的过程

（一）确定目标行为

根据研究者的观察结合其他老师反应的情况，确定张某需要干预的目标行为，并将其具体化为操作定义：把屁股翘起来，眼睛看着翘起的半边屁股，然后对准它敲 1 ~ 3 下左右，然后眼睛看着地面，接着倒到地下，随之开始嚎啕大哭，伴随有眼泪流下。

张某翘屁股前，有时会有发呆的行为，如果及时发现转移他的注意力，接下来的行为不会发生。张某开始翘屁股时，如果能够及时制止，也能够中断后续的行为。

（二）分析情绪问题的功能

根据黄伟合修订自 O'Neill,R.E.,Horner 等的《功能性行为评估观察表》观察记录张某的情绪问题发生情况，并分析其功能。（见表 11-1）

---

[1] 本案例的作者为肖艳林、吴琼芳，发表于《中小学心理健康教育》2017 年第 14 期。

表 11-1　张某情绪问题的功能评估结果（摘录部分）

前提事件	问题行为	行为结果	功能
老师教同学们做体育课前的准备活动，张某没有跟着老师做。	张某发了一下呆，然后翘起屁股，敲了两下自己的屁股，嘴巴说："打屁股。"然后张某看了一下地面，倒在地下，大哭。	奶奶去拉他起来，没有拉起他。老师大叫："张某某，起来。"随之用劲把他拉起。	逃避任务（不想做体育课前的准备活动。）
生活自理课，老师教同学们叠衣服，老师请举手的小朋友上去叠，张某开始叫："乐乐，乐乐。"	张某立即坐在座位上翘起屁股，狠狠地敲了三下，边敲边嚎啕大哭。	奶奶把他的手拿开，老师对他说："要举手，才能来，老师喜欢听话的小朋友。"张某继续大哭。	得到任务。（上讲台叠衣服，不能等待。）
绘画与手工课上，老师教同学们做披萨，老师奖励已经粘贴完的小朋友，张某还没有粘贴好，大叫"乐乐，乐乐，PG 啊，PG……"	张某还在叫着"PG 啊。"突然翘起屁股，快速捶了两下，然后眼睛看了一下地面，倒在地下，边大哭，边流眼泪。	奶奶把他强硬拉起，还继续哭，老师没有理他，奶奶把他带到教室外。张某继续在教室外哭。	要得到实物。（想要得到奖励物，但不能等待。）

从表 11-1 可以看出，张某情绪问题的主要功能是：1. 想要得到事物（想要得到某件东西或者想要去做某件事情）；2. 为了逃避任务（不想上某些课，不想完成某些任务）。

（三）相片故事教学对情绪问题的干预

老师对张某的情绪问题曾采用过忽视策略，可是他会一直持续哭两节课，吵得连相邻的班级都无法安心上课，而他摔倒哭闹的频率丝毫没有减少。老师也经常反复和他讲，"乐乐不哭的话，老师就奖励乐乐。""大家都喜欢不哭的乐乐。""乐乐哭，老师是不会奖励你的。"等，可是也丝毫没有作用。于是研究者想到了相片故事教学的方法，张某有一定的识字量，喜欢写字，认知能力较好，也喜欢看图片，所以运用相片故事教学帮助张某理解课堂上应该怎样做，做了之后会有什么样的结果，不同的情境我们要做些什么等，同时还借助他喜欢的拼图和广告来强化他，每天完成相片故事的学习就可以获得强化物，研究者还采用沙盘游戏帮助他释放不良的情绪。具体过程如下：

1. 结合学校生活经验

利用与张某学校生活相关的相片，例如，体育课上，张某和同学们一起在操场上做课前的准备活动，和同学们一起跑步，踩自己喜欢的脚踏车。上课的时候，举手回答老师的问题（或完成老师布置的任务），老师奖励好吃的 QQ 糖等等。让张某知道自己在不同的课堂上要怎样做，做完之后会获得什么？

2. 家校合作

家校要密切合作，才能共同努力找出适当的教学目标。老师将张某在学校里的有代表性的瞬间拍成相片，将它打印出来，并在背面注明与相片有关的时间、地点、人物和做什么事情等文字说明，然后和家长一起讨论怎样编写情境故事内容[1]。

3. 学习相片故事

研究者和张某一起学习相片故事内容，知道是自己在什么时间，做了什么事情。

例如，生活语文课，我举手回答老师的问题，老师表扬了我。

老师提问："相片里是谁啊？"

张某：我，乐乐。

老师：这是上什么课？

张某：生活语文课。

老师：乐乐在干什么？

张某：举手（回答问题）。

（第二张衔接的相片）

老师：老师奖励谁啊？

张某：乐乐。

老师：乐乐举手回答了问题，老师奖励乐乐QQ糖。

4. 亲子回忆相片故事及动手写相片故事

老师每天让奶奶带两张相片和情境故事以及学习单回家，让家长在家带张某回忆相片中的情境，让他知道相片中的人是谁，在哪里做什么，结果怎样？

家长先熟悉相片及情境故事内容，然后辅导张某用笔在作业纸相关相片下面写下情境故事，不会的字可以由家长握着手书写。

5. 每天坚持练习、记忆

孤独症谱系障碍儿童在听觉学习和长期记忆方面都存在着困难，他们在学习的过程中，需要不断地重复，才能建立基本概念和反应能力。家长每天在家指导张某连续念读相片故事5次，每次发的两张相片故事要连续念读五天，孩子每念完一次，家长在记录单上贴一个笑脸，念完五次签名，可以适当给予孩子喜欢的强化物奖励。通过这样一段时间的密集训练达到长期记忆的效果，让张某把学到的东西变成长期记忆。

6. 相片故事问答练习

当发现张某能记住相片故事的内容后，老师给张某分发问答式的学习单，每张相片都设计一张学习单，内容包括：什么时候？（时间）里面有谁？（人物）在哪里？（地点）做什么事情？（事件）等四个问题。老师引导张某念读相片故事，然后再询问他学习单上

---

[1] 蔡秀鹰, 叶忠达. 认识自己的成长: 相片故事教学对自闭症儿童学习之影响[J]. 特殊教育季刊, 2011, 10(121):29-37.

的四个问题，最后引导他动手填写学习单（不会写的字，老师要给予帮助），通过这样的练习不仅提高孩子的理解能力与回答问题的能力，还让他知道课堂上应该怎样做。

7. 相关故事会话练习

孤独症谱系障碍儿童较难理解单一用语言传递的信息，较容易接受写成文字的东西和借助图片、相片等传递的信息。老师先让张某看着相片，回答时间、地点、人物和事情的问题，然后引导他看着相片练习说包含时间、地点、人物和事情等四个问题的故事，这既训练了孩子回答问题的能力，又提高了他的表达能力，而且还让他更深刻地理解了课堂上应该怎样做，从而减少他的情绪问题。

8. 培养泛化能力

我们一定要教导孤独症谱系障碍儿童在生活环境中运用新学习的技能，实用的技能才能促使孩子不断地去表现这个技能，反复地运用新习得的技能，它才变成日常生活的一部分。老师和家长可以在实际生活情境中不断地帮助孩子练习时间、地点、人物、事情等四个问题，不仅培养他的泛化能力，而且再次强化他在其他情境中的适宜行为。例如，老师可以提问张某：

老师：李老师刚刚奖励谁了？

张某：乐乐。

老师：李老师为什么奖励乐乐？

张某：乐乐跑得快。

……

四、研究的结果

（一）张某的表现

（1）情绪问题减少。对张某实施相片故事教学后，张某翘屁股，敲打屁股，摔倒的行为很少出现，哭闹的行为也减少了很多，情绪问题的强度和频率都减少了许多。张某有时偶尔有哭闹的行为，老师拿出相片故事，他的哭闹行为会立即停止。

（2）表达能力提升。张某现在能看着相片说出相片故事的内容，不用借助文字，而且会主动表达自己的需要，不会再像以前那样，只是哭。例如，当上课的内容自己不会时，会要奶奶帮忙，"奶奶帮我粘"；自己想听存在电脑里的歌曲时，会主动用语言向老师寻求帮助，"我想听《虫虫飞》。"张某现在自言自语广告语的行为也减少了许多。

（二）家长的反馈

（1）喜欢阅读了。家长向老师反映，张某现在在家不仅喜欢阅读相片故事，还喜欢阅读妹妹的小书，有时还大声地将书里的内容念出来。

（2）会回答问题了。奶奶高兴地告诉老师，今天早上问他："我们去哪里坐车？"他回答："莞樟路口。"公交车上一个阿姨问他叫什么名字，他告诉了人家。以前问他问题，他要么重复你的问题，要么不理你。现在问他问题他会回答了，有时复杂一点的，需要提示一下。

（3）学会等待了。以前性子比较急，遇到不会的东西，就会哭闹；碰到自己喜欢的东西就马上想要，不给就哭。现在会等待了，会等大人去帮忙，能告诉大人自己想要什么，想做什么。

（三）其他老师的反映

（1）自我控制的能力提高了。张某现在上课能举手回答老师的问题，老师没有叫到他时，他也能等待老师叫到他。即使有些上课的内容不是他喜欢的，倒地哭闹的行为也很少出现了，他能安静地坐在那里。当张某遇到老师奖励其他人时，他偶尔也想哭，但是当老师说，"表现很棒，老师才会奖励哟。"他就会停止哭。

（2）口语表达的能力提升了。张某有语言表达能力，发音很清晰，可是以前较少说话，除了哭闹，说话的声音很小。现在张某说话的声音大了很多，而且会主动表达了。张某在玩沙盘游戏时，会拿着流血的沙具告诉老师："流血了，送医院。"或是张某拿着地铁的沙具告诉老师，"坐地铁去虎门吧。"等。

五、研究的结论

（1）相片故事教学能减少孤独症谱系障碍儿童的情绪问题，能帮助他们理解不同情境应该要做的事情，能提高他们的自我控制能力。

（2）通过相片故事教学中的"人物、时间、地点和事件"的问答练习，能提高孤独症谱系障碍儿童的口语表达能力和语言理解能力。

（3）相片故事教学能提高孤独症谱系障碍儿童的学习动机，提高他们的阅读兴趣和专注力。

研究简评：

（1）视觉提示教学又叫视觉提示策略或视觉支持，它是指在环境中充分利用表格、实物、图片等各种视觉学习材料，帮助儿童了解日常活动与认识周围环境的一种教学策略。Westling 和 Fox 指出视觉提示教学是通过运用视觉媒介，帮助学生了解自己该做的事情，和将要做的事情。相对于语言性和社会性的材料，孤独症谱系障碍儿童比较容易注意、接受和记住视觉空间方面的材料。视觉提示教学就是充分利用孤独症谱系障碍儿童在视觉处理讯息方面的优势，以此来补偿孤独症谱系障碍儿童不能有效整合语言及社会方面讯息的事实。

（2）相片故事教学就是指把儿童日常生活的瞬间用相机捕捉下来，然后根据相片来编写故事内容进行教学，它是利用视觉性的相片材料来吸引孤独症谱系障碍儿童的注意力。当儿童对相片故事中自己的相片感兴趣时，老师就可以引导儿童学习相片故事内容，例如相片中的人是谁？他（她）在哪里？在做什么？通过这种有关生活情境的练习，不仅可以提高儿童的口语表达和理解能力，还能告诉儿童不同情境中的恰当行为。本研究实例将相片故事教学运用到儿童的情绪问题干预中，在分析个案情绪问题的基础上，运用相片故事教学进行问题行为的干预。主要以学校情境中的相片故事、人物、时间、地点和事件的问答等内容来进行教学。教学实施的过程中，家校一起对个案实施相片故事教学。通过分析教学记录表、学习记录表、家长以及其他老师反映的情况等相关质性资料，结果表明，相片故事教学提高了孤独症谱系障碍儿童的自我控制能力，减少了他的情绪问题，对提高其口语表达能力，阅读的兴趣以及专注力等都有帮助。

第三节　结构化教学对孤独症谱系障碍儿童刻板行为的干预实例 [1]

一、个案的基本情况

　　黄某，8 岁，某特殊教育学校孤独症部二年级学生，3 岁半时被广州中山三院确诊为孤独症。父母离异，黄某由父亲抚养，平时父亲工作较忙，他由爷爷奶奶和姑姑照顾。黄某在家比较自由，喜欢什么，家人都会给他买，他在家喜欢做什么就做什么。黄某的认知能力一般，会简单的语言表达，但较多刻板语言，生活自理能力较弱，许多事情都是家人代做。黄某喜欢玩拼图和积木，还喜欢看图片和广告宣传单。黄某经常在教室里不停地玩手，如果他人不阻止，会一直玩下去，直到有他喜欢的事情出现才会停止。黄某玩手的行为严重影响了他的学习和生活，需要及时干预。

二、目标行为的界定

　　分析观察收集的资料，结合其他老师和家长反映的情况，将黄某需要干预的目标行为界定为：在课桌上手掌贴着桌面不停地移动手指，且一秒钟至少 2 次。

三、行为的功能分析

（一）ABC 行为观察记录

　　运用 ABC 行为观察记录表，对黄某在教室里发生的玩手行为进行了观察。主要记录玩手行为发生的前提事件、行为表现及结果，表 11-2 为黄某玩手行为观察记录摘要：

---

[1] 本案例的作者为肖艳林、杜文海，发表于《绥化学院学报》2017 年第 7 期。

表 11-2　黄某玩手行为观察记录表（摘录部分）

前提事件（A）	行为表现（B）	行为结果（C）	功能
早上，爸爸将黄某送到教室后离开，班级老师正在忙着准备教具，无暇顾及他。	黄某书包还背着，开始在课桌上玩手指，而且越玩越快，越玩越投入。	老师说："去放书包。"黄某没有理老师，继续玩手指。	感官刺激（黄某手部的刺激不够，玩手的过程中不断地摩擦，满足了他手部刺激的需要。）
生活自理课，同学们模仿学习穿衣服黄某尝试了一下，不会穿。	黄某把手里的衣服放在桌子上，用手贴着课桌桌面，开始玩手指，眼睛看着自己的手。	老师忙着教同学们穿衣服，没有注意到他，他玩手指的速度逐渐加快。	感官刺激（黄某不会穿衣服，感到无聊，开始玩手寻求感官刺激。）
上课铃响了，老师叫黄某收积木，他不愿意。老师强硬拿走了他的积木。	黄某开始在桌面不停地玩手指，情绪很激动，而且速度越玩越快。	老师没有理他，他继续玩手指。	逃避任务（不愿结束喜欢的任务，不想完成收积木的任务。）

从表 11-2 可以看出，黄某玩手指的刻板行为的主要功能是：1. 感官刺激（获得手部刺激的满足）2. 为了逃避任务（逃避结束自己喜欢的任务）。

（二）间接性资料收集

采用 Durand 的《行为动因评估量表》对其他老师和家长进行访谈，由他们回答与黄某玩手指的刻板行为有关的问题。《行为动因评估量表》（修订）共有 16 个题目，主要包括"感官刺激、无聊"（第 1、5、9、13 题）、"逃避任务"（第 2、6、10、14 题）、"引起注意、关注"（第 3、7、11、15 题）和"要求得到实物"（第 4、8、12、16 题）等四方面的功能假设。该量表采用七级计分，依次为"从不这样"计"0 分"、"几乎从不这样"计"1 分"、"很少这样"计"2 分"、"一般是这样"计"3 分"、"经常这样"计"4 分"、"几乎总是这样"计"5 分"、"总是这样"计"6 分"，得分较高的功能即为问题行为的功能。该量表的再测信度为 0.92 ~ 0.98，评分者信度为 0.62 ~ 0.92，内部一致性系数为 0.80 ~ 0.96，信度较好[1]。研究者记录其他老师和家长对每一个问题回答的分数，得分较高的为黄某玩手指刻板行为的功能。表 11-3 为黄某玩手指刻板行为动因评估量表得分情况：

表 11-3　黄某玩手指刻板行为动因评估量表得分情况

	感官刺激	逃避任务	寻求关注	得到实物
总分	21	15	9	11
平均分	5.25	3.75	2.25	2.75
排序	1	2	4	5

---

[1] 肖艳林，余芬. 自闭症儿童自伤行为积极干预个案研究［J］. 现代特殊教育（高教），2015（12）：46-52.

从表 11-3 可以看出，黄某玩手指刻板行为感官刺激方面的功能平均得分为 5.25 分，逃避任务方面的功能平均得分为 3.75 分，这两个方面的得分高于其他方面的功能得分情况，且得分差距在 0.5 以上，所以感官刺激和逃避任务为其主要功能。

综合分析直接性资料和间接性资料得出，黄某玩手指刻板行为的功能是：感官刺激和逃避任务。

四、结构化教学在孤独症谱系障碍儿童刻板行为干预中的应用

本文以一例孤独症谱系障碍儿童的玩手指刻板行为为例，阐述结构化教学在孤独症谱系障碍儿童问题行为干预中的具体运用。

干预者根据黄某问题行为的功能，结合他的基本能力和兴趣、爱好，与班级老师、家长一起商议干预的方案，干预的过程中充分发挥结构化教学的作用，并结合其他的策略，对黄某的刻板行为实施了前事控制、行为教导和后果处理的综合干预。具体如下：

（一）前事控制策略

1. 采用结构化的作息时间表

班级老师为黄某设计了一日流程表，考虑到黄某的认知和理解能力，流程表以图片和文字相结合的形式呈现，不同的活动设计成不同的颜色，并以由上而下的方式呈现不同的活动内容。黄某的认知能力一般，因此流程表设计成半日活动的形式，先呈现上午的活动，再呈现下午的活动。实施的过程中发现，半日活动相对黄某来说也有点多，后来改成一次呈现三个活动，例如："放书包——喝水——和老师一起挂毛巾"等。三个活动完成后，再呈现三个活动。时间表的运用，让黄某知道接下来要做的事情是什么，让他有事情可以做，从而减少甚至避免他的玩手指行为。刚开始实施流程表时，黄某一来到教室，老师就提醒他粘贴三张图片，然后去完成图片中的事情。完成三个活动后，老师再提醒他粘贴另外三个活动，并去认真完成。黄某逐渐养成了习惯，自己每天一来到学校就粘贴三个活动，然后自己主动完成。结构化的作息时间表充分利用孤独症谱系障碍儿童刻板的特点，帮助他们养成良好的行为习惯，减少他们的问题行为的产生。

2. 运用结构化的程序图、标示物指示

老师布置的教学任务黄某无法完成时，就容易产生玩手指的刻板行为。因此干预者根据黄某的情况，将教学任务以结构化流程图的形式呈现出来，并配上相关的标示物指示，告诉他工作的步骤及要求。例如，黄某不会穿圆领 T 恤，老师就可以将穿圆领 T 恤的教学进行任务分析，将它分解成 7 个步骤，每个步骤配上清晰的图片和标示物指示，告诉他操作的方法。具体步骤为：（1）将衣服从任务篮内拿起，找到衣服的领子。（2）双手抓住衣服的领子，将衣服拿起。（3）找到衣服领子上有笑脸标志的那一面。（4）将衣服放在胸前，笑脸标志对着大家。（5）找到衣服的大洞，将头放进大洞并从中间的小洞钻出。

（6）左手摸肩伸出小洞。（7）右手摸肩伸出小洞，拉好衣服。刚开始教学时，需要给黄某提供及时的辅助，才能让他熟悉教学活动的流程，提高他参与活动的兴趣。不同的步骤间可以根据工作分析设计教学活动，例如上述穿衣服的教学，就可以将步骤1至步骤2，步骤3至步骤4，步骤5至步骤7，设计成三个教学活动，当学生熟悉教学内容后，再进行步骤1至步骤7的连续教学活动。老师在工作程序图的最后加上了强化物的图片，告诉学生，完成工作后，就可以获得强化物。通过结构化的程序图、标示物指示清晰地告诉学生完成任务的方法，与完成任务后的收获，黄某参与课堂的积极性提高，他玩手指的行为就大大减少，同时老师也能及时了解黄某对教学内容的掌握情况，并提供及时的辅助。

3. 运用不同的视觉提示策略

干预者和班级老师针对黄某玩手刻板行为的不同功能，运用了不同的视觉提示策略。针对他玩手行为感官刺激的功能，在桌面上贴上视觉提示，我想玩手(×)、我可以写字(√)、玩轻黏土(√)、玩胶泥(√)、玩积木(√)、玩拼图(√)……通过这些需要运用手的活动，来预防黄某发生玩手的行为。针对黄某玩手行为逃避结束喜欢的活动的功能，运用沙漏计时器来提醒他，沙滴完了，活动就要结束。黄某很喜欢沙漏计时器，和老师一起约定活动结束的时间，也能够在沙滴完后，按约定的时间结束活动，不会因为逃避结束喜欢的任务而发生玩手的行为。

（二）行为教导策略

1. 教给求助方式

黄某的生活自理能力弱，许多事情喜欢依赖别人，当遇到一些不会的事情，别人又没有及时提供帮助时，黄某就会玩手指。针对这种情况，老师运用视觉图片教给黄某简单的求助方式。黄某有简单的语言表达，因此老师运用图片结合文字的方式教给黄某当自己不会时，可以和老师说："我不会。"或者举起自己的手。干预的初期，只要黄某表达求助的需求，老师就及时给他提供帮助，并且用语言和强化物强化他的求助行为。如果不是上课时间，也可以教给黄某，可以走到老师身边，轻轻地拍拍老师的肩膀，告诉老师自己不会，老师就会帮助他。

2. 学习替代行为

黄某喜欢玩手来寻求手部的感官刺激，干预者和班级老师以及家长商量，可以给他提供一些满足手部刺激的活动，每天让他玩一段时间的胶泥、轻黏土、沙盘游戏，以及教他揉搓皱纹纸做一些手工作品等。这些活动都会通过图片结合文字的形式穿插在黄某的一日活动中。通过这些替代行为来满足他手部刺激的需要。黄某在进行这些活动时，可以根据他的反应提供一些辅助，不要对其提过多的要求，让他体会到这些活动也能够带来快乐。黄某刚开始玩胶泥和轻黏土时，只会揉、搓，但是经过一段时间后，就会模仿老师做一些简单的作品。刚开始玩皱纹纸时，也只是简单地揉搓，过一段时间就会慢慢关注老师做的事物并模仿。黄某最开始玩沙盘游戏时，只喜欢玩湿沙，不停地揉搓沙子，后来慢慢地开始尝试一些其他的玩法，沙盘的内容也越来越丰富。通过这些替代行为来减少黄某玩手指的频率，但是要完全消除他的刻板行为是非常困难的，所以有时也允许他短时间的低频率的玩手指行为的存在。

（三）后果处理策略

1. 及时中断策略

当黄某把手拿出来，平贴在课桌桌面时，老师要及时中断他的行为。老师用手把他的手拿起来，给他布置一些他能够完成的任务，来转移他的注意力，从而避免他玩手行为的继续发生。例如，老师拿起他的手，对他说，"黄某，去帮老师拿一支粉笔。"黄某站起身帮老师去拿粉笔，玩手的行为也就停止了。当黄某帮老师完成了任务，老师及时表扬他"谢谢你帮老师拿了粉笔。老师请你玩积木吧。"接下来黄某会很高兴地去玩他喜欢的积木，也就避免了玩手指的行为。

2. 区别强化策略

老师和黄某一起制作了一张代币交换条。黄某在一节课时间内没有玩手指（用笑脸表示）奖励 3 个代币，下课时间内没有玩手指（用笑脸表示）奖励 1 个代币，一节课时间内出现一次玩手指行为（用伤心的脸表示）扣除 1 个代币。黄某得到 6 个代币就可以玩积木 10 分钟，每天上午和下午各进行一次代币兑换。通过这样的区别强化来减少黄某的玩手指行为。

五、干预结果

通过 3 个月的综合干预，黄某玩手指的刻板行为得到了明显的改善，由平均每天至少 20 次，减少到了平均每天不到 5 次，而且玩手指持续的时间越来越短。黄某在学校的生活也变得越来越有规律，每天来到学校会自己去粘贴一日流程表，然后再完成里面相应的工作。遇到不会的事情，会主动向老师求助。黄某对玩胶泥、轻黏土、皱纹纸、沙盘游戏等越来越感兴趣。班级老师反映，黄某现在能够积极参与课堂教学，很少出现坐着无聊发呆的情况，玩手指的行为急剧减少。黄某的父亲反映，孩子在家玩手指的行为也少了很多，会自己主动去玩积木、拼图、画画等，生活自理的能力也有所提高，对他人的依赖有所减少。

六、应用建议

应用结构化教学干预孤独症谱系障碍儿童的问题行为时，需要注意以下几个方面：

（一）分析问题行为的功能

老师在应用结构化教学干预孤独症谱系障碍儿童的问题行为时，首先要分析他们问题行为的功能。Chandler 认为，老师在处理个案的问题行为之前，应先进行功能分析，仔细分析诱发个案问题行为的原因及维持的条件，了解问题行为的功能，有助于帮助个案习得功能相当甚至更好的适宜行为，替代原有的问题行为[1]。老师在干预孤独症谱系障碍儿童的问题行为时，根据功能分析的情况制定有针对性的干预方案，将干预的焦点放在教导孤独症谱系障碍儿童积极行为，重视前事控制与安排有效的行为后果，让他们学会管理自己的行为，当其表现积极行为时老师要及时给予表扬与肯定，这样才能有效地改善孤独症谱系障碍儿童的问题行为[2]。

（二）运用结构化的时间表

孤独症谱系障碍儿童对视觉信息的接收能力要优于对听觉信息的接收能力[3]，老师在干预孤独症谱系障碍儿童的刻板行为时，可以利用结构化的视觉时间表，根据孩子的能力，安排他们一日的工作，让孩子知道在每个时间点应该干什么，不仅可以减少他们因为刻板不能接受变化而产生的情绪问题，而且还可以让他们有事情可做，减少他们因为无聊而产生自我刺激的刻板行为。

（三）利用清晰的视觉提示

有些孤独症谱系障碍儿童因为缺乏完成某些任务的能力，而出现逃避任务的问题行为，有些孤独症谱系障碍儿童会因为不能完成某些任务，游离课堂，感到无聊而出现问题行为。不管他们出现何种问题行为，都是因为不能完成任务而引起的，老师可以运用文字或图片把要完成的任务做成清晰、明了的程序图，帮助学生完成。有些孤独症谱系障碍儿童自我控制的能力较弱，老师可以在他们的课桌上，贴上图片或者文字提醒学生，可以怎么做，不可以怎么做。通过这些视觉提示的运用，避免或减少学生的问题行为。

（四）与其他方法综合运用

在干预孤独症谱系障碍儿童的问题行为时，可以充分利用孤独症谱系障碍儿童通过视觉接收、理解、处理和记忆讯息，喜欢在系统和程序中学习的特点制定一些有效的干预策略，例如结构化的时间表、清晰的视觉提示，以及结构化的程序图等。但这些干预策略一定要和其他方法一起综合运用才能取得最佳的效果。例如，老师可以将强化原理与结构化教学结合起来使用，视觉提示不仅告诉学生可以怎么做，而且告诉学生做了之后可以得到什么。又如，结构化的时间表不仅告诉学生在某个时间段应该干什么，而且告诉他们，做了之后

---

[1] 黄丽娟，林月仙. 正向行为支持方案改善疑似情绪行为障碍学生行为问题之个案研究 [J]. 特殊教育季刊，2016（3）：29-37.

[2] 黄丽娟，林月仙. 正向行为支持方案改善疑似情绪行为障碍学生行为问题之个案研究 [J]. 特殊教育季刊，2016（3）：29-37.

[3] 莫春梅，李琼，姚望. 结构化教学对自闭症儿童认知能力影响的实验研究 [J]. 教育与教学研究，2014（8）：122-126.

可以得到多少代币，这样就可以将代币制与结构化教学很好地结合起来。总之，只有综合地运用多种干预策略，才能有效干预孤独症谱系障碍儿童的问题行为。

研究简评：

（1）结构化教学是指将孤独症谱系障碍儿童异于常人的理解能力、想法和学习方式融入教育训练中，针对孤独症谱系障碍儿童不同的神经功能设计干预的方法。它是一个组织班级的系统，是一个教学的过程，以孤独症谱系障碍儿童的认知、需求、兴趣为考量，通过调整环境，增进其独立能力与行为管理。1970 年，Eric Schople 创建了结构化教学，它主要包括物理环境结构化、作息时间结构化、工作制度结构化与视觉结构化这四项基本要素。

（2）结构化教学是一种被国内外许多学者认可的提高孤独症谱系障碍儿童认知能力行之有效的方法。在美国，结构化教学被大量用于孤独症谱系障碍儿童的教学实践。在我国，结构化教学的研究总体起步较晚，其中香港地区、台湾地区用于教学实践更多。本研究实例通过个案的形式将结构化教学应用于孤独症谱系障碍儿童刻板行为的干预中。基于功能分析的结果，运用结构化的作息时间表、结构化的程序图、视觉提示等策略对个案玩手指的刻板行为进行干预。干预的过程中将结构化教学与求助方式和替代行为学习、区别强化及中断等策略相结合，对个案的刻板行为进行系统的干预。经过为期 3 个月的干预，个案玩手指的刻板行为减少，积极行为增多，干预取得了较好的效果。

第四节　行为导图对孤独症谱系障碍儿童咬手尖叫行为的干预实例 [1]

一、个案的基本情况

佳佳（化名），是一名 5 岁女孩，现入读东莞市某幼儿园中班。三岁半时被诊断为孤独症谱系障碍。家族无精神病史，母亲孕期孕检无异常情况，足月生产，剖腹产。佳佳说话较早，但直到两岁才开始学走路，在学走路期间情绪波动较大。佳佳大约在三岁时，突然变得不愿说话，哭闹尖叫行为急剧增多，难以安抚，持续时间可达一两个小时。在此期间佳佳接受了一段时间的康复治疗，但因疫情而中断，治疗之后情绪有所缓解。

佳佳的认知能力相对较好，能表达自己的基本需求，但她在人际交往方面表现较为被动，虽然能说简单的句子，但无法进行持续的沟通交流。在幼儿园区域活动时，佳佳喜欢走来走去，不愿意参与集体活动。在课堂上，佳佳一听到有人哭或者大声说话，就会受其影响跟着发脾气，表现为哭闹、尖叫和咬手，这种行为不仅发生在上课时，还会出现在进餐、做操、课间活动等各个环节，尤其是在课间活动发生频率相对较高，平均每天可达七八次。

---

[1] 本案例的作者为吴琼芳、肖艳林，发表于《绥化学院学报》2024 年第 7 期。

由于佳佳的问题行为发生频率高，影响范围大，班级的小朋友和家长对其产生排斥情绪，严重影响其在班级中的融合和安置。为了帮助佳佳更好地融入幼儿园的学习与生活，研究者决定采用行为导图及积极行为支持策略帮助其改善这些行为问题。

二、制订干预的计划

（一）确定目标行为

研究者通过对家长及班级老师的半结构化访谈，确定对佳佳干预的目标行为是尖叫、咬手行为，其表现为边咬手边尖叫。该行为出现频率较高，影响范围较大，是班级老师和家长急需解决的行为问题。

（二）行为功能评估

1. 刺激偏好物评估

本研究采用间接偏好物评估的形式，结合对家长和班级老师的访谈，以确定佳佳的最高级偏好物。评估结果显示，佳佳最喜欢的物品是 QQ 糖和 JOJO 娃娃。

2. 行为功能评估

针对佳佳的问题行为，研究者分别向班级老师以及家长发放了行为功能评估量表。总共收到三份问卷。其结果如图 11-1 所示：

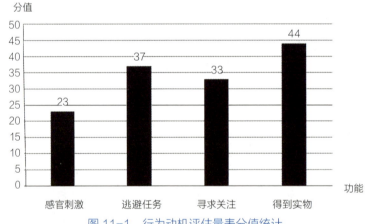

图 11-1　行为动机评估量表分值统计

班级老师和家长填写的行为动机评估量表分值显示，佳佳的行为问题主要的功能是得到实物（44 分），此外逃避任务（37 分）与寻求关注（33 分）的功能也占比较大。由于间接性功能评估具有一定的主观性的缺陷，本研究也使用直接观察方法进行功能评估。在持续一周的观察中（如表 11-4 所示），发现佳佳每天尖叫、咬手行为平均高达 7 ~ 8 次。通过行为功能条件概率分析发现，目标行为的发生有 80% 的几率是由得到实物引起，其次是逃避任务和寻求关注。直接与间接行为功能评估结果均显示问题行为的功能主要是得到实物。

表 11-4　佳佳半天在园活动所观察的行为情况

时间	前奏 A	行为 B	结果 C	功能分析
7:56	小朋友青青拿出一块小饼干，没有分享给她	尖叫、咬手	保育员引导青青分享，她吃到了饼干	想要得到实物(小饼干)
8:45	吃早餐时，她看到自己的鸡蛋裂开随手扔到地上。老师引导她捡起来	尖叫、咬手	老师帮她换了一个鸡蛋	想要得到实物(好的鸡蛋)
9:30	区域活动，搭建组的小朋友在搭建桥。她走过去，随手拿起一块积木，导致搭建失败，被小朋友指责推开	尖叫、咬手	老师把她拉走	想要得到实物(积木)
10:05	课间休息喝水时，她听到喜欢的儿歌跑出教室，老师把她拉了回来	尖叫、咬手	老师在教室里播放儿歌，安抚情绪	想要得到活动(听音乐)
11:45	午餐时，看到碗里的绿色荷兰豆和木耳	尖叫、咬手	老师帮忙挑出荷兰豆和木耳	逃避任务(吃荷兰豆和木耳)

（三）制定干预目标

本研究中第一个干预目标是减少佳佳在课堂中的尖叫、咬手行为，从每天七八次减少到一两次。第二个干预目标是提高佳佳的语言表达和自我控制能力。实现所有干预目标能够保证佳佳不受限制地融入班级活动，被小朋友以及老师接纳。

（四）制定干预策略

本研究采用行为导图策略和基于行为功能评估的积极行为干预策略对尖叫、咬手行为进行干预。

1. 采用行为导图策略

行为导图是一种视觉支持策略，通过图示的方式让个案明白在一定时间内他的行为方式可能带来的后果，从而帮助他做出正确的选择。与其他支持孤独症谱系障碍儿童的视觉策略相比，行为导图有两个基本的不同之处。第一，行为导图列出了个案选择某种行为后带来的强化结果。第二，行为导图是由老师或个案的照顾者制作的，在个案行为发生之前就决定并且给他解释清楚某行为发生的后果[1]。

---

[1] 艾米·布伊. 行为导图——改善孤独症谱系或相关障碍人士行为的视觉支持策略 [M]. 黎文生，张春芬，谢建芳，译. 北京：华夏出版社，2017:3-5.

2. 应用基于功能性行为评估的积极行为支持策略

积极行为支持策略的应用具体包括以下几个方面：

前事控制策略。它是一种预防性的策略，通过调整物理或者社会环境的某些方面，促发期望的行为，减少或避免竞争性的不期望行为的出现。

行为教导策略。它主要是以行为学习理论为基础，通过对特殊儿童进行弥补性的行为训练而增加良性行为，从而达到减少问题行为发生的目的[1]。

后果控制策略。它是指采用一定的方法对问题行为产生的结果进行调控，从而增加或减少行为产生的概率，主要包括强化法（正强化、负强化）、消退法、代币制、差别强化、反应代价等。在此研究中主要是提供区别性强化，在孤独症谱系障碍儿童做出积极行为时给予强化。

三、干预的实施过程

（一）阶段一：行为导图的应用实施

1. 认识行为导图，初步建立规则意识

佳佳的认知理解能力较好，能认识和理解简单的单一图片内容，如上课、举手、安静、哭闹等，但对于连续图片所表示的因果关系理解存在困难。因此，首先要教授佳佳读懂行为导图。研究者利用了同伴示范的方法，安排了一个叫球球的小朋友，帮助佳佳融入幼儿园一日生活。通过球球的示范和提示，佳佳很快理解了行为导图的含义。例如老师在课前出示行为导图（如图 11-2 所示），告诉球球和佳佳，如果他们这节课能安静坐好，就可以得到小红花，下课后用小红花换 QQ 糖。老师把行为导图放在佳佳的桌面上，在课堂上也不断提醒佳佳要安静坐好。在球球的正确示范及不断提示下，佳佳很快就学会这一规则，并成功兑换到 QQ 糖。随着佳佳对行为导图的熟悉，班级老师逐渐减少对球球的提示，转而使用行为导图视觉提示，有意识地培养佳佳的自控能力。经过几天的坚持，佳佳在课堂上的尖叫、咬手行为有所减少。

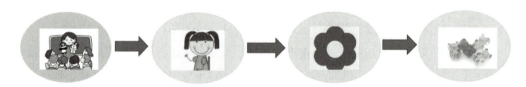

图 11-2　行为导图

2. 应用行为导图，提高自我控制能力

经过两周的持续训练，佳佳在课堂上的尖叫、咬手行为从每天的七八次减少到每天

---

[1]Raymond G. Miltenberger. 行为矫正：原理与方法 [M]. 石林，译. 北京：中国轻工业出版社，2015：262.

四五次，但在日常活动中的频率还是在预设目标之外。因此在第二周，研究者加入后果导图（如图 11-3 所示），进一步帮助佳佳提高自我控制能力，减少尖叫、咬手行为。在这一阶段，研究者首先借助球球同伴的示范提示，让佳佳认识到"×"是代表没有的意思。然后，研究者给球球和佳佳一样的行为导图，在上课前告知规则，如果出现尖叫、咬手行为，就得不到小红花和 QQ 糖。经过课堂上的不断练习，研究者帮助佳佳建立尖叫、咬手和得不到 QQ 糖的因果联系。在这一阶段，研究者发现佳佳为得到 QQ 糖而出现尖叫咬手的行为有所增加。研究者跟班级老师沟通，强调在确保佳佳安全的前提下，一定要坚持原则，并使用行为导图提醒佳佳尖叫、咬手行为不会得到奖励。接着，当佳佳能够在行动导图提示下坐好并不尖叫、咬手时，老师就及时奖励她小红花和 QQ 糖，以此建立良好的行为模式。通过不断应用行为导图提醒，佳佳的尖叫、咬手行为逐渐减少，从一周的二十多次降低到一周三四次，自我控制能力得到相应提高（如图 11-4 所示）。

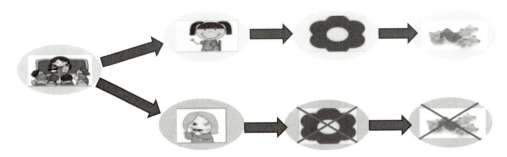

图 11-3 后果导图

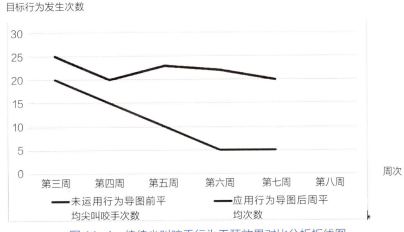

图 11-4 佳佳尖叫咬手行为干预效果对比分析折线图

3. 泛化行为导图，塑造良好行为习惯

（1）场所和活动的泛化

行为导图应用于课堂上的尖叫咬手行为有所减少后，班级老师开始把行为导图策略应用到佳佳生活的其他方面。例如，在课间操时，如果佳佳不参加做操而出现咬手、尖叫行为，

老师会使用行为导图来引导她。老师告诉佳佳，如果她跟着做操就可以得到小红花，而咬手、尖叫就没有小红花。除此之外，行为导图还应用于佳佳在家庭生活不同情景出现的尖叫咬手行为的干预，如不愿意刷牙、不愿意自己穿衣服袜子、喜欢乱跑等引发的尖叫、咬手行为，帮助佳佳建立良好的行为规则意识。

（2）其他不良行为的泛化

佳佳除了尖叫咬手外，还有其他的不良行为，如哭闹、摇椅子、躺地上等，为了帮助佳佳纠正这些不良行为，提高她在幼儿园的融合质量。研究者协助班级老师制定了相关的行为导图（如图11-5所示），帮助佳佳培养良好的行为习惯。通过这种方式，佳佳不仅能在特定情境中表现出良好行为，也能在日常生活中形成更稳定的良好的行为模式。

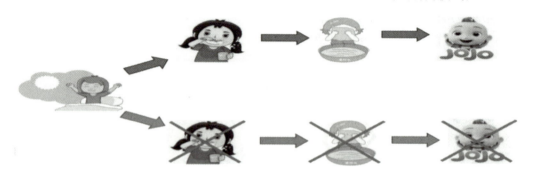

图11-5　行为导图在其他不良行为干预中的泛化

（二）阶段二：基于功能性行为评估的积极行为支持策略

随着佳佳对行为导图的熟悉，班级老师开始结合基于行为功能的干预策略。根据行为功能评估的结果，问题行为主要由得到实物、逃避任务和寻求关注所维持，所以研究者制定的积极行为支持干预策略包括以下几个方面：

1. 前事控制策略

（1）调整作业或活动的难度。佳佳喜欢参与课堂中的希沃游戏，但由于能力限制和对游戏规则的不完全理解，常常感到受挫，进而情绪爆发。为了解决这个问题，班级老师降低游戏难度，并在游戏中提供适当的线索，帮助佳佳顺利完成游戏，增强自我效能感。

（2）通过倒计时方式提醒。在课间休息或其他活动时间，通常会播放儿歌，其中有佳佳最喜欢的JOJO儿歌。当上课铃声响起，音乐被关掉时，佳佳就会出现尖叫咬手行为。因此，老师采用倒计时的方式，在上课前或者下一个活动前提醒佳佳时间即将结束，让她做好心理准备，有效预防了佳佳不良行为的产生。

2. 行为教导策略

教授可接受的替代行为。由于佳佳语言表达能力尚可，老师教授她在遇到喜欢的物品或者逃避不喜欢的活动时，用语言来表达自己的需求，例如"老师，我想要做……""老师，我想休息""老师，这很难，我不会"等代替她的咬手尖叫行为。这种表达方式也被泛化到其他情境中，提高了佳佳的沟通能力。

3. 后果控制策略

使用区别性强化消退负面关注。研究者培训其他孩子和老师在佳佳出现问题行为时转过头、不评价、不给予关注，同时，多提供给佳佳获得正向社会关注的机会，例如帮助老师拿水杯、搬椅子、摆餐具。在佳佳做出良好行为后，老师及时给予她赞美与鼓励，帮助她提升自我存在感，并在同伴中树立良好形象。

四、干预的效果及反思

经过三个月行为导图的应用，佳佳咬手、尖叫的行为在幼儿园和家里都得到了有效控制，从每周的二十多次减少到现在的两三次。佳佳的自我控制能力也得到了显著提高，不再轻易发脾气。初始设定的两个干预目标到目前为止基本上达到预期效果。在此过程中，行为导图提供了一个有效的视觉提示，帮助孤独症谱系障碍儿童减少了行为问题，提高了自我管理能力。除此之外，积极行为支持策略也非常重要，如活动调整、难度降低，同伴支持和区别强化等，这些帮助佳佳建立了良好的行为习惯，提高了在幼儿园融合的质量。这两种干预策略在保证有效性的同时，避免了使用基于惩罚的干预方法，更符合行为分析领域的伦理要求。

研究简评：

（1）近年来，如何推进学前融合教育受到了学前教育领域和特殊教育领域的共同关注。《幼儿园教育指导纲要(试行)》中强调"幼儿园的教育是为所有在园幼儿的健康成长服务的，要为每一个儿童，包括有特殊需要的儿童提供积极的支持和帮助。"《"十四五"学前教育发展提升行动计划》和《"十四五"特殊教育发展提升行动计划》均强调了普惠原则和融合教育的重要性。党的二十大报告进一步提出"加快建设高质量教育体系""强化特殊教育普惠发展"。由此可见，学前融合教育已在我国政策层面得到了重视。

（2）本研究实例通过个案研究，运用行为导图策略和基于行为功能评估的积极行为支持方法，对一名学前孤独症谱系障碍儿童在幼儿园融合教育中出现的尖叫、咬手行为问题进行干预。经过为期三个月的综合干预，有效改善了该儿童的尖叫咬手行为，并提高了其规则意识和自我控制力，促进了她更好地适应幼儿园的学习与生活。

参考文献

［1］艾米·布伊.行为导图――改善孤独症谱系或相关障碍人士行为的视觉支持策略［M］.黎文生，张春芬，谢建芳，译.北京：华夏出版社，2017.

［2］曹漱芹，方俊明.自闭症谱系儿童语言干预中的"视觉支持"策略［J］.中国特殊教育，2008，（5）：26-29.

［3］蔡青.代币制在中度智障儿童学校教育中的应用研究［D］.武汉：华中师范大学，2013.

［4］蔡秀鹰，叶忠达.认识自己的成长：相片故事教学对自闭症儿童学习之影响［J］.特殊教育季刊，2011，10（121）：29-37.

［5］岑国桢.行为矫正原理、方法与应用［M］.上海：上海教育出版社，2013.

［6］岑国桢，李正云.学校心理干预的技术与应用［M］.南宁：广西教育出版社，1999.

［7］陈晖.自闭症儿童课堂干扰行为的功能分析及干预策略［J］.绥化学院学报，2012，32（3）：33-34.

［8］陈嘉洁，曹牧青，静进.孤独症谱系障碍儿童运动功能缺陷研究［J］.中国学校卫生，2020，41（10）：1590-1594.

［9］陈佳敏.自闭症儿童上课离座问题行为处理之个案研究［J］.小学特殊教育，2007，12（46）：85-94.

［10］陈榕娥.代币制在培智一年级课堂教学中的应用［J］.现代特殊教育，2015，2：24-26.

［11］陈一心.孩子情绪异常的诊疗与预防［M］.南京：东南大学出版社，2010.

［12］陈郁菁，钮文英.行为支持计划对初中自闭症学生行为问题处理成效之研究［J］.特殊教育研究学刊，2004，27：183-205.

［13］戴淑凤，贾美香，陶国泰.让孤独症儿童走出孤独（修订本）［M］.北京：中国妇女出版社，2008.

［14］杜佳楣.ABA改变孤独症［M］.西安：陕西师范大学出版，2014.

［15］杜正治.单一受试研究法［M］.新北：心理出版社，2006.

［16］傅宏.咨询心理学高级教程［M］.合肥：安徽人民出版社，2008.

［17］方俊明.特殊教育学［M］.北京：人民教育出版社，2005.

［18］冯雪.浅谈自闭症儿童的情绪行为的原因［J］.教育教学论坛，2014（7）：95-96.

［19］格雷戈里·A.法比亚诺（Gregory A.Fabiano）.破坏性行为的干预：减少问题行为与塑造适应技能［M］.上海：上海教育出版社，2022.

［20］高丽梅，汪凯，李丹丹.社交机器人在孤独症谱系障碍儿童中的应用［J］.心理科学进展，2024，32（5）：834-844.

［21］高荣亨.社会故事教学提升小学轻度智能障碍学生青春期问题行为之成效研究［D］.台北：屏东教育大学，2011.

［22］胡金萍.特殊儿童问题行为干预与管理研究［M］.石家庄：河北人民出版社，2019.

［23］韩萍.代币制在培智学校学生行为矫正中的应用［J］.中小学心理健康教育，2014，10（249）：39-40.

［24］黄伟合，贺萃中.功能性行为评估与干预［M］.北京：华夏出版社，2013.

［25］静进.孤独症谱系障碍的治疗干预现状与建议［J］.中国儿童保健杂志，2023，31（9）：939-944.

［26］焦公凯，鞠红珍.儿童孤独症自伤行为的临床分析［J］.临床精神医学杂志，1999（1）：15-17.

［27］John O. Cooper，Timothy E.Heron，William L.Heward.应用行为分析［M］.凤华，钮文英，译.台北：学富文化事业有限公司，2015.

［28］凯思琳·安·奎尔，林恩·斯坦斯伯利·布拉斯纳.做·看·听·说：孤独症谱系障碍人士社交和沟通能力干预指南［M］.2版.北京：华夏出版社，2021.

［29］孔逸帆，钟莉娟，杨炽康.手势沟通介入方案对无口语自闭症儿童沟通行为成效之研究［J］.东台湾特殊教育学报，2012，14：71-104.

［30］李梅.近十年来我国儿童问题行为研究现状评述［J］.徐州师范大学学报（哲学社会科学版），2002（1）：130-133.

［31］利奈特·K.钱德勒，卡罗尔·M.达尔奎斯特.学生挑战性行为的预防和矫正（第3版）［M］.上海：上海人民出版社，2016.

［32］李艳.自闭症儿童刻板性行为的积极干预研究［D］.上海：华东师范大学，2009.

［33］李泽慧.特殊儿童的优质教育：全纳教育培训手册［M］.南京：南京师范大学出版社，2013.

［34］李正云.学校心理咨询［M］.北京：中国轻工业出版社，2002.

［35］李咏梅，邹小兵，李建英.高功能孤独症和Asperger综合征儿童的执行功能［J］.中国心理卫生杂志.2005：168-170.

［36］林云强，张福娟.自闭症儿童攻击行为功能评估及干预策略研究进展［J］.中国特殊教育，2012，149（11）：47-52.

［37］李元功.帮助自闭症学生安度青春期［J］.北京教育（普教版），2015（6）：35.

［38］吕建志，李永昌.正向行为支持计划对改善小学轻度自闭症学生上课分心行为之成效［J］.障碍者理解学会半年刊，2014，13（2）：19-34.

［39］吕静.儿童行为矫正［M］.杭州：浙江教育出版社，1992.

［40］罗钧令.感觉整合与儿童发展理论与应用［M］.新北：心理出版社，2005.

［41］刘昊.孤独症儿童的行为教学［M］.北京：华夏出版社，2014.

［42］刘春玲，江琴娣.特殊教育概论［M］.上海：华东师范大学出版社，2016.

［43］连翔.自闭症儿童教育与指导［M］.上海：复旦大学出版社，2016.

［44］连翔.自闭症儿童心理发展与教育［M］.上海：复旦大学出版社，2018.

［45］莫春梅，李琼，姚望等.结构化教学对自闭症儿童认知能力影响的实验研究［J］.教育与教学研究，2014（8）：122-126.

［46］麦进昭.行为矫正基础［M］.北京：人民教育出版社，2000.

［47］迈克尔·D.斯宾格勒，戴维·C.格雷蒙特，著.当代行为疗法［M］.5版.胡彦玮，译.上海：上海社会科学院出版社，2017.

［48］美国儿科学会环境健康委员会主编.环境与儿童健康(第三版)［M］.北京:世界图书出版公司，2017.

［49］毛芬.青春期自闭症学生问题行为综合干预的个案研究［D］.武汉：华中师范大学，2016.

［50］钮文英.身心障碍者的正向行为支持［M］.新北：心理出版社，2009.

［51］潘威，陈巍，汪寅，单春雷.自闭症碎镜理论之迷思：缘起、问题与前景［J］.心理科学进展，2016，24（6）：958-973.

［52］朴永馨.特殊教育辞典（第三版）［M］.北京：华夏出版社，2015.

［53］秦宗南.延迟满足对自闭症儿童情绪问题干预成效的个案研究［D］.重庆：重庆师范大学，2013.

［54］斯蒂芬·冯·特茨纳，苏雪云，肖非.儿童期自闭谱系障碍的发展、评估与干预：国际和中国视角［M］.北京：光明日报出版社，2021.

［55］苏林雁，王长虹.青春期的心理与行为问题［J］.中国实用儿科杂志，2006（7）：504-507.

［56］苏雪云，朱霖丽.自闭谱系障碍儿童融合教育支持手册：我的孩子得了自闭症［M］.北京：上海社会科学院出版社，2021.

［57］孙立双，韦小满.国外关于特殊儿童自伤行为的研究综述［J］.中国特殊教育，2008，94（4）：

41–45.

［58］宋珊珊，静进，万国斌．孤独谱系障碍儿童语言能力特点及早期影响因素［J］．中国儿童保健杂志，2015，23（3）：278–280.

［59］韦小满，杨希洁．功能性行为评估的特点及应用价值分析［J］．中国特殊教育，2011，2：38–40.

［60］温谋富．福建省困境儿童公益项目案例汇编［M］．北京：中国社会出版社，2022.

［61］王碧涵，王碧霞．自闭症儿童攻击性行为的功能性评估及干预个案研究［J］．现代特殊教育（高教），2015（2）：52–56.

［62］王国光．孤独症儿童的早期融合教育［M］．北京：中国妇女出版社，2012.

［63］王辉．特殊儿童行为管理［M］．南京：南京师范大学出版社，2015.

［64］王辉．行为改变技术［M］．南京：南京大学出版社，2006.

［65］王静静．社会故事教学对自闭症学生课堂干扰行为的影响研究［D］．重庆：重庆师范大学，2014.

［66］王滔．特殊儿童心理咨询与康复指导［M］．重庆：重庆大学出版社，2020.

［67］徐小亲．结构化教学在单元主题教学中的合理使用［J］．中国特殊教育，2005（3）：68–72.

［68］徐景俊，贾海玲，段为民等．特殊儿童康复概论［M］．重庆：重庆大学出版社，2023.

［69］许华红．行为改变技术［M］．天津：天津教育出版社，2007.

［70］肖端，闫凤侠，卢建亮．常见功能障碍康复技术［M］．武汉：湖北科学技术出版社，2022.

［71］叶浩生．行为主义的演变与新的新行为主义［J］．心理学动态，1992，2：19–24.

［72］易春丽，周婷．重建依恋：自闭症的家庭治疗［M］．北京：世界图书出版公司，2018.

［73］于丹．结构化教学的应用［M］．北京：华夏出版社，2021.

［74］尹岚，李岩，张联弛．孤独症儿童教育康复的原理与方法［M］．南京：南京师范大学出版社，2021.

［75］杨广学，王芳．自闭症整合干预［M］．上海：复旦大学出版社，2015.

［76］杨娟，周世杰．自闭症儿童执行功能研究［J］．中国临床心理学杂志，2006，14（2）：142–145.

［77］杨莉，刘靖，邹小兵，陆林．孤独症脑科学研究进展2022综述［J］．中国心理卫生杂志，2023，37（4）：293–298.

［78］园山繁树，裴虹．自闭症问题行为干预［M］．上海：复旦大学出版社，2016.

［79］左秋芳，胡晓毅．国外自闭症谱系障碍儿童刻板行为的干预研究综述［J］．中国特殊教育，2012（8）：35–42.

［80］昝飞．积极行为支持：基于功能评估的问题行为干预［M］．北京：中国轻工业出版社，2013.

［81］昝飞．行为矫正技术［M］．北京：中国轻工业出版社，2021.

［82］昝飞，张琴．特殊儿童的问题行为干预［M］．北京：中国轻工业出版社，2014：28.

［83］昝飞等．自闭症儿童行为功能评估的个案分析［J］．中国特殊教育，2007，5：62–67.

［84］周会爽．实用精神疾病诊治与护理［M］．石家庄：河北科学技术出版社，2011.

［85］周念丽．自闭症谱系障碍儿童的发展与教育［M］．北京：北京大学出版社，2015，

［86］周雯妮．视觉提示策略提升学前自闭症儿童象征游戏能力的个案研究［D］．重庆：重庆师范大学，2019.

［87］张积家．汉字认知过程中整体与部分关系的研究［D］．北京：北京师范大学，2001.

［88］张静，陈巍，丁峻．自闭症谱系障碍的"碎镜假说"述评［J］．中国特殊教育，2008（11）：26–30.

［89］张世彗．特殊学生的鉴定与评量［M］．台北：心理出版社，2001.

［90］张正芬．自闭症儿童问题行为之探讨［J］．特殊教育研究学刊，2000，（17）：253–273.

［91］张玲，邓猛．我国学前融合教育高质量发展的内涵、特征与行动［J］．学前教育研究，2023，8：1–9.

［92］郑群山，胡晓毅，范文静．自闭症学生青春性教育初探［J］．现代特殊教育，2015（8）：49–53.

［93］李芳，李丹．特殊儿童应用行为分析［M］．北京：北京大学出版社，2011.

［94］Raymond G.Miltenberger．行为矫正：原理与方法［M］．石林，译．北京：中国轻工业出版社，

2015.

［95］A.Baghdadli，C.Pascal，S.Grisi，et al.Risk factors for self-injurious behaviours among 222 young children with autistic disorders［J］.Journal of Intellectual Disability Research，2003，47：622-627.

［96］Abikoff H.ADHD Psychosocial Treatments Generalization Reconsidered［J］.Journal of Attention Disorders，2009，13（3）：207-210.

［97］Ando H，Yoshimura I.Effects of age on communication skill levels and prevalence of maladaptive behaviors in autistic and mentally retarded children［J］.Journal of Autism and Developmental Disorders，1979，9（1）：83-93.

［98］Association A P.Diagnostic and statistical manual of mental disorders（DSM-5）［M］.Washington，DC：American Psychiatric Publishing，2013.

［99］Baer D M.How to plan for generalization（2nd ed.）［M］.Austin TX：Pro-Ed.1999.

［100］Barber A B．Brief report：Repetitive behaviors in young children with autism spectrum disorder and developmentally similar peers：A follow up to watt etal.（2008）［J］.Journal of Autism and Development Disorder，2012，42（9）：2006-2012.

［101］Baron-Cohen，H.Tager-Flusberg&D.J.Cohen.Understanding other minds：Perspectives orom autism［M］.New York：Oxford University Press.1993.

［102］Baron-Cohen S，Leslie A M，Frith U.Does the autistic child have a "theory of mind"？［J］.Cognition Psychology，1991，9（2）：331-349.

［103］Baron R A，Richardson D R.Human aggression（2nd Ed）［M］.New York：Plenum Press，1997.

［104］Boucher J.Echoic memory capacity in autistic children［J］.Journal of Child Psychology and Pshchiatry，1978，19（2）：161-166.

［105］Carr E.G，Dunlap G.，Horner R H，Koegel R L，Turnbull A P，Sailor W，et al.Positive Behavior Support：Evolution Of an Applied Science［J］.Journal of Positive Behavior Interventions，2002，4：4-16.

［106］Chandler L K，Dahlquist C M.Functional assessment：strategies to prevent and remediate challenging behavior in school settings（2nd ed）［M］.Merrill Prentice Hall，2006.

［107］John O. Cooper，William L. Heward，William L. Heward.Applied behavior Analysis［M］.Upper Saddle River，NJ：Merrill/Prentice Hall，2007.

［108］Duerden E G，Oatley H K，Mak-Fan K M，et al.Risk factors associated with self-injurious behaviors in children and adolescents with autism spectrum disorders［J］.Journal of autism and developmental disorders，2012，42（11）：2460-2470.

［109］Frith，U.Autism：explaining the enigma［M］.Oxford：Blackwell，1989.

［110］Gresham F M，Watson T S，Skinner C H．Functional behavioral assessment：principles，procedures，and future directions［J］.School Psychology Review，2001，30（2）：156-172.

［111］Happé，F.G.E.Central coherence and theory of mind in autism：Reading homographs in context［J］.British Journal of Developmental Psychology，1997，15：1-12.

［112］Horner et al.Toward a Technology of Nonaversive Behavioral Support［J］.Research and Practice for Persons with Severe Disabilities，1990，30（1）：125-132.

［113］Horner，R.D.Establishing Use of Crutches by a Mental Retarded Spina Bifida Child［J］.Journal of Applied Behavior Analysis，1971，（4）：183-189.

［114］Hughes C，Russell J.Autistic children's difficulty with mental disengagement from an object：Its implications for theories of autism［J］.Developmental Psychology，1993，29（3）：498.

［115］Janney，R.，Snell，M.E.，&Elliott，J.Behavioral supports［M］.Baltimore，MD：Paul H.Brookes. Publishing Co.2000.

［116］James E.Carr.et al.Treatment of automatically reinforced object mouthing with noncontingent reinforcement and response blocking：experimental analysis and social validation［J］.Researching developmental disabilities，2002，（23）：37-44.

［117］J Fox，M Conroy，K Heckaman.Research issues in functional assessment of the challenging behaviors of student with emotional and behavioral disorders［J］.Behavioral Disorders，1998，24（1）：26-33.

［118］John T.Rapp et al.Establishing stimulus control of vocal stereotypy displayed by young children with autism［J］.Behavioral Interventions，2009（24）：85-105.

［119］Jolliffe T，Baron-Cohen S.Are people with autism and Asperger Syndrome faster than normal on the embedded Figures Test?［J］.Journal of Child Psychology and Psychiatry，1997，38：527-534.

［120］Langen M.，Kas M.J.，Staal W.G.，et al.The neurobiology of repetitive behavior：of mice［J］.Neuroscience&Biobehavioral Reviews，2011，35（3）：345-355.

［121］Spek，Annelies A．Theory of Mind in Adults with HFA and Asperger Syndrome［J］．J AUTISM DEV DISO R D，2010（40）：280-289.

［122］Sally Robinson A，Lorna Goddard B，Barbara Dritschel C，Mary Wisley C，Pat Howlin.Executive functions in children with Autism Spectrum Disorders［J］.Brain and Cognition，2009，71：362-368.

［123］Ozonoff S，Strayer D L.Inhibitory function in nonretarded children with autism［J］.Journal of Autism and Developmental Disorders.1997，27（1）：59-77.

［124］Russell J，Mauthner N，Sharpe S.The "windows task" as a measure of strategic deception in preschoolers and autistic subjects［J］.British Journal of Developmental Psychology.1991，9（2）：331-349.

［125］Kantor J R.An analysis of the experimental analysis of behavior（TEAB）［J］.Journal of Experimental Analysis of Behavior，1970，13：101-108.

［126］Maureen，A.C.，Jennifer，M.A.，Jennifer，A.S.，&Crystal，N.L.The Use of an Antecedent-BasedIntervention to DecreaseStereotypic Behavior in a General Education Classroom：A Case Study［J］.Focus on Autism and Other Developmental Disabilities，2005，20（4）：223-230.

［127］Matson J L，Dempsey T，Fodstad J C.Stereotypies and repetitive/restrictive behaviors in infants with autism and pervasive developmental disorder［J］.Developmental Neurorehabilitation，2009，12（3）：122-127.

［128］Nordin，V.&Gillberg，C.The long-term course of autistic disorders：update on follow-up studies［J］.Acta Psychiatr Scand，1998，97：99-108.

［129］Ozonoff S，Strayer D L.Further evidence of intact working memory in autism［J］.Journal of Autism and Developmental Disorders，2001，31（3）：257-263.

［130］Premack D，Woodruff G.Does the chimpanzee have a theory of mind?［J］.Cognition Psychology，1978，1（4）：515-560.

［131］R.Matthew Reese，David M.Richman，John M.Belmont，and Paige Morse.Functional Characteristics of Disruptive Behavior in Developmentally Disabled Children with and without Autism［J］.Journal of Autism and Developmental Disorders，2005（8）：12-14.

［132］Russell J，Jarrold C，Henry L. Working memory in children with autism and with moderate learning difficulties［J］.Journal of Child Psychology and Psychiatry，1996，37（6）：673-686.

［133］Ruth Anne Rehfeldt et al.Functional analysis and treatment of verbal perseverations displayed by an adult with autism［J］.Journal of applied behavior analysis，2003（36）：259-261.

［134］Scattone D，Tingstrom D H，and Wilczynski S.M..Increasing Appropriate Social Interactions of Children with Autism Spectrum Disorders Using Social Stories［J］.Focus on Autism and Other Developmental Disabilities，2006，21（4）：211-222.

［135］Schwarz，M.L.，&Hawkins，R.P.Application of delayed reinforcement procedures to the behavior of an elementary school child［J］.Journal of Applied Bebavior Analysis，1970，3：85-96.

［136］Skinner B F.Science and human behavior［M］.New York：Macmilan，1953.

［137］Sulzer-Azaroff B，Mayer R G.Behavior analysis for lasting change［M］.Orlando：Holt，Rinehart and Winston，Inc，1991.

［138］Spek，Annelies A．Theory of Mind in Adults with HFA and Asperger Syndrome［J］．J AUTISM DEV DISORD，2010（40）：280-289.

［139］Stoke T F，Baer D.An implicit technology of generalization［J］.Journal of Applied Behavior Analysis，1977，10：349-367.

［140］Suris A，Lind L，Emmett G，et al.Measures of aggressive behavior：overview of clinical and research instruments［J］.Aggressive and Violent Behavior，2004，9（2）：165-227.

［141］Van EL，Boets B，Steyaert J，Evers K，Wagemans J.Cognitive flexibility in autism spectrum disorder：Explaining the inconsistencies［J］.Research in Autism Spectrum Disorders，2011，5（4）：1390–1401.

［142］Williams D G，Carpenter P，Minshew N.Verbal and spatial working memory in autism［J］.Journal of Autism and Developmental Disorders，2005，35（6）：747–756.

［143］William H.Ahearn，et al.Assessment and treating vocal stereotypy in children with autism［J］.Journal of applied behavior analysis，2007（40）：263–275.